beck'sche reihe

bsr

Arbeitende Mütter werden hierzulande häufig immer noch als Rabenmütter angesehen. Dennoch gibt es viele Frauen, die beides möchten: Kinder und Karriere. Die Beispiele in diesem Buch zeigen, dass es nicht aussichtslos ist. Es beantwortet Fragen, die die meisten berufstätigen Mütter bewegen: Wie organisiere ich den Alltag und die Kinderbetreuung? Wie beziehe ich meinen Partner in die Familienorganisation mit ein? Wie bewahre ich bei den täglich passierenden kleinen Pannen einen klaren Kopf? Aber auch: Wann ist der richtige Zeitpunkt für das erste, zweite oder sogar dritte Kind? Wie manage ich die geforderte berufliche Mobilität und die nicht gerade familienfreundlichen Arbeitszeiten? Und vor allem: Wie finde ich neben dem ganzen Trubel auch noch Zeit für mich selbst und meinen Partner?

Claudia Quaiser-Pohl, Psychologin und Medizinerin, Mutter zweier Kinder, ist Professorin für Pädagogische Psychologie an der Universität Siegen. Bei C. H. Beck ist erschienen (zus. mit Kirsten Jordan): *Warum Frauen glauben, sie könnten nicht einparken – und Männer ihnen Recht geben. Über Schwächen, die gar keine sind* (³2005).
Barbara Reichle, Diplompsychologin, Lehrerin GHS mit beiden Dienstprüfungen, Mutter zweier Kinder, ist Professorin (Lehrstuhl für Entwicklungs- und Pädagogische Psychologie) an der Pädagogischen Hochschule Ludwigsburg.

Claudia Quaiser-Pohl | Barbara Reichle

Kinder, Küche, Konferenzen

Oder
Die Kunst des Jonglierens

unter Mitarbeit von
Judith Glück, Eva Neidhardt,
Brigitte Rollett und
Oliver Vitouch

Verlag C. H. Beck

Originalausgabe

Gesamtherstellung: Druckerei C. H. Beck, Nördlingen
Umschlagentwurf: +malsy, Willich
Printed in Germany
ISBN 978 3 406 54103 2

www.beck.de

Inhalt

Prolog

«Joshua ist jetzt gerade zwei Jahre alt, und wir wünschen uns noch ein zweites Kind. Meinen Sie wirklich, dass man in dieser Situation eine Dissertationsuntersuchung anfangen kann?» Solche Fragen gibt es zunehmend häufiger, und wir freuen uns darüber. Erstens mögen wir Kinder, zweitens mögen wir Kolleginnen und Kollegen mit Kindern, und drittens wird ein bunter Hund etwas unauffälliger, wenn die anderen Hunde sich langsam auch etwas mehr Farbe zutrauen.

Genau das sind auch die Beweggründe für dieses Buch, denn als Professorinnen mit Kindern haben wir uns in unserer Laufbahn oft ähnliche Fragen gestellt. Und wir waren dann froh, wenn wir von einer in diesem Bereich erfahreneren Kollegin einen Rat bekamen. Leider ist dies nicht so oft der Fall gewesen, wie wir es gebraucht hätten. Erstens gibt es in Deutschland zumindest unter den älteren Kolleginnen wenige, die diesen Weg gegangen sind beziehungsweise ihn gehen konnten. Zweitens beobachtet man mit Bedauern, dass gerade die jüngeren Kolleginnen, wenn sie nicht die Flucht nach vorne ergreifen und das Thema zu ihrem Forschungsgebiet machen, vor allem aus Angst vor beruflichen Nachteilen nicht so gerne darüber reden. Oft enthüllen sie nur auf wiederholte Nachfrage ihre Erfahrungen; von vielen erfährt man nur zufällig, dass sie überhaupt Kinder haben, zum Beispiel bei informellen Gesprächen auf der gemeinsamen Rückreise von einer wissenschaftlichen Konferenz. Auch die leider nicht wenigen Kolleginnen, denen eine aktive Beteiligung an unserem Buch aus persönlichen Gründen zu heikel war, die es aber trotzdem gerne lesen wollen, bestätigen diese Beobachtung.

Dieses Defizit an Modellen, deren Vorhandensein – so wissen wir aus der psychologischen Forschung – für eine erfolgreiche Rollenübernahme und somit für die Entwicklung von Menschen besonders wichtig ist, möchten wir mit diesem Buch beheben. Wir sind deshalb froh, dass wir genügend Mutige und mit der Vereinbarkeit von Kindern, Küche und Konferenzen Geübte motivieren konnten, entweder als eine unserer zahlreichen anonymen oder namentlich genannten Interviewpartnerinnen über ihre persönlichen Erfahrungen zu sprechen oder diese als unsere Mitautorinnen selber niederzuschreiben. Für Letzteres bedanken wir uns bei Eva Neidhardt (Kapitel 5), Judith Glück und Oliver Vitouch (Kapitel 2) sowie Brigitte Rollett (Kapitel 10). Da wir der Einfachheit halber vorwiegend Personen aus unserem eigenen Umfeld befragt haben, handelt es sich bei den meisten von ihnen um Wissenschaftlerinnen, eine ist Ärztin, eine Konsulin, eine Schulleiterin. Auch lebt die Mehrzahl von ihnen in Deutschland, wo das Thema ja besonders brisant ist, drei leben in Österreich, eine in Frankreich, fünf in den Vereinigten Staaten von Amerika, eine irgendwo anders in Westeuropa. Alle weisen vier Merkmale auf: Sie haben in ihrem Beruf Karriere gemacht, leben oder lebten in einer Partnerschaft, sind Mutter von einem oder mehreren (bis zu vier!) Kindern und verfügen über vielfältige individuelle Erfahrungen mit dem Jonglieren mit diesen verschiedenen Rollen.

Die Idee zu diesem Buch geht zurück auf ein informelles Treffen am Rande der Tagung der Fachgruppe Entwicklungspsychologie der Deutschen Gesellschaft für Psychologie in Wien im September 1997. Damals hatte Brigitte Rollett angeboten, interessierten jungen Kolleginnen etwas von ihrem «Tacit Knowledge», ihrem Geheimwissen, weiterzugeben, und es kam zu einem interessanten Treffen, an dessen Ende so manch eine sagte, das müsse man doch mal aufschreiben. Es folgten weitere Veranstaltungen dieser Art, meist in Form von informellen Gesprächen auf wissenschaftlichen Konferenzen, an denen neben Brigitte Rollett vor allem Eva Neidhardt, Inez Freund-Braier und Claudia Quaiser-Pohl beteiligt waren. Dabei konkretisierte sich der Plan für dieses Buch immer mehr. Unsere Literaturagentin Erika Stegmann, die dafür den Anstoß gab, und dem Verlag C. H. Beck, der unser Projekt unter Vertrag nahm, ist es zu verdanken, dass das Vorhaben tatsächlich realisiert werden konnte.

Von dem Projekt vorübergehend abgehalten haben uns dann nicht nur die Kollegin, die herablassend von «Betroffenenforschung» sprach, und der Kollege, der von dem Projekt abriet, weil es für eine Wissenschaftlerin «rufschädigend» sein könnte, sondern auch unser Eingebundensein in unsere berufliche Tätigkeit. Wir traten beide in dieser Zeit unsere erste Professur an, und die Pflichtübungen für das berufliche Vorankommen wie «seriöse», d. h. wissenschaftliche Publikationen waren erstmal wichtiger als die «Kür» der Weitergabe eigener Erfahrungen an jüngere Kolleginnen.

Auch unsere familiären Aufgaben konnten wir in dieser Zeit nicht einfach vernachlässigen, und es ist sicherlich bezeichnend, dass eine von uns für den ersten E-Mail-Aufruf an Kolleginnen, an diesem Buch mitzuarbeiten, ungefähr drei Monate gebraucht hat. Krankheiten der beiden kleinen Kinder und des Au-pair-Mädchens im raschen Wechsel mit eigenen Erkrankungen sorgten dafür, dass das Vorhaben in Verzug geriet. Aber ganz im Vertrauen, ein derartiger zeitlicher Verzug ist auch bei anderen wissenschaftlichen Büchern keine Seltenheit, selbst wenn sie von männlichen Wissenschaftlern ohne Kinder verfasst werden, er wird dann nur anders bewertet.

Als Wissenschaftlerinnen haben wir uns auch in dem vorliegenden Buch an die Regeln unserer Profession gehalten und hoffen, damit Vorbehalte unserer Kolleginnen und Kollegen ausräumen zu können. Vereinfacht: Die vielen Belege und Fußnoten sind für die Wissenschaftlerinnen, Wissenschaftler und Zweifler, die Praktikerinnen und Praktiker mögen sie überlesen.

Trotz oder gerade wegen unserer eigenen persönlichen Betroffenheit im Hinblick auf die Thematik und zur Vorbeugung einer allzu subjektiven Darstellung haben wir eine große Vielfalt an Biographien eingearbeitet. Diese wurden in Deutschland und zum Teil auch in anderen Ländern gelebt (ein Blick über den Tellerrand kann ja nicht schaden). Auch kommen die gesammelten Erfahrungen aus verschiedenen Geburtskohorten. Die Altersspanne der Beteiligten reicht von 35 bis 72 Jahre. Die vertretenen Altersgruppen lassen sich charakterisieren als die «Pionierinnen», die im sechsten und siebten Lebensjahrzehnt stehen, die Gruppe der «Wirtschaftswunderkinder» im Alter von Mitte Vierzig bis Mitte Fünfzig, und die «Juniorkohorte», die noch einmal zehn Jahre jünger ist. Dadurch kommen die bei diesem Thema sehr wirksamen Einflüsse des Zeitgeistes und die damit verbundenen unterschiedlichen Erfahrungen mit der Generation der eigenen Eltern zum Tragen. Mögliche unterschiedliche Sichtweisen auf unser Thema haben auch wir, das Wirtschaftswunderkind (B.R.) und das Juniorkohortenkind (C.Q.-P.), in zahlreichen Diskussionen erfahren, etwa über den Einfluss der Bindungsforschung auf die Hartnäckigkeit, mit der sich das Rabenmutterdenken in Deutschland hält. Neben dem Aufzeigen der von vielen Müttern mit beruflichen Karriereambitionen gemeinsam erlebten Schwierigkeiten und Probleme ist es uns deshalb ein explizites Anliegen, eine Vielfalt unterschiedlicher Lösungen zu präsentieren. Indem wir aufzeigen, dass es viele unterschiedliche Wege gibt, wollen wir dazu ermutigen, den Weg in eine anspruchsvolle Berufstätigkeit mit Familie zu wagen – in der gleichen Weise, wie es die Interviewpartnerinnen aus der «Pionierinnenkohorte» schon vor Jahrzehnten ihren Studentinnen geraten haben: In der Wissenschaft und in anderen anspruchsvollen Berufen sind Frauen mit Kindern ausdrücklich erwünscht.

Wie immer haben viel mehr Personen zu diesem Buch beigetragen, als man auf den ersten Blick sieht. Neben unseren Interviewpartnerinnen und den vielen nicht direkt Beteiligten, die uns durch ihre Bewunderung und ihr Interesse darin bestärkten, dass es sich um ein sehr lohnenswertes Projekt handelt, waren dies Professor Laura Martignon, die als Gleichstellungsbeauftragte an der Pädagogischen Hochschule Ludwigsburg für Reise- und Hilfskraftmittel gesorgt hat, und die studentischen Hilfskräfte, die uns bei der Bearbeitung unterstützten, sowie unser Lektor Dr. Stefan Bollmann, der auf Verzögerungen mit bewundernswerter Geduld und Zuspruch reagiert hat. Unsere Familien sind es schon gewöhnt, dass die Mutter meistens im Arbeitszimmer zu finden ist, verdienen aber dennoch ein großes Dankeschön für ihre Geduld,

Besorgtheit («Machst du denn überhaupt keinen Sport mehr?») und Unterstützung.

Bonn und Karlsruhe, Januar 2007

Claudia Quaiser-Pohl
und Barbara Reichle

Kapitel 1

Kinder, Küche, Konferenzen – Warum berufliche Karriere und Muttersein so schwer zu vereinbaren sind

Von Barbara Reichle und Claudia Quaiser-Pohl

«Tante Mucks war Grundschullehrerin, sie liebte ihren Beruf und hat es darin zu hohem Ansehen gebracht. Sie hatte einmal einen Verehrer, aber sie bekam keine Aussteuer, weil ihre Eltern ihr eine Ausbildung bezahlt hatten. Also hat sie nicht geheiratet und wurde eine verbitterte alte Jungfer», erzählte uns eine unserer Interviewpartnerinnen, und weiter: «Diese Geschichte von der Tante meiner Mutter, die um das Jahr 1900 herum geboren worden war, hat mir schon als Kind gezeigt, was mit beruflich engagierten Frauen passieren kann. Erst viel später kam ich dahinter, dass es für dieses Schicksal womöglich noch einen ganz anderen Grund gegeben hat als die fehlende Aussteuer: In der ersten Hälfte des 20. Jahrhunderts herrschte der Beamtinnenzölibat, eine Rechtsvorschrift, nach der Beamtinnen unverheiratet zu sein hatten und bei Heirat oder unehelicher Kindsgeburt aus dem Staatsdienst entfernt wurden. Diese Vorschrift hat vermutlich zur damals üblichen Berufsbezeichnung ‹Fräulein Lehrerin› geführt. Wenn ich manchmal böse werde über die Ungleichberechtigung der Frauen, denke ich an diese Geschichte und daran, dass Frauen in Deutschland erst seit 55 Jahren die gleichen Rechte haben wie Männer.»

Am 24. Mai 1949 trat das Grundgesetz in Kraft und mit ihm die rechtliche Verankerung der Gleichberechtigung der Geschlechter: «Männer und Frauen sind gleichberechtigt» steht in Artikel 3, Absatz 2. Das war nicht immer so, und es wurde auch nicht prompt umgesetzt. Vielmehr gab es zum Zeitpunkt des Inkrafttretens des Grundgesetzes eine ganze Reihe von rechtlichen Bestimmungen aus der Vorkriegszeit, die dem Grundgesetz entgegenstanden und erst nach und nach bis zur Jahrtausendwende angepasst wurden.[1]

So hatte der Ehemann bis in das Jahr 1958 das Alleinentscheidungsrecht «in allen das gemeinschaftliche Leben betreffenden Angelegenheiten; er bestimmt insbesondere Wohnort und Wohnung. Die Frau ist nicht verpflichtet, der Entscheidung des Mannes Folge zu leisten, wenn sich die Entscheidung als Missbrauch seines Rechts darstellt.»[2] Der Ehemann verfügte über das Vermögen der Frau: «Das Vermögen der Frau wird durch die Eheschließung der Verwaltung und Nutznießung des Mannes unterworfen (eingebrachtes Gut).»[3] Als Vater hatte der Ehemann «das Recht und die Pflicht, für die Person und das Vermögen des Kindes zu sorgen».[4] «Neben dem Vater hat während der Dauer der Ehe die Mutter das Recht und die Pflicht, für die Person des Kindes zu sorgen; zur Vertretung des Kindes ist sie nicht berechtigt. ... Bei einer Meinungsverschiedenheit zwischen den Eltern geht die Meinung des Vaters vor.»[5] Die Frau war zur Haushaltsführung verpflichtet: «Die Frau ist ... berechtigt und verpflichtet, das gemeinschaftliche Hauswesen zu leiten. Zu Arbeiten im Hauswesen und im Geschäft des Mannes ist die Frau verpflichtet, soweit eine solche Tätigkeit nach den Verhältnissen, in denen die Ehegatten leben, üblich ist.»[6] «Die Frau erhält den Familiennamen des Mannes»[7] galt ebenfalls bis 1958.

Im Jahre 1958 brachte das «Gleichberechtigungsgesetz» die ersatzlose Streichung des männlichen Entscheidungsrechts in allen ehelichen Angelegenheiten. Abgeschafft wurde die Verfügung des Mannes über das Vermögen der Frau sowie sein Recht, ein Dienst- oder Arbeitsverhältnis seiner Frau zu kündigen. Bis 1980 blieb hingegen die Zuweisung der elterlichen Gewalt an den Vater erhalten. Von 1958 bis 1977 galt: «Die Frau führt den Haushalt in eigener Verantwortung. Sie ist berechtigt, erwerbstätig zu sein, soweit dies mit ihren Pflichten in Ehe und Familie vereinbar ist.»[8] Von 1958 bis 1976 *durften* Frauen bei der Eheschließung dem Namen des Mannes ihren Mädchennamen hinzufügen,[9] 1977 wurde diese Vorschrift liberalisiert, und erst seit 1994 gilt eine theoretisch gleichberechtigte Regelung. Erst vor knapp 30 Jahren wurde mit der

1977 in Kraft getretenen Eherechtsreform die «Hausfrauenehe» als gesetzliches Leitbild aufgegeben. Es gilt nun: «Die Ehegatten regeln die Haushaltsführung im gegenseitigen Einvernehmen. Ist die Haushaltsführung einem der Ehegatten überlassen, so leitet dieser den Haushalt in eigener Verantwortung. Beide Ehegatten sind berechtigt, erwerbstätig zu sein. Bei der Wahl und Ausübung einer Erwerbstätigkeit haben sie auf die Belange des anderen Ehegatten und der Familie die gebotene Rücksicht zu nehmen».[10] Der Stellenwert der Haushaltsführung blieb indes erhalten, wenngleich die Haushaltsführung heute geschlechtsneutral geregelt ist: «Die Ehegatten sind einander verpflichtet, durch ihre Arbeit und mit ihrem Vermögen die Familie angemessen zu unterhalten. Ist einem Ehegatten die Haushaltsführung überlassen, so erfüllt er seine Verpflichtung, durch Arbeit zum Unterhalt der Familie beizutragen, in der Regel durch die Führung des Haushalts.»[11]

In einem unserer Interviews bemerkte eine heutige Professorin dazu: «Über die rechtliche Situation ist man ja oft nicht gut informiert. Mich hat jedenfalls bei der Bestellung des Aufgebots im Jahre 1973 niemand über meine rechtliche Situation aufgeklärt – was nicht unbedingt ein Schaden war: Nicht auszudenken, was aus mir geworden wäre, wenn ich mich darauf beschränkt hätte, dem Ehemann den Haushalt zu führen, statt zu studieren!»

Für die Bundesrepublik Deutschland ist die Gleichberechtigung der Geschlechter also eine relativ neue Errungenschaft, so neu, dass ihre Umsetzung in die Praxis noch nicht abgeschlossen ist. Einstweilen können wir uns glücklich schätzen, dass wir sie seit über 50 Jahren immerhin in unserem Grundgesetz verankert haben. Wir können uns freuen über die Wahlfreiheiten, die zumindest theoretisch bestehen und in vielen Bereichen auch schon praktisch realisiert sind. Immerhin dürfen Frauen von Gesetzes wegen seit 1977 ebenso erwerbstätig sein und sogar Karriere machen wie ihre Männer. Wenn sich frischgebackene Väter plötzlich unter einem enormen Versorgungsdruck für ihre junge Familie fühlen und Überstunden ansammeln, und sich frischgebackene Mütter mit aller Kraft dem Kind und dem Haushalt zuwenden, fallen sie in ein Muster, das noch in ihrer Kindheit gesetzlich vorgeschrieben war.

Umkehrt ist die Einsicht, dass «Männer und Frauen sind gleichberechtigt» auch heißen kann, dass Frauen gleich zu entlohnen sind wie Männer, dass Männer ebenso viel Hausarbeit von der unangenehmen Art zu erledigen haben wie ihre ebenfalls erwerbstätigen Frauen, dass sich Frauen ebenso viel um Autowartung, Kelleraufräumen und Steuererklärung zu kümmern haben wie Männer und ebenso viel Fernsehen und Schlafen dürfen wie diese nicht selbstverständlich, sondern vielmehr ein Schritt der Umsetzung und Anwendung der Rechtsnorm, der nicht von selbst kommt, sondern erst einmal geleistet werden muss.

In der Realität des beruflichen und familiären Alltags gibt es folglich eine Kluft zwischen der Rechtslage und der Praxis: Zwar ist es inzwischen so, dass sich Mädchen hinsichtlich ihrer Bildungsbeteiligung nicht mehr von Jungen unterscheiden. Seit Mitte der neunziger Jahre machen ebenso viele Mädchen Abitur wie Jungen und erzielen in ihren Schulabschlüssen überzufällig häufig bessere Ergebnisse.[12] Aber schon nach der Schule werden Brüche sichtbar: Das Berufsspektrum, in dem die jungen Frauen ausgebildet werden, ist schmaler als das der jungen Männer, mehr Berufswünsche von Frauen bleiben unerfüllt, mehr Bewerbungen erfolglos. Frauen verdienen im Durchschnitt weniger, auch dann, wenn sie gleich lang und auf dem gleichen Niveau berufstätig sind wie Männer. Hingegen leisten Frauen deutlich mehr unbezahlte Arbeit als Männer, in der Kindheit und im Jugendalter in den Familien, als Studierende in Wohn- und Lebensgemeinschaften mit männlichen Partnern, als Erwachsene im Haushalt, in der Familien- und Kinderbetreuung und schließlich in der Summe ihrer gesamten Arbeitszeit aus bezahlter und unbezahlter Arbeit zusammengenommen. Im Umfang ihrer Berufstätigkeit nähern sich die Frauen jedoch zunehmend den Männern an, sofern sie keine Kinder haben.

Sofern sie Kinder haben, zeigt sich ein Phänomen, das als sogenannter Traditionalisierungseffekt in die sozialwissenschaftliche Literatur eingegangen ist: Die meisten Frauen geben ihre Erwerbstätigkeit entweder ganz oder teilweise auf und übernehmen die Betreuung des Kindes, universell, mit länderspezifischen Schwankungen, in Westdeutschland mehr und länger als in Ostdeutschland. Auch bei vorher egalitär eingestellten Paaren, von denen es in Deutschland im Vergleich zu anderen Ländern besonders viele gibt, kann man diesen Effekt beobachten, mit besonders negativen Konsequenzen für die Partnerschaft.[13]

Je höher die Bildung, desto größer werden die Unterschiede zwischen den Geschlechtern, und desto geringer wird die Geburtenrate: An den Hochschulen gibt es männer- und frauendominierte Fächer, und je höher eine Position im Status und in der Dotierung ist, desto seltener ist sie von einer Frau besetzt. Frauen in Führungspositionen sind in Deutschland immer noch die Minderheit, nach den Ergebnissen des Mikrozensus 2004 lag der Frauenanteil bei den Top-Führungskräften auf der Direktions- und Geschäftsführungsebene aber immerhin bei 21 %.[14] Er variiert allerdings in Abhängigkeit von der Branche: Im Dienstleistungsgewerbe und in der öffentlichen Verwaltung sind 53% bzw. 39% der Führungskräfte Frauen, im Baugewerbe sind es nur 14%.

Eine mit einer Führungsposition verbundene Berufsgruppe, die in der Öffentlichkeit ein hohes Ansehen genießt und zu der die Mehrzahl der in diesem Buch zu Wort kommenden Frauen gehört, sind die Professoren an Universitäten und Hochschulen. Bei dieser Berufsgruppe sehen die Zahlen, was das Geschlechterverhältnis betrifft, noch erheblich schlechter aus: 1992 gab es gut 12 000 Lehrstühle an deutschen Hochschulen.[15] Davon waren nicht einmal 4% mit Frauen besetzt. Ein Hoffnungsschimmer: Elf Jahre später gab es 542 Lehrstühle mehr. Die Zahl der männlichen Lehrstuhlinhaber war in dieser Zeit um 87 gesunken (von 11 609 auf 11522), die Zahl der Professorinnen um 629 angestiegen (von 458 auf 1087) und betrug damit 8,2%.[16] Zuvor waren zwischen 1990 und 2000 im Rahmen des Hochschulsonderprogramms II 778 Millionen D-Mark bereit gestellt worden, um den Frauenanteil in Lehre und Forschung auf Dauer zu erhöhen.[17] Infolgedessen war in den zehn Jahren von 1992 bis 2001 ein stetiger, aber nur geringer Anstieg des Frauenanteils an Promotionen (um 6,4%),

Habilitationen (um 4,3%) und auch Professuren (um 4,7%) zu verzeichnen.

Wie viele dieser Frauen mit Hochschulkarriere in einer Partnerschaft leben oder Kinder haben, ist uns nicht bekannt. Aber die Kinderzahl in der Allgemeinbevölkerung ist rückläufig: Im Frühjahr 2005 ging der Befund durch die deutsche Presse, dass sich 26% der jungen Männer und 15% der jungen Frauen keine Kinder mehr wünschen. Damit war innerhalb von 13 Jahren der Anteil der Frauen ohne Kinderwunsch um die Hälfte gewachsen. Bei den jungen Männern hatte sich der Anteil mehr als verdoppelt – 13 Jahre vorher waren es nur 10% der Frauen und 12% der Männer, die sich sicher waren, dass sie keine Kinder haben wollten.[18] Bei den Akademikerinnen sieht das Bild noch düsterer aus: Von den Frauen mit einem Hochschulabschluss blieben bis zum Ende des dritten Lebensjahrzehnts zwischen 43 und 21% kinderlos.[19,20,21] Nach einer Allensbach-Umfrage aus dem Jahr 2004 sind gut 22% der 40- bis 44-Jährigen mit einfacher bis mittlerer Bildung kinderlos, bei den Personen mit höherem Bildungsabschluss sogar gut 31%.[22] Die Kinderlosigkeit der Akademikerinnen ist im Westen Deutschlands ausgeprägter als im Osten, wo auch das Durchschnittsalter der Frauen für den Übergang zur Elternschaft mit 25 Jahren deutlich niedriger liegt als im Westen mit fast 31 Jahren.[23]

Im wissenschaftlichen Bereich ist der Anteil kinderloser Frauen im Vergleich zu anderen Akademikerinnen überdurchschnittlich hoch.[24] Mit wenigen Ausnahmen[25] wird diese Tatsache in Studien zu Wissenschaftskarrieren von Frauen jedoch nur am Rande erwähnt. Aus einer Studie an deutschen Hochschullehrerinnen aller Status- und Besoldungsstufen erfahren wir, dass von 166 befragten Hochschullehrerinnen der Geburtsjahrgänge 1937 bis 1947 fast die Hälfte Kinder hatten, etwa hälftig ein Kind beziehungsweise zwei Kinder.[26] Nach einer späteren Studie haben zwei Drittel der untersuchten Hochschullehrerinnen Kinder.[27] Eine andere Quelle berichtet, 60% der Professorinnen hätten keine Kinder, denn «Familienplanung ist vor diesem Hintergrund fast nicht möglich».[28] Das sagte eine, die es wissen muss, eine Professorin.

Dass sich Akademikerinnen gerade im Hinblick auf die Entscheidung für Kinder fast überängstlich verhalten, ist verständlich.[29] Zwar finden sich durchgängig Befunde, die darauf hindeuten, dass die Umsetzung des Kinderwunsches und die Familiengründung für Frauen einen Karriereknick bedeuten, selten wird jedoch nach den Hintergründen gefragt. Eine gerade abgeschlossene Studie zum Thema Wissenschaftskarriere und Geschlecht[30] belegt im Hinblick auf die familiären Hintergründe von Wissenschaftlern und Wissenschaftlerinnen erneut, dass sich männliche Wissenschaftler häufiger vom Single zum Familienvater mit einer statusniedrigeren Partnerin entwickeln, während bei den Wissenschaftlerinnen der Anteil an kinderlosen Alleinlebenden über die Zeit gleich bleibt.

Dieses Phänomen resultiert unter anderem aus dem Problem, Familie und berufliche Karriere zu vereinbaren, zwar eher ein Frauenproblem, aber keineswegs auf Wissenschaftlerinnen beschränkt. Deshalb denkt die Familienministerin über neue Wege nach, wie sie der für unsere Gesellschaft fatalen Kinderlosigkeit von Akademikerinnen begegnen kann. Ursula von der Leyen – selbst Mutter von sieben Kindern – findet, dass das deutsche System die Arbeitsaufnahme von Müttern diskriminiert und beklagt, dass arbeitende Mütter in Deutschland immer noch als Rabenmütter angesehen werden. Dieses Phänomen ist schon länger bekannt und wurde nicht nur im Vorfeld der letzten Bundestagswahl häufig diskutiert. Auch in Deutschland gibt es viele Frauen, die beides möchten: Kinder und Karriere. Sie finden mit Bettina Paetzold: «Eines ist zu wenig, beides macht zufrieden.»[31] Aber was macht die Vereinbarkeit von Elternschaft und beruflicher Karriere eigentlich so schwer?

Karriere bedeutet «berufliche Laufbahn», ist aus dem Französischen entlehnt, wo es auch «Rennbahn» bedeuten kann,[32] eine schnelle berufliche oder soziale Laufbahn oder auch gestreckter Galopp, die schnellste Gangart beim Reiten.[33] Etwas prägnanter ist die Erklärung im Englischen: Verfolgung kontinuierlicher Leistung, besonders im öffentlichen, beruflichen oder Geschäftsleben, oder Profession, für die man trainiert, permanente Herausforderung.[34] Aus dieser Begriffsbestimmung wird deutlich, dass zu einer Karriere anspruchsvolle, zeit- und kraftintensive Tätigkeiten gehören.

Gleiches gilt für die Elternschaft. Wenn man Elternaufgaben einigermaßen ernst nimmt, verlangt ein Säugling rund um die Uhr Einsatzbereitschaft, bei Müttern im Durchschnitt 53 Stunden pro Woche, bei Vätern 26 – daher hat man auch den euphemistischen Begriff «Erziehungsurlaub» durch die realistischere Bezeichnung «Elternzeit» ersetzt. Für ein zweijähriges Kind wenden Mütter im Durchschnitt 39 Wochenstunden auf, Väter 23, beim Dreijährigen sind es für die Mütter noch 32, für die Väter 21. Beim Schuleintritt im 6. Lebensjahr des Kindes berichten Mütter einen durchschnittlichen Aufwand von 25 Wochenstunden, Väter von 19. Unter den zeitlichen Aufwand einer Halbtagsbeschäftigung sinkt der durchschnittliche Zeitaufwand der Mütter erst im 15. Lebensjahr des Kindes.[35] Anders ausgedrückt: Für jedes Kind in Deutschland wurden im Jahr 1998 1957 Stunden für Betreuung, Versorgung und Ausbildung aufgewendet. Damit kam jedem Kind deutlich mehr Zeit zugute, als ein erwerbstätiger Erwachsener an seinem Arbeitsplatz verbrachte (1998: 1489 Jahresarbeitsstunden).[36]

Das ist nicht nur eine ganze Menge, sondern in diesem Ausmaß auch ein historisch relativ neues Phänomen. Vor allem Eltern aus den gebildeten Mittelschichten betreiben eine Professionalisierung von Elternschaft, es kommt zum vielfältig gebildeten «Gourmet-Kind».[37] Soziologen erklären dies damit, dass Kindern in modernen Industrienationen immer weniger die Funktion einer Alterssicherung für ihre Eltern zukomme, sondern vielmehr eine «psychologische Nutzenfunktion»: Kinder sollen dem Leben der Eltern einen Sinn geben[38] (wobei nicht verschwiegen werden darf, dass es daneben ein Segment von etwa 20% aller Kinder gibt, deren Eltern der Bildung ihrer Kinder desinteressiert gegenüber stehen[39]). So verausgaben sich viele Mütter und Väter tagein tagaus im Bemühen, ihren Kindern möglichst viel, lange und in guter Kondition zur Verfügung zu stehen. Die Sorge um das kindliche Wohlergehen, psychologisch «Protektivität» genannt, ist ein weiteres Vereinbarkeitshindernis, das viele Mütter und Väter davon abhält, sich in eine Berufskarriere zu stürzen und ihre Kinder anderen zu überlassen. Tatsächlich gibt es eine ganze Reihe von seriösen Belegen dafür, dass die Verfügbarkeit einer responsiven Bezugsperson einen wesentlichen Grundstein für die spätere Entwicklung in ganz verschiedenen Bereichen ausmacht. Dennoch erscheint die westdeutsche Zustimmungsrate von 62% zu der Äußerung «Ein Kleinkind wird sicherlich darunter leiden, wenn seine Mutter berufstätig ist» unangemessen hoch, insbesondere im Kontrast zu den 29% Zustimmung, die ebenfalls 2004 in Ostdeutschland geäußert wurden[40] – zumal selbst einige groß angelegte, seriöse Studien bis heute keine gravierenden Nachteile einer Fremdbetreuung belegen konnten (siehe Kapitel 4).

In Anbetracht dieses hohen Betreuungsaufwandes, der für Kinder erbracht werden muss, sind berufliche Karriere plus Elternschaft mindestens zwei Vollzeitbeschäftigungen, die man nicht einfach in einem 24-Stunden-Tag nacheinander abarbeiten kann, um sich danach acht Stunden auszuschlafen. Rechtlich gesehen dürfen Frauen inzwischen zwar in beiden Bereichen aktiv werden und müssen sich nicht mehr für den einen und damit automatisch gegen den anderen entscheiden. Aber niemand, weder Mann noch Frau, hat eine Zeitmaschine, mit der sich zwei Vollzeitbeschäftigungen realisieren lassen. «Vereinbarkeit» bedeutet also, Mittel und Wege zu finden, die es ermöglichen, beiden Aufgaben gerecht zu werden. Mit Ausnahme der seltenen Fälle, in denen man das eigene Kind mit zur Arbeit nehmen und dort selbstverständlich mit versorgen oder versorgen lassen kann, wie es unsere Interviewpartnerin Isabelle, eine französische Schulleiterin mit ihren beiden Töchtern konnte, geht es fast nur über die Reduzierung der Arbeitszeit, die Delegation der Aufgaben an andere Personen oder ähnliche Entlastungen.

Eine verbreitete Form der Aufgabendelegation stellt die Kinderbetreuung durch andere Personen dar. Tatsächlich hängen das Angebot an Betreuungsmöglichkeiten, die Erwerbstätigkeitsrate der Frauen und die Geburtenrate in einem Land eng miteinander zusammen. Im OECD-Vergleich der Beschäftigungsquoten von Müttern mit Vorschulkindern liegt Deutschland am unteren Ende.

Ganz ähnlich sieht es bei der Egalität der Beschäftigungsverhältnisse von Partnern aus. In Deutschland war im Jahr 1999 das Modell des Einverdiener-Haushalts das häufigste, womit Deutschland international im oberen Bereich liegt. Nur bei einem Fünftel der deutschen Paarhaushalte mit Vorschulkindern arbeiten beide Eltern Vollzeit. In mehr als einem Viertel der Fälle haben die Frauen Teilzeitbeschäftigungen, was übrigens bei weitem nicht immer das gewünschte Modell ist. Nur knapp 6% der Eltern mit Vorschulkindern ziehen wirklich das Einverdiener-Modell allen anderen Varianten vor. Ein Drittel wünscht sich für beide Partner die Vollzeitbeschäftigung, 43% die Variante Vollzeit des Mannes und Teilzeit der Frau. Zu den Spitzenreitern unter den vollzeitbeschäftigten Eltern von Vorschulkindern gehört Schweden mit 67% gewünschter Vollzeitbeschäftigung beider Eltern und einer Realisierung dieses Modells bei 51%.[41]

Interessanterweise finden sich unter den erwerbstätigen Müttern von Vorschulkindern international konsistent immer die höchsten Prozentsätze bei den Frauen mit Hochschulabschluss. Deutschland, auch in diesem Bereich unter den Schlusslichtern, weist für 2001 62% erwerbstätige Mütter mit Hochschulabschluss auf, 50% Mütter mit einem weiterführenden Schul- oder Berufsabschluss und 29% Mütter mit Elementarschulabschluss. Das Spektrum reicht von Portugal mit 93% erwerbstätigen Müttern mit Hochschulabschluss, 86% mit weiterführendem Abschluss und 64% mit Elementarschulabschluss bis Spanien mit 60% bzw. 41% und 27%.

Aber nicht nur das Bildungsniveau der Mütter und ihre Erwerbstätigkeit hängen zusammen, sondern auch das öffentliche Kinderbetreuungsangebot. Der Zusammenhang wird wohl umso enger sein, je geringer das Einkommen der Mütter ist: Die besser Verdienenden können sich selbst helfen, in dem sie auf privater Ebene ihre Kinderbetreuung organisieren und finanzieren, z. B. durch Kinderfrauen, Tagesmütter oder Au-Pair-Mädchen. Vermutlich ist auch dies ein Grund für die höhere Erwerbstätigkeitsrate der höher gebildeten Mütter. Wie sieht es bei den Müttern mit weniger gutem finanziellen Hintergrund aus?

Catherine, Amerikanerin und «nicht mit dem Silberlöffel im Mund geboren», heute mehrfach ausgezeichnete Professorin (distinguished professor) an einer US-amerikanischen Universität, zwei erwachsene Kinder, hat ihr erstes Kind am Ende ihres Studiums bekommen. Sie hatte sich im Studium beeilt und «nur» noch die Dissertation zu schreiben, befand sich also in einer Phase, in der sie flexibel war. Ihr Mann war ebenfalls Doktorand und, da weniger ehrgeizig, wenigstens ebenso flexibel, vielleicht sogar noch flexibler. «Wir hatten genug Zeit, unsere Aufgaben zu erfüllen, auch ohne Hilfe von anderen.» Geld für Kinderbetreuung hatten die beiden allerdings nicht, sondern eine Menge Schulden für bezahlte Studiengebühren und ihre Lebenshaltungskosten während des Studiums. Sie pachteten einen kleinen Garten, aus dem sie einen guten Teil ihres Lebensmittelbedarfs deckten und der für die kleine Tochter zum liebsten Aufenthaltsort wurde.

Johanna, heute Medizinaldirektorin, hat ihr erstes Kind ebenfalls im Studium bekommen – allerdings in einer früheren Phase und im Medizinstudium. «Das war Stress», sagt sie heute, «das Studium ist hochgradig verschult und lässt einem wenig Freiräume.» Ihr Mann, selbständiger Landwirt, war nur im Winter disponibel. Zu anderen Jahreszeiten und ganz extrem im Sommer forderte sein Beruf höchste Flexibilität: Man ist vom Wetter, den Bedürfnissen des Viehs und der Fruchtreifung abhängig und muss häufig sehr schnell reagieren. Glücklicherweise hatte Johanna im Sommer vorlesungsfreie Zeit und war flexibler. Aber sie hatte eine längere Anfahrt zur Hochschule und zur Klinik. Daher musste während der Vorlesungszeiten fast täglich die Großmutter einspringen und das Baby für einige Stunden übernehmen. Später, im Kindergartenalter, entspannte sich die Situation. Die kleine Tochter konnte häufiger zu den landwirtschaftlichen Tätigkeiten mitgenommen werden, was sie ähnlich genossen hat wie Catherines Tochter den Garten.

Alma hat ihr erstes Kind ebenfalls während der Dissertationszeit bekommen, mit einem Stipendium und wenig institutioneller Anbindung. Ihr Mann hatte eine Projektstelle, daneben sollte dann die Dissertation geschrieben werden. Da es keine familiäre

Hilfe am Ort gab und die einzige lokale Kinderkrippe den Kindern unverheirateter Mütter vorbehalten war, gab sie ihr gesamtes Stipendium für eine halbtags beschäftigte private Kinderfrau aus, die während der Kinderbetreuung auch noch einen Teil der Haushaltsarbeiten erledigte. Der promovierende Vater verbrachte seine tägliche zweistündige Mittagspause mit dem Kind, so dass der Mutter täglich sechs Stunden für ihren Weg zur Hochschule und ihre Dissertationsuntersuchung blieben.

Die Vereinbarkeit erschwert hat in allen drei Fällen natürlich der Umfang der beiden Aufgaben Kinderbetreuung und Beruf. Mangelnde Flexibilität in der Erfüllung der beruflichen Aufgaben, zusätzlicher zeitlicher Aufwand durch Wege zwischen Wohnung und Arbeitsplatz und ganz besonders fehlende Kinderbetreuungsangebote, seien es öffentliche oder private sowie deren Kosten, haben darüber hinaus zu kritischen Situationen geführt.

Im internationalen Vergleich bietet Deutschland mit das schlechteste öffentliche Betreuungsangebot für Kinder unter drei Jahren: Nur jedes zehnte Kind unter drei Jahren besuchte im Jahr 2000 eine öffentliche Einrichtung – in Ostdeutschland 20%, in Westdeutschland 5%. Das Bild bessert sich bei den über Dreijährigen, von denen drei Viertel einen Kindergarten besuchen, allerdings nur jedes siebte davon ganztags. Im Schulalter wird der Mangel an Ganztagsbetreuungsplätzen erst recht zum Problem für berufstätige Mütter. Daneben bereiten ausgedehnte Ferien erwerbstätigen Eltern Vereinbarkeitsprobleme – zumindest kleinere Kinder können während der Krippen-, Kindergarten- und Schulferien nicht einfach neun Wochen pro Jahr unbeaufsichtigt zu Hause bleiben, weil die Mama und der Papa arbeiten gehen.

Ein knappes Betreuungsangebot lässt sich auf eigene Faust, wie gesagt, auch mit finanziellen Mitteln aufbessern. Und dafür muss nicht unbedingt das Doktorandenstipendium herhalten, das unsere Interviewpartnerin für die Kinderfrau ausgegeben hat. Es kann auch das Kindergeld sein (in Deutschland derzeit pro Monat 154 Euro für das erste, zweite und dritte Kind, 179 Euro für jedes weitere Kind), und weil man damit nicht weit kommt, das Erziehungsgeld, mit dem man allerdings nur halbtags erwerbstätig sein darf (307 bzw. 460 Euro pro Monat, je nachdem, ob man es für ein oder zwei Jahre in Anspruch nimmt. Für Kinder, die nach dem 31. Dezember 2006 geboren sind, gibt es statt des Erziehungsgeldes 12 Monate Elterngeld: 67 % des wegfallenden Nettoeinkommens desjenigen Elternteils, der wegen der Kinderbetreuung seine Erwerbstätigkeit auf maximal 30 Wochenstunden reduziert, mindestens 300 höchstens 1800 Euro. Wenn der andere Elternteil danach ebenfalls die Erwerbstätigkeit reduziert, wird das Elterngeld für zwei weitere Monate gezahlt. Allerdings kommt der Geldsegen teilweise auf Kosten der älteren Kinder: Ab 2007 wird die Laufzeit des Kindergelds stufenweise reduziert – ab dem Geburtsjahrgang 1982 wird ein Jahr weniger bezahlt, nämlich nur noch bis zum 26. Lebensjahr, ab dem Geburtsjahrgang 1983 nur noch bis zum 25. Lebensjahr.[42] Inzwischen gibt es auch Steuererleichterungen, man kann Kinderbetreuungskosten in begrenztem Umfang von der Steuer absetzen, wozu man allerdings ein Einkommen erwirtschaften muss, von dem sich etwas absetzen lässt.

Tatsächlich scheint aber die private Finanzierungsmöglichkeit selten gewählt zu werden, obwohl der deutsche Staat mit jährlichen Prämien für Familien in Höhe von über 60 Milliarden Euro international zu den spendabelsten gehört. Geld, mit dem man seine private Kinderbetreuung zumindest teilweise finanzieren könnte, sollte also schon da sein, zumindest mehr als in den meisten anderen Ländern. Dennoch haben Länder, die weniger private Prämien verteilen und stattdessen ihre Familienausgaben in Kinderbetreuung investieren, weit höhere Fertilitäts- und Frauenerwerbstätigkeitsraten als Deutschland.[43] 32 Milliarden Euro für den sogenannten Familienlastenausgleich, darunter Transferzahlungen wie Kindergeld, Erziehungs- bzw. Elterngeld, kinderbezogenes Wohngeld scheinen bei uns die Erwerbstätigkeit der Mütter nicht zu befördern. 22 Milliarden Euro Ehegattensplitting haben ebenfalls keinen positiven Effekt auf die Erwerbstätigkeit: Durch die gemeinsame Besteuerung und damit steuerliche Bevorzugung von Einverdienerehen bleiben bei zwei Kindern vom Verdienst des zweiten erwerbstätigen Partners von jedem zusätzlich verdienten Euro nur etwas weniger als die Hälfte übrig. Das vermindert den Anreiz für jeden zweiten Verdiener, selbst erwerbstätig zu werden. Diese Regelung und andere Entlastungen, wie z. B. die beitragsfreie Mitversicherung nicht erwerbstätiger Ehegatten und Kinder in der gesetzlichen Kranken- und Pflegeversicherung, sorgen dafür, dass Deutschland europaweit die größten Vergünstigungen für verheiratete Alleinverdiener gewährt. Da erscheinen acht Milliarden Euro staatlicher Investitionen in Kinderbetreuung wie ein Tropfen auf den heißen Stein. Zum Vergleich: Dänemark investiert einen doppelt so hohen Anteil seines familienpolitischen Budgets in Dienstleistungen wie Kinderbetreuungsangebote, die dann auch noch einen besseren Betreuungsschlüssel aufweisen, also kleinere Kindergruppen pro Betreuerin.

Auch das Problem des Timings der Geburt von Kindern spielt infolge des mittlerweile bei uns sehr hohen durchschnittlichen Erstgebäralters für das Vereinbarkeitsproblem bei Wissenschaftlerinnen keine unwesentliche Rolle: Mit dem derzeitigen Durchschnittsalter von inzwischen 30 Jahren[44] hat man als Akademikerin ein Studium abgeschlossen und steckt entweder in der Endphase der Dissertation oder aber bereits im sogenannten Rattenrennen um die raren Spitzenplätze, jedenfalls in einem Karrierestadium, in dem ein Kind nahezu unweigerlich einen Karriereknick nach sich zieht. Kindergebären ist kräftemäßig für die überwiegende Mehrzahl der Frauen keine Kleinigkeit. Die Geburt eines Kindes an sich erhöht das Krankheitsrisiko bei Frauen außerordentlich stark. Kommt zu einem Kind im Vorschulalter noch eine Erwerbstätigkeit unter den geschilderten Umständen hinzu, erhöht sich das Krankheitsrisiko fast ebenso stark wie die Erwerbstätigkeit die Gesundheit fördert,[45] womit noch nichts über die zeitliche Inanspruchnahme gesagt ist, die, wie oben gezeigt, von den Karriereinvestitionen abgezogen werden muss.

Akademikerinnen in den neuen Bundesländern bekommen ihre Kinder früher, im Durchschnitt mit 24,8 anstatt mit 30,5 Jahren; unter ihnen gibt es weniger Kinderlose als unter den Frauen in den alten Bundesländern. Folglich haben über 40% der ostdeutschen Frauen ihr erstes Kind im Studium bekommen, in Westdeutschland nur 16%.[46] Allerdings sind die Kinderbetreuungsangebote in den neuen Bundesländern auch wesentlich zahlreicher als in den alten, so dass dort ein Effekt des Vorhandenseins öffentlicher Kinderbetreuung auf die Erstgeburten statistisch nachgewiesen werden kann. In Westdeutschland hat mangels öffentlicher Betreuungsangebote hingegen nur die Verfügbarkeit einer betreuenden Großmutter diesen Effekt.[47]

Verschiebt man, wie die meisten westdeutschen Frauen, die Geburt des ersten Kindes in eine spätere Phase, sinkt damit die Chance auf ein Kind, denn die generative Phase wird verkürzt und mit steigendem Lebensalter steigt das Risiko von Schwangerschafts- und Geburtskomplikationen. Damit lässt sich zumindest teilweise die niedrigere Kinderzahl von Akademikerinnen erklären. Insbesondere im Hochschulbereich beginnt aber die berufliche Sicherheit für Frauen nachweislich noch später als für Männer,[48] deren Alter bei der ersten Berufung auf eine Professur durchschnittlich 42 Jahre beträgt. In diesem Alter sind Frauen schon gefährlich nahe an der Generativitätsgrenze.

Zwei der von uns interviewten Frauen sind den Kompromiss einer reduzierten Erwerbstätigkeit eingegangen – Cornelia hat ihr erstes Kind mit 34 auf einer sicheren Stelle im akademischen Mittelbau bekommen und ihren ersten Ruf erst angenommen, als der Sohn sein Abitur machte. Ein zweites Kind hat sie nicht gewagt: Schon vor dem ersten Kind gab es Fehlgeburten, und mit dem kleinen Jungen empfand sie die Vollzeitstelle als große Belastung. «Wenn auch nur im Mittelbau» (darunter versteht man in der Regel promovierte wissenschaftliche Angestellte und Dozenturen an Universitäten) hat sie ihre Pflichten insbesondere in der Lehre sehr ernst genommen. Dies ist ein Phänomen, das frauentypisch zu sein scheint.[49] Als Cornelias Sohn elf Jahre alt war, begann die Phase langer beruflicher Abwesenheiten ihres Mannes, der an einem 200 km entfernten Ort Professor geworden war.

Alma hat bis in die Pubertät ihrer Kinder auf Teilzeitstellen im Mittelbau gearbeitet, ebenfalls in einer Doppelkarrierebeziehung, bis sie, wie Cornelia haarscharf an der Altersgrenze, die erste Professur antrat: «Das hätte leicht schiefgehen können, denn die Altersgrenzen werden immer strammer – in Nordrhein-Westfalen hätte es zum Beispiel schon nicht mehr geklappt. Und der Nachwuchs muss nicht mehr habilitieren und ist daher jünger, billiger und attraktiver. Zum Glück gibt es hin und wieder eine Ausnahmeregelung für Mütter mit Kindern.»

Beide waren mit der beruflichen Situation im Mittelbau weniger zufrieden als später auf der Professur. «Das ist wie Fahren mit angezogener Handbremse. Man hat von jedem etwas, und das kann man natürlich auch genießen. Ehrgeizig ist man aber besser nicht, denn man wird dauernd rechts überholt, von den Profimüttern und den Profiwissenschaftlern. Aber die Sorge war zu groß, dass die ambitioniertere Stufe sich nachteilig auf die Familie ausgewirkt hätte. Immer wenn eine Tagung anstand oder mehr zu leisten war als normal, wurde die Konstruktion wackelig, die Mutter unter der ruhigen Oberfläche unruhig, und die Kinder verloren ihre Contenance schneller als sonst. So schien das Leben mit dem beruflichen Kompromiss das kleinste aller möglichen Übel im Sinne der schwächsten Beteiligten – denn ein Kind kann sich ja nicht so gut wehren.»

An beiden Beispielen wird deutlich, dass eine berufliche Karriere auch Mobilität erfordert – was nicht immer nur negativ sein muss: Auslandsaufenthalte mit Mann und Maus sind zwar teuer und erst einmal höchst aufwändig zu organisieren, nachher dann aber meist ein bereicherndes Erlebnis. Dauerhafte Umzüge bergen hingegen insbesondere für Kinder jenseits des Kindergartenalters hohe Mobilitätskosten, denen kein für sie sichtbarer Nutzen gegenübersteht: «Mama hat dann einen besseren Job, du bekommst ein schöneres Zimmer und wir können im Urlaub in ein besseres Hotel gehen», zieht für einen in seiner Gleichaltrigengruppe gut integrierten Halbwüchsigen genauso wenig wie: «Dann kann ich mir später ein Altersheim leisten und du musst mich nicht im Rollstuhl herumschieben». So kommt es dann oft zur Pendlerbeziehung, die für alle Beteiligten, Eltern wie Kinder, eine Reihe von Risiken birgt.[50]

Speziell in diesem Bereich kann man am Vergleich mit US-Amerikanern sehen, wie viel leichter das Leben durch eine positive Einstellung sein kann: Für alle drei der von uns interviewten

Amerikanerinnen war es selbstverständlich, dass man für eine bessere Stelle sein Haus verkauft und umzieht. Die Kinder? Sollen ja später aufgeschlossene, flexible Erwachsene werden!

Neben solchen kulturell geprägten Attitüden, die die individuellen Handlungsfreiheiten und dadurch die Karrieremöglichkeiten von Müttern einschränken, gibt es gerade im Hochschulbereich über die äußeren Barrieren hinaus auch eine Reihe von inneren Barrieren für Frauen. Dass diese häufig als Hemmschuh für deren berufliche Karrieren wirken, konnte in verschiedenen Studien über Frauen an Hochschulen belegt werden.[51] Dazu zählen beispielsweise die Neigung von Frauen, ihre Erfolgskarrieren eher auf Zufälle oder Gelegenheiten zurückführen als auf eine gezielte Karriereplanung, sowie ihr offensichtlicher Wunsch, Berufs- und Privat- beziehungsweise Familienleben stärker miteinander zu verzahnen. Auf dem Hintergrund der geschilderten schlechten strukturellen Rahmenbedingungen für die Vereinbarkeit von beruflicher Karriere und Mutterschaft in unserem Land können diese inneren Barrieren die bestehenden Probleme potenzieren. Sie alle tragen zu der nach 55 Jahren rechtlicher Gleichberechtigung immer noch zu beobachtenden Kinderlosigkeit von Karrierefrauen bei. Aber man weiß das ja inzwischen, und so bleibt zu hoffen, dass die Geschichte der aussteuer- und dadurch kinderlosen Tante Mucks sich nicht allzu oft in moderner Form wiederholen möge.

Kapitel 2

«Under Pressure»: Eine elektronische Eltern-Elegie

Von Judith Glück und Oliver Vitouch

Eine moderne Doppelkarriere in der Wissenschaft: Judith Glück (*1969) und Oliver Vitouch (*1971) lernten einander 1991 beim Psychologiestudium in Wien kennen und sind seit 1994 ein Paar. Im Februar 1995 schlossen sie im Abstand von einem Tag das Diplomstudium ab; anschließend wurden beide AssistentInnen am Institut für Psychologie der Universität Wien (JG für Entwicklungspsychologie, OV für Allgemeine Psychologie). Auch zwischen ihren Promotionen lagen 1999 nur wenige Monate. JG ging im selben Jahr als Postdoc-Stipendiatin zu Paul B. Baltes ans Max-Planck-Institut für Bildungsforschung in Berlin, OV folgte 2000 als wissenschaftlicher Mitarbeiter bei Gerd Gigerenzer dorthin. Im Juni 2001 habilitierten beide in der gleichen Woche, im Juli heirateten sie auf dem Berliner Funkturm. Anfang 2002 kehrten sie an die Universität Wien zurück. Im April 2002 wurde Wunschkind Jonas geboren. Im Juni 2002 erhielt OV einen Ruf auf den Lehrstuhl für Allgemeine Psychologie an der Alpen-Adria-Universität Klagenfurt; seit Dienstantritt im März 2003 ist er Wochenpendler (vier Zugstunden pro Strecke). JG ist außerordentliche Professorin (Habilitierte mit Dauerstelle) im Bereich Entwicklungspsychologie in Wien – seit April 2005 wieder ganztags – und unter der Woche alleinerziehende Mutter. Aufgrund beiderseitiger Terminbelastung finden wichtige Gespräche manchmal per E-Mail statt – allerdings selten so ausführlich wie hier aus geheimer Quelle veröffentlicht.

Date: Tue, 14 Jun 2005 18:21:58
From: <oliver.vitouch@uni-klu.ac.at>
Subject: Le Jeudi

Meine geliebte J.,

eile jetzt gleich in die Spätvorlesung, ergo nochmals rasch en passant: Wie ist das jetzt genau mit Deinem Zürich-Vortrag? Ich komme am Do., kann sogar einen Zug früher nehmen, so dass ich schon um 21:02 da bin. Soll ich Le Petit Prince dann noch von Deiner Mutter holen?

Lovingly Yours,

;o) O.

Date: Tue, 14 Jun 2005 18:39:11
From: <judith.glueck@univie.ac.at>
Subject: WAAAAAAAAH!!!!?!?!????

Ähm, es war doch ausgemacht, dass Du schon mittags da bist, damit meine Mutter zu diesem Treffen gehen kann??? Sie hat Jonas ja vorher schon den ganzen Abend und die Nacht, ich flieg doch schon morgen Nachmittag! Hatten wir das nicht ungefähr 100mal besprochen…??? Ok, wahrscheinlich weiß deshalb keiner mehr, was der letzte Stand war. Kannst Du das irgendwie noch ändern? Du kannst auch den halben Samstag dafür haben, da bin ich eh schon mittags wieder da …

Wie auch immer, jetzt fahr ich den kleinen stabreimenden Dino-Dompteur abholen (er hat mir am Telefon erklärt, dass er einen «traaauurigen tierlieben Tyrannosaurus» gezähmt hat, der frisst jetzt nur noch Pflanzen) – heute haben wir Glück und mein Vater kann uns nach Hause bringen. Das könnte bedeuten, dass er schon im Auto einpennt und ich einen langen ruhigen Abend habe, außer sie haben ihn wieder mal nachmittags schlafen lassen …

Anyway, let's phone later, ok? Hoffentlich kriegst Du das irgendwie hin …

J.

Date: Tue, 14 Jun 2005 20:27:54
From: <oliver.vitouch@uni-klu.ac.at>
Subject: Werktätige Elternklasse

... OK, OK, kleines Missverständnis – ist in Ordnung, ich schichte dies & das um und nehme den 6:48 (ankomme 11:02)! Ich hätte allerdings schwören können, dass wir es anders ... egal. Tja, «double career» mit Kind ist nun einmal nicht ganz so, wie die Hochglanz-Gazetten das darstellen. Dazwischen komme ich mir in meiner Rolle als schlechtere Hälfte des «power couple» ganz schön saftlos vor. Eins ist klar (entschuldige, dass ich jetzt ins Schwadronieren komme, aber nach der zweiten Vorlesung bin ich noch am ehesten zum E-Mailen zu gebrauchen): In den letzten drei Jahren ist eine arge Senke in meiner Produktivität zu verzeichnen. Und im Wissenschaftskapitalismus interessiert es niemanden, dass ich in dieser Phase «junger Vater» war ...

Unsere kleine Planungsschwäche erscheint mir symptomatisch für das Elend der doppelt werktätigen Elternklasse. Es ist ein stetes Tauziehen bei uns geworden; ein wahres Feilschen um Stunden. Ich muss Studierende und Editors von Monat zu Monat vertrösten, weil ich nicht wie früher einfach Nachtstunden und Wochenenden durcharbeiten kann, um den verrückten Uni-Alltag eines österreichischen Psychologie-Studiums zu kompensieren. (Gestern hat die Studienabteilung die aktuellen Zahlen geschickt: Wir haben jetzt 1230 Studierende auf 15 WissenschaftlerInnen ...) Und «Verzeihung, unser Babysitter ist ausgefallen» oder «Pardon, ich musste noch rasch Windeln kaufen» kommt nach wie vor nicht gut rüber, wenn man als Institutsvorstand zur eigenen Institutskonferenz zu spät kommt – das wird beim 1. Mal noch «süß» und hochmodern gefunden; aber ab dem 2. Mal ist jegliches Verständnis perdu. Da kann ich noch von Glück reden, dass ich arbeitsmäßig überwiegend weit weg bin (wenn auch zeitlich eng begrenzt) – damit bleibt uns mancher Akutkonflikt erspart («Wessen Arbeit ist wichtiger?»). Aber zugleich bleiben natürlich viele Krisen an Dir hängen; als ob das «natürlich» wäre ...

– O.

Date: Tue, 14 Jun 2005 20:48:46
From: <oliver.vitouch@uni-klu.ac.at>
Subject: P. S.: Friend or Foe?

Und weißt Du was: *E-Mail is killing me!* Ich meine natürlich nicht *unsere* Korrespondenz; und auch nicht Spam. Ich meine die 99 kleinen Botschaften, die man Tag für Tag bekommt, inklusive So. & feiertags und auch noch am 24. Dezember (bis 19:00); die, derentwegen man nicht mehr Urlaub machen kann (jedenfalls nicht ohne Buchse), weil das selbst kursorische Aufarbeiten danach nicht mehr zu machen ist. Erinnerst Du Dich an den Metaanalyse-Workshop von Bob Rosenthal in Montréal (summer of '96)? «I don't have email. Think about my words: In 10 years, you will envy me!» Er hat recht behalten. Oder Leda Cosmides, die meinte, «well, you can try, but if it's important, send me a fax» ...

Kiss the Prince Goodnight,

– O.

Date: Tue, 14 Jun 2005 21:08:41
From: <judith.glueck@univie.ac.at>
Subject: Re: Werktätige Elternklasse

So, jetzt schläft er – wir hatten noch ein längeres Gespräch über die genaue Definition des Begriffs «Nacht» und wieso es Abend sein kann, wenn es noch hell ist ... Zu Deinen soziologischen Betrachtungen muss ich nun doch anmerken, dass im konkreten Falle die ausgefallenen Babysitter und Windelkäufe ja wohl eher mich getroffen haben (mal davon abgesehen, dass ich jetzt seit über 2 Jahren wochentags alleinerziehend bin, und noch kein einziges Mal hab ich mich wegen Windelnkaufens verspätet ... und auch die ausgefallenen Babysitter wurden immer irgendwie ersetzt). Übrigens kommen solche Entschuldigungen auch bei Frauen nicht soooo gut rüber.

Insofern ist es irgendwie schon originell, wenn Du mir was vorjammerst. Ich versteh schon, was Du meinst, und es mag sein, dass «die Gesellschaft» bei den Männern kein Verständnis für Vaterpflichten hat, aber irgendwo ist da ein Teufelskreis: Männer dürfen nicht vaterschaftsbedingt kürzer treten, irgendeiner muss aber kürzer treten, weil die Windeln gekauft (& gewechselt) werden müssen, also macht es halt die Frau, bei der erwartet «die Gesellschaft» eh nicht so viel.

Du hast schon recht, am schlimmsten sind die Akutkonflikte in den Sommerwochen, wo jede/r von uns sofort zum Computer hetzt, wenn der/die andere mal mit dem Kleinen spielt ... das Jahr über ist wenigstens klar, dass ich das meiste machen muss, und das ist für mich sogar einfacher. Es ist ja jetzt auch schon gut eingespielt, und seit Jonas im Kindergarten ist, ist sowieso alles unvergleichlich viel besser geworden. Insofern tu ich mich aber schon schwer mit Deinen Klagen: einfach weil sich für mich durch das Kind so viel mehr geändert hat als für Dich! Du hast immer noch 3–4 Tage pro Woche, wo Du Dir Deine Arbeit selbst einteilen kannst – schon klar, dass das immer zu wenig ist. Aber ich habe an jedem dieser Tage genau 6 Arbeitsstunden und keine Minute mehr (außer halbtot spät abends) – und in der Zeit, in der ich nicht arbeite, muss ich (a) einen Haushalt versorgen und (b) jederzeit bereit sein, auf ein hinreißendes, aber gnadenloses Wesen einzugehen, das zum zweihundertsten Mal «Entchen Quack» vorgelesen haben will. Der ständige Bereitschaftsdienst, die Unkontrollierbarkeit des Zeitbudgets, das ist für mich auch nach 3 Jahren noch schwierig – und das bleibt Dir doch weitgehend erspart. Denk daran, wie es Doris Knecht in ihrem Kolumnenbuch[1] so schön beschreibt: nach 2 Wochen Familienurlaub mit den Zwillingen ist *sie* völlig erholt, *er* fix und fertig ... Offenbar trifft es die Frauen – zumindest dort, wo die Aufteilung so «traditionell» ist wie bei uns – doch noch ein kleines bisschen härter.

Was wiederum bewirkt, dass sie wenig Verständnis für die Erschöpfung ihrer Männer haben :-) Aber es hat wahrscheinlich nicht sooo viel Sinn, darüber zu streiten, wer die schwärzeren Augenringe hat.

Das Komische ist, dass ich mit niemandem tauschen möchte. Ich glaube auch eigentlich nicht, dass ich unserem Kind auch nur ein bisschen mehr Zuwendung oder Aufmerksamkeit oder gemeinsame Aktivitäten entgegenbringen würde, wenn ich nicht arbeiten würde – ich wäre nur genervter, und ich hätte weniger von diesen nützlichen Schuldgefühlen, die mich dazu bewegen, meine Zeit mit ihm optimal zu gestalten. (Genauso wie ich auch im Job früher wesentlich weniger effizient war als jetzt.)

Und natürlich würde ich um nichts in der Welt auf dieses Wesen verzichten wollen, das die Welt entdeckt und angesichts eines Ammoniten im Naturhistorischen Museum in Luftsprünge verfällt ... das Ausmaß der Glücksmomente, die so ein Kind mit sich bringt, habe ich genauso wenig geahnt wie das Ausmaß der Erschöpfung!

Ich mach jetzt noch schnell die Vorbereitung fürs Proseminar morgen früh – und dann Badewanne *hach* ...

J.

Date: Tue, 14 Jun 2005 23:19:55
From: <oliver.vitouch@uni-klu.ac.at>
Subject: Re: Re: Werktätige Elternklasse

Hui, ich krieg' ja ganz schön eingeschenkt heute ... aber ich hab' mir auch vieles von dem, was Du in die falsche Kehle bekommen hast, selbst zuzuschreiben ... Festzuhalten ist trotzdem (ich kippe schon wieder in den Rechtfertigungsmodus), dass (a) der Windelkauf symbolisch gemeint war, (b) der Teilersatz für ausgefallene Babysitter immer wieder auch ich bin, (c) standardmäßig verkürzte Wochen auch nicht das non plus ultra für einen fulltime-job sind, und (d) es mich ganz schön reißt, wenn ich «Aufteilung so ‹traditionell› wie bei uns» lese, weil der Unterschied zwischen mir und der Generation unserer Väter doch gewaltig ist (ich zähle jetzt nicht auf, was ich außer Waschmaschine bedienen, 3 Gerichte kochen, mich-an-die-Einkaufsliste-halten, nähen, bügeln, mit-dem-Kind-und-den-anderen-Müttern-und-Sittern-auf-dem-Spielplatz-und-im-Dorf-der-Tiere-und-Haus-des-Meeres-sein etc. noch so kann ;-) Und dass Du nach dem Mutterschutz längere Zeit auf halbtags gegangen bist, wolltest Du so (weil Du mehr Zeit mit Jonas haben wolltest), während ich ab initio sehr auf mehr Kinderbetreuung, au-pair, école maternelle u. ä. aus war … Jedenfalls ist es schon beachtlich, dass die Konflikte im Kern praktisch überall – z. B. auch bei Deiner alternativen Freundin und ihrem Mann – genau dieselben sind. Out of utter unfairness könnte ich jetzt auch sagen: Du auf Deiner ruhigen Stelle hast ja keine rechte Vorstellung von wirklichem organisatorischem Stress – genauso wie ich keine rechte Vorstellung vom Leben allein mit Kind habe …

Aber es wäre einfach nur dumm von mir, hier irgendwas aufzurechnen. Du sprichst (rightfully so) konkret über die Ebene «zwischen uns beiden», ich meinte abstrakter das gesellschaftliche Dilemma zweier berufstätiger Eltern mit Kind (oje, das klingt gerade furchtbar akademisch …). Dass Frauen sowohl im allgemeinen als auch in unserem Falle viel stärker drankommen, ist noch einmal etwas anderes (und völlig wahr); die Gründe dafür sind aber vielschichtig und zwar vorrangig, aber nicht exklusiv bei «den Männern» zu suchen.

BTW, ich hab' Dir noch nicht von der neuen Kampagne in St. Gallen erzählt: Das Gleichstellungsreferat der Uni hat eine Aktion gestartet, um (jungen) Eltern der faculty eine sichtbare Auszeichnung zu verleihen – einen Ansteckknopf mit Familienemblem. Ironie der Gestaltung, dass das Zeichen aussieht wie das Blindenzeichen, nur mit 3 verschieden großen Punkten … Soll wahrscheinlich andeuten, dass doppelberufstätige Eltern «blind fürs Leben» sind (wie in Kurt Ostbahns «Arbeit» nach Springsteens «Factory Song»: «Er is' halb terrisch [taub] von der Hack'n [Arbeit], und er is' blind für's Leben …»).

Na ja, jetzt noch «Hot & Spicy Chicken Bits» bei Burger King (vor 24 h) & dann ins Bett – morgen mehr!

Date: Tue, 14 Jun 2005 23:31:10
From: <judith.glueck@univie.ac.at>
Subject: Re: Re: Re: Werktätige Elternklasse

… stimmt schon, das ist ein Knackpunkt: Dem Problem ließe sich technisch gesehen durch eine weitere Aufstockung der Babysittermannschaft inkl. Ersatzspielern begegnen, und es ist wahr, dass ich die bin, die das nicht will. *Ich* wollte meine Arbeitszeit reduzieren, ich wollte und will meinen Sohn nicht ständig nur abgeben, man hat ja nicht sooo viele Kinder im Leben und will sie auch erleben … und natürlich hat man den Superwoman-Anspruch, Kind *und* Karriere optimal und selbst zu managen. Da sind nicht berufstätige Mütter wohl etwas entspannter, womit wir wieder bei den Schuldgefühlen wären …

Was auf der Strecke bleibt, ist die Zeit «für uns selber» – ich glaub, dass es das ist, was uns zeitweise an unsere Grenzen bringt. Von dieser Zeit hatten wir die ersten über 30 Jahre unseres Lebens sehr viel, und jetzt haben wir keine mehr. Wir sind eben nicht blind fürs Leben, wie sehen es ganz genau, wir kommen nur nicht dazu!

In diesem Sinne les ich jetzt noch ein Viertelstündchen, und dann gute Nacht!

J.

Date: Wed, 15 Jun 2005 09:10:18
From: <oliver.vitouch@uni-klu.ac.at>
Subject: Sandwiches & Rush Hours

Carissima,

hat Dein Vater eigentlich schon seine Befunde bekommen? Das ist auch neu, dass man sich um seine Eltern ernsthafte Sorgen macht. Es ist schon so wie die Lifespan-Psychologie es beschreibt: Wir sind mitten in der Sandwich-Situation,[2] Verantwortung «nach oben» und «nach unten» im Strom der Generationen zu tragen … (Merkwürdig, dass wir sogar in privaten emails Fachliteratur zitieren – WissenschaftlerInnen ;-)

In einem «Zeit»-Artikel[3] war kürzlich von der «Rush Hour» im Lebenslauf jüngerer AkademikerInnen die Rede: Da sich das Kinderhaben typischerweise hinter die Studienzeit verschoben hat, fallen berufliche Profilierung und (Kleinkind-)Elternschaft zusammen. Als Symptom des Wissenschaftskapitalismus kommt aber noch etwas dazu: Es ist nicht mehr vorgesehen, einmal eine umschriebene Phase lang «locker zu lassen»; alles wird evaluiert, verglichen, auf Höchstleistungen hin abgeklopft. (Quantitativer) Durchschnitt gilt als Kapitalverbrechen. Auszeiten sind nicht mehr vorgesehen; alles geschieht «under Pressure» (remember Mercury/Bowie, da-da-da-dadl-da-damm). Aber in diesem Stabhochsprung ist man mit einem so reduzierten Zeitbudget, und mit einem entsprechend verdünnten Nerven- und Aufmerksamkeitskostüm, einfach nicht konkurrenzfähig. Die Floskel «Alles nur eine Frage der Organisation» stimmt einfach nicht; und außerdem: Mann will sein Kind ja von Zeit zu Zeit auch einmal sehen, nicht nur 24stündig, six days a week, durchorganisiert wissen.

Die Doppelbelastung der emanzipierten, berufstätigen Frau & Mutter ist (völlig zu Recht) in aller Munde, und in jeder zweiten Zeitungskolumne. Aber die arbeitenden Väter, die zu den arbeitenden Müttern gehören, und von denen (ebenfalls völlig zu Recht) Haushaltshilfe, Kinder-Mitbetreuung, Übernahme von Pflichten und – im Idealfall – Gleichverteilung eingefordert wird, deren Situation scheint eher unbekannt zu sein. «Kind oder (Volldampf-)Karriere» (beider Partner) ist, zumindest über viele Jahre hinweg, viel mehr eine Grundsatzentscheidung, als das medial suggeriert wird. Als Vater Zeit für seine Kinder (und seine Partnerin) zu haben, wird noch immer als unzureichende Effizienz, berufliche Verantwortungslosigkeit und mangelnde Zuverlässigkeit gesehen. Und durch das Pendlerdasein wird die Situation nicht eben leichter. Als Institutsvorstand, Universitätslehrer, Forscher, Vereinsmeier (ÖGP), Senatsmitglied, Kongressorganisator und, schließlich nicht zu vergessen, Vater fühle ich mich momentan weniger multifunktionell als multimorbid! Das war früher anders ...

Das wunschlose Unglück der «Neuen Väter» will jedenfalls auch entsprechend geschildert sein. Nein, eigentlich ist es nicht wunschlos: Der Wunsch ist, doppelt so viel Zeit zu haben («Der Tag hat 24 h, und wenn man noch die Nacht dazu nimmt, sind's 48»), oder ein nebenwirkungsfreies Pharmakon, das man nimmt, anstatt zu schlafen. Dann ginge es.

Date: Wed, 15 Jun 2005 10:04:11
From: <judith.glueck@univie.ac.at>
To: <oliver.vitouch@uni-klu.ac.at>
Subject: Re: Sandwiches & Rush Hours

Alles wahr, mein Lieber, aaaaaber: viele würden sagen, Du bist doch schon Professor, warum musst Du denn jetzt, wo der Kleine klein ist, auch noch Institutsvorstand, Vereinsmeier, Senatsmitglied und Kongressorganisator sein? Es sind schon auch die eigenen Prioritäten, die einen in die Bredouille bringen ... das Nein-Sagen-Lernen ist eine der wichtigsten Aufgaben des berufstätigen Elterndaseins, glaub ich. Jedenfalls hab ich das in hohem Maße lernen müssen – am Anfang meines «Wiedereinstiegs» hab ich genauso weitergemacht wie vorher und immer noch was und noch was übernommen – da Du da aber bereits in Klagenfurt warst, hab ich schnell und schmerzhaft gelernt, dass der Tag plötzlich eine sehr begrenzte Arbeitsstundenanzahl hat und die Woche nur 5 Arbeitstage. Inzwischen krieg ich es tatsächlich hin, im Großen und Ganzen Termine einzuhalten und zu schaffen, was ich vorhabe ... aber nur dank häufigen Neinsagens.

Natürlich muss ich an diesem Punkt sehr aufpassen, dass nicht doch ein bisschen Neid ins Spiel kommt – wenn Du bedenkst, dass wir beide zeitgleich spondiert, promoviert und habilitiert haben ... und jetzt bist Du Professor mit eigenem Lehrstuhl und ich Teilzeitmama auf (immerhin) sicherer Dauerstelle... was natürlich viele Vorteile hat (Hauptvorlesung?, was ist das?), aber manchmal doch am Ego kratzt.

Jetzt hol ich den Süßen aus der Kindergruppe, spiel noch ein Stündchen mit ihm, bring ihn zu meiner Mutter und fahr zum Flughafen. Und natürlich vermisse ich ihn jetzt schon, statt mich zu freuen über die dreitägige Freiheit ...

Ich meld mich dann noch kurz vom Flughafen, ok? Und am Abend kann ich dann auch nochmal in die Mails.

Love

J.

P. S.: Ach, ja, die Befunde: Mein Vater ist kerngesund, sämtliche Gründe zur Beunruhigung sind offiziell aufgehoben!

Date: Wed, 15 Jun 2005 10:59:24
From: <oliver.vitouch@uni-klu.ac.at>
Subject: Admittedly...

Fixi-Pixi (würde Jonas sagen), Du hast ja völlig recht, was die vermaledeite Multifunktionalität betrifft... Aber Du weißt auch: Für jede gibt's eine gute Erklärung, und die meisten hängen mit dem beherzten Versuch zusammen, wieder zusammen in die gleiche Stadt zukommen. Und erinnere Dich, wie harsch wir in unseren jungen Vorkindjahren über laxe Auf-der-Professur-Ausruher geurteilt haben ... Trotzdem («Beiseite, Argumente!»), ich gelobe, abermals bekräftigend, bedingungslosen Kürzertritt!!

Seit dem Kind fühle ich mich, im Kontrast zu den kreuzfidelen «Neuen Großeltern» (ich denke da jetzt an meine Karibikkreuzfahrer und Matinée-Soirée-Marathonis), jedenfalls manchmal ziemlich alt ... aber das wird vielleicht besser, wenn ich wieder mehr schlafe. Bald. In der Rente dann.

Date: Wed, 15 Jun 2005 11:20:36
From: <oliver.vitouch@uni-klu.ac.at>
Subject: P. S.: Friday On My Mind

Klar ist auch: Die kleinen Sklaventreiber sind so entzückend, dass man die Freiheit freiwillig fahren lässt & sie nie mehr zurück will (na ja, in der Rente ...). Das schreibt Doris Knecht ja auch immer, dass es grundfalsch wäre, sie so zu verstehen, als wäre das Leben mit Kindern furchtbar! Ich bin also ab morgen Mittag dran mit Pyramidenbauen (ja, sei nur neidisch), und wir sehen uns dann Samstag mittags. Wir holen Dich vom Flughafen ab!

In Liebe,
Dein
– Oliver

P. S.: Wenige Tage vor der abschließenden Überarbeitung dieses Textes hat JG einen Ruf auf die Professur für Entwicklungspsychologie der Lebensspanne an der Karl-Franzens-Universität Graz erhalten. Zwischen Klagenfurt und Graz liegen nur 150 km (aber auch eine tunnelreiche Bergpassage). Die Berufungsverhandlungen werden demnächst aufgenommen. Jonas hingegen erklärt immer öfter, dass ihm eine kleine Schwester sehr willkommen wäre – natürlich vorerst nur zur unverbindlichen Ansicht …

Kapitel 3

Auf das Timing kommt es an – Gibt es den optimalen Zeitpunkt für ein Kind?

Von Claudia Quaiser-Pohl

Kinder zu bekommen beruht im Zeitalter zuverlässiger Verhütungsmittel in unserem Kulturkreis bei den meisten Frauen, vor allem bei Akademikerinnen, auf einer bewussten, rationalen Entscheidung. Folglich stellen viele sich die Frage nach dem optimalen Zeitpunkt für die Geburt des ersten und weiterer Kinder. «Eigentlich ist jeder Zeitpunkt der richtige, aber gleichzeitig auch der falsche», ist eine Antwort darauf, die einer der Autorinnen dieses Buchs einmal gegeben wurde. Ungeachtet der oberflächlich trivialen Wahrheit dieser Aussage war sie für die Autorin tatsächlich eine Entscheidungshilfe. Dennoch gibt es hinsichtlich der in diesem Buch geschilderten beruflichen Karrieren zumindest in Deutschland eigentlich nur mehr oder weniger schlechte Zeitpunkte. Die Schwierigkeiten mit der Vereinbarkeit fallen aber durchaus unterschiedlich aus, je nachdem, in welcher Karrierephase der Zeitpunkt des Übergangs zur Elternschaft liegt. Was gibt es in Bezug auf das optimale Timing der Geburt von Kindern für Möglichkeiten, welche Vor- und Nachteile bieten verschiedene Modelle und wie lassen sie sich realisieren? Darum soll es im Folgenden gehen.

Deutsche Frauen verschiedener Generationen haben in Abhängigkeit von den jeweiligen gesellschaftlichen Rahmenbedingungen ihrer Zeit höchst unterschiedliche Vorstellungen davon gehabt, ob und wie sich Berufstätigkeit und Kinder vereinbaren lassen. Auch in der Neuzeit – angefangen von der industriellen Revolution über das Dritte Reich und die Nachkriegszeit mit den Kriegerwitwen bis in die fünfziger Jahre, dem goldenen Zeitalter der Familie, in dem die Frau wieder als hauptverantwortlich für die Geschicke der Familie galt und sich einzig und allein dem Haushalt und der Kindererziehung widmen sollte – war mütterliche Berufstätigkeit abwechselnd akzeptiert oder verpönt. Die historischen Wurzeln dieser typisch deutschen Einstellung wurde auch als das Phänomen der «deutschen Mutter» beschrieben und historisch begründet.[1] Somit bildet es auch die Grundlage für die vor allem im goldenen Zeitalter der Familie geprägte und bis heute in Westdeutschland dominierende Auffassung von berufstätigen Müttern als Rabenmüttern.

Eine für damalige berufstätige Frauen fast revolutionäre Idee war deshalb das von der schwedischen Sozialreformerin und Friedensnobelpreisträgerin Alva Myrdal Ende der fünfziger Jahre formulierte Drei-Phasen-Modell.[2] Danach gliedert sich der Lebenszyklus von Frauen mit Kindern in drei Abschnitte: 1. die Berufsphase als erste Periode des Erwachsenenlebens, zwischen Schulentlassung und Eheschließung mit ca. 20 Jahren, 2. die Familienphase zwischen ca. 20 und 39 Jahren, in der Frauen mit Kindern nicht erwerbstätig sind, und 3. die postfamiliäre Phase zwischen 40 bis 59 Jahren, in der die Berufstätigkeit unter bestimmten Umständen wieder aufgenommen werden kann. Dieses Modell eröffnete damals vielen Frauen eine Perspektive, auch als Mütter nicht gänzlich auf die Verwirklichung beruflicher Ziele verzichten zu müssen. Es fand deshalb gerade in der deutschen Öffentlichkeit großen Anklang und wurde in der Folgezeit vor allem von Frauenzeitschriften propagiert. Bis heute geistert die Idee des vorübergehenden beruflichen Ausstiegs von Müttern in der frühen Familienphase – mindestens bis das jüngste Kind im Schulalter ist – in den Köpfen vieler Frauen herum. In der bundesdeutschen Familienpolitik schlägt es sich bis dato in Phänomenen wie der Elternzeit bis zum dritten Geburtstag des Kindes, dem Mangel an Betreuungseinrichtungen für unter Dreijährige und Ganztagsbetreuungsplätzen für Drei- bis Sechsjährige nieder. Aber auch das ausgesprochen gute Angebot an Halbtagskindergartenplätzen zwischen 8 und 12 Uhr, durch das den meisten Müttern nicht einmal eine Teilzeitarbeit ermöglicht wird, hat dort seinen Ursprung.

Dass das Drei-Phasen-Modell gerade für die berufliche Karriere von Wissenschaftlerinnen, aber auch für andere akademische Laufbahnen in unserer schnelllebigen, von permanenten Innovationen geprägten Informations- und Wissensgesellschaft eher abträglich ist, wird vielen in der Regel erst bewusst, wenn «das Kind schon in den Brunnen gefallen» ist und sie sich jegliche Karrierechancen verbaut haben. Deshalb plädiert beispielsweise die Entwicklungsbiologin und Nobelpreisträgerin Christiane Nüsslein-Volhard gegen eine Elternzeit und Teilzeitstellen für Wissenschaftlerinnen mit Kindern. Wie viele der von uns für dieses Buch Befragten hält sie den vorläufigen Ausstieg aus der wissenschaftlichen Tätigkeit für ein absolutes Karrierehemmnis. Sie hat deshalb eine Stiftung gegründet, die Doktorandinnen finanzielle Zuschüsse für Kinderbetreuung zukommen lässt.

Frauen, die eine wissenschaftliche Karriere anstreben, bleibt also eigentlich nur eine Alternative: entweder die Qualifikationsphase vorwegzunehmen und dann erst eine Familie zu gründen, oder früh mit der Familiengründung zu beginnen und die Karriere «hinterher zu schalten», wie eine unserer Interviewten es formulierte. Was den Zeitpunkt des Kinderkriegens betrifft, zeigen die amtlichen Bevölkerungsstatistiken für viele Industrienationen aber schon seit Jahrzehnten den Trend der Verlagerung auf einen immer späteren Zeitpunkt im individuellen Lebenslauf. So liegt das durchschnittliche Erst-Heiratsalter in Deutschland momentan bei ca. 29 Jahren. Bei der Geburt des ersten Kindes sind deutsche Frauen im Durchschnitt 30 Jahre alt, Wissenschaftlerinnen sogar noch zwei Jahre älter. Bis zu diesem Alter schaffen es Frauen an deutschen Universitäten aufgrund der langen Dauer der akademischen Laufbahnen hierzulande gerade einmal, ihre Promotion erfolgreich abzuschließen. Die anekdotischen Berichte meines Doktorvaters über Doktorandinnen, deren Dissertationen ihm noch von den Ehemännern überbracht wurden, als diese schon im Kreißsaal lagen, zeugen davon.

Dies sind lediglich Eckdaten einer Entwicklung, die dazu geführt hat, dass junge Mütter in Deutschland inzwischen eine Minderheit darstellen und sich nicht nur unter den anderen, meist viel älteren Müttern in der Krabbelgruppe unwohl fühlen. Als junge

Mutter mit Kind in der U-Bahn «schief angeguckt» zu werden, grenzt aus ihrer Sicht fast schon an gesellschaftliche Diskriminierung.[3] Dabei gibt es einige Hinweise, dass junge Mütter nicht unbedingt die schlechteren sein müssen. Zwar haben sie weniger finanzielle Ressourcen als ihre beruflich bereits gut etablierten älteren Gegenparts. Sie sind aber in ihren Lebensgewohnheiten noch nicht so eingefahren, haben keine übertrieben idealisierenden Vorstellungen von Kindern und Elternschaft und stellen an ihren Partner und die Paarbeziehung im Allgemeinen weniger hohe Ansprüche. Aus diesem Grund erleben sie viele der persönlichen Einschränkungen, die das Leben mit Kindern mit sich bringt, als weniger gravierend, was – wie die Forschung zum Übergang zur Elternschaft zeigt – die Anpassung an die neue Situation durchaus erleichtern kann.

Dies bestätigt uns auch Petra, 1966 in Duisburg geboren. Nach dem Abitur war sie zunächst ein Jahr als Au-pair-Mädchen in Florida und begann dann in Mainz ein Studium der Anthropologie, Ethnologie und Psychologie, ab dem dritten Semester studierte sie auch noch Mathematik. Kurz darauf wurde sie schwanger und musste aus familiären Gründen – ihr Mann studierte damals in Duisburg Elektrotechnik, was es in Mainz als Fach nicht gab, weshalb sie nach Duisburg umzogen – an die Universität Köln wechseln. Da Petra aus Duisburg kam und ihre Eltern dort lebten, war dies unter den gegebenen Umständen für sie aber keine schwierige Entscheidung.

In Köln gab es allerdings das Fach Anthropologie nicht. Deshalb tauschte sie die Fächer, studierte nun Ethnologie als Hauptfach und Anthropologie als Nebenfach und schloss 1993 ihr Magisterstudium erfolgreich ab, jedoch wiederum in Mainz. Gleichzeitig studierte sie in Duisburg Psychologie und Mathematik auf Lehramt und beendete dieses Studium erfolgreich mit der Zwischenprüfung. Drei Jahre nach der Geburt ihrer Tochter Ronja und wenige Monate nach ihrem Studienabschluss wurde im Mai 1993 ihr Sohn Torben geboren. Schon bald darauf, als ihr Sohn ein halbes Jahr alt war, wurde sie von ihrem späteren Doktorvater angesprochen, ob sie nicht promovieren wolle. Sie zögerte nicht lange, konnte im Juni 1998 ihre Doktorarbeit zum Thema «Kognition von Distanzen – eine experimentelle Untersuchung in virtuellen Umgebungen» abgeben und ihre Promotion dann Anfang 1999 mit dem Rigorosum abschließen. Zwischendurch wurde im August 1998 das dritte Kind, Sohn Lennart, geboren.

Während der gesamten Zeit hatte Petra nur ab und zu Hilfskraft-Verträge für ein paar Stunden gehabt. Ihre erste richtige Stelle, eine halbe in einem von der Deutschen Forschungsgemeinschaft (DFG) geförderten Projekt an der Universität Düsseldorf, bekam sie im Januar 1999, also drei Monate vor ihrem Rigorosum. Als kurze Zeit darauf ihr damaliger Chef emeritiert wurde und das DFG-Projekt auslief, übernahm dessen Nachfolger Petra auf einer halben Stelle. Zwischendurch hielt sie sich mit einer von der DFG finanzierten ganzen wissenschaftlichen Mitarbeiterstelle über Wasser, bis sie im August 2003 auf eine Assistentenstelle wechseln konnte, die sie bis heute innehat. Im Oktober hat Petra sich erfolgreich habilitiert und bewirbt sich jetzt um eine Professur.

Auf die Frage, was Ausschlag gebend gewesen sei für diese Laufbahn, nennt Petra ihr Interesse an den Studienfächern. Daneben habe es aber auch eine Art Schlüsselerlebnis für sie gegeben. Zu Beginn ihres Studiums in Mainz lernte sie die Statistikprofessorin Nancy Wermuth kennen, die ihre Vorlesung mit dem Satz begann: «Ich bin eine aussterbende Art in Deutschland, ich bin eine Frau, ich habe vier Kinder und ich bin Professorin.» Das habe sie damals «umgehauen». Dem wollte sie nacheifern. Hinzu kommt, dass Petra sich nie hat vorstellen können, keine Kinder zu haben. Andererseits ist sie immer gerne zur Schule gegangen und hätte deshalb ohne «kognitive Arbeit» auch nicht leben können. Mittlerweile, nachdem sie das System an der Uni kenne, würde sie sich aber schon manchmal fragen: «Muss es wirklich Professorin sein? Aber die Arbeit gefällt mir gut, und nun gibt es ja auch keine anderen Perspektiven mehr für mich.» Dennoch hat sie vor einem Jahr noch eine Tanztherapieausbildung angefangen. «Ich habe zwar eine starke kognitive Seite, aber eben auch eine emotionale, und die ist oft zu kurz gekommen in diesen ‹Machenschaften› an der Uni.»

Nach Einschränkungen ihrer beruflichen Laufbahn durch die Kinder gefragt, meint Petra, es habe eigentlich keine gegeben. Gehemmt habe sie höchstens ihr Umfeld, aber nicht die Entscheidung, Kinder zu haben. Das würde sie immer wieder so machen. «Damals im Studium, beim ersten Kind, ist die Situation schon schwierig gewesen, weil wir ja eigentlich gar kein Geld gehabt haben und nur durch Hiwi-Jobs und Sozialhilfe über die Runden gekommen sind.» Nach der Geburt des zweiten Kindes hat Petras Mann als Ingenieur für Elektrotechnik seine erste feste Anstellung im Bereich der Software-Entwicklung bekommen. Am Anfang hat er zunächst zwei- bis dreimal die Firma gewechselt, ist aber jetzt seit vielen Jahren bei einer großen Firma angestellt. Damit waren sie dann finanziell abgesichert. Dennoch müsse sie sagen, dass die Zeit während des Studiums trotz des wenigen Geldes eigentlich die schönste Zeit für sie war. «Da sind wir natürlich auch noch jünger gewesen.» Die berufliche Laufbahn ihres Mannes habe die Entscheidung für Kinder eigentlich ebenso wenig beeinflusst, auch wenn er manchmal vielleicht denke, dass er wegen der Kinder auf die «große Karriere» verzichtet habe. «Aber eigentlich ist er kein ausgesprochener Karrieretyp. Er ist ganz glücklich mit seiner Arbeit und verdient gut, will aber auch ‹etwas vom Leben haben›.»

Petra hat drei Kinder, die jetzt 15, 12 und 7 Jahre alt sind. Auch wenn die Geburten der Kinder, zumindest die der beiden jüngeren, sich mit beruflichen Ereignissen wie dem Studienabschluss beziehungsweise dem Abschluss der Promotion überschnitten haben, ein gezieltes Timing war das nicht. Vielleicht ein wenig beim dritten Kind, dass nach einer anstrengenden Phase in der Ehe sehr gewünscht war. Gleichzeitig sei dieses Kind dann auch der Grund dafür gewesen, dass sie überhaupt ihre Doktorarbeit hätte abgeben können. «Ich habe die Arbeit damals schon ein Jahr lang liegen gehabt und mein Doktorvater hat immer wieder daran ‹rumgemeckert›. Erst als ich ihm dann gesagt habe, dass ich schwanger bin, hat er die Arbeit endlich angenommen. Es ist unglaublich gewesen, welche Reaktion das bei ihm ausgelöst und wie sich seine Einstellung dadurch geändert hat.» Ansonsten ist die Entscheidung für Kinder, zumindest für die ersten beiden im Studium geborenen, keine bewusste gewesen. «Ich habe aber irgendwie immer den Wunsch gehabt, und wenn man den Wunsch hat, dann wird man vielleicht ein bisschen unvorsichtig.» Eigentlich würde Petra auch jetzt gerne noch weitere Kinder haben. Aber das hält sie zurzeit für illusorisch, da sie jetzt von ihrem Mann getrennt ist und augenblicklich keinen Partner hat. «Für mich ist der Kinderwunsch immer ein ganz starker Wunsch gewesen. Meine berufliche Laufbahn hat dabei überhaupt keine Rolle gespielt.»

Die Reaktion ihres Umfeldes auf die Schwangerschaften und die Kinder haben Petra dagegen schon massiv belastet. Ihre Eltern seien beim ersten Kind «geschockt» gewesen, als die einzige Tochter, die immer gut in der Schule war, so mitten im Studium einfach schwanger wurde. Das habe ihnen Probleme bereitet und Petra deshalb auch belastet. «So ist es mir schon schwerer gefallen zu sagen: ‹Natürlich wollen wir das Kind, und ich schaffe das auch›.» Als Ronja dann da war, hat sich das Verhalten der Eltern jedoch total gewandelt. Die Eltern haben sich sehr gefreut und sind auch oft mit der Enkelin spazieren gegangen. «Das zweite Kind ist aus der Sicht meiner Eltern unproblematisch gewesen. Mein Mann und ich haben dann auch geheiratet, und das Studium ist zu Ende gegangen. Außerdem war ja beim ersten Kind zu sehen, dass ich das irgendwie auf die Reihe gekriegt habe. Die Reaktion auf das dritte Kind ist eher verhalten gewesen.»

Petra war beim ersten Kind mit 23 Jahren noch relativ jung und die erste im Freundeskreis, die ein Kind hatte. Ihre Freunde seien damals wie vor den Kopf gestoßen gewesen, die damals beste Freundin habe geäußert: «Wenn du mir gesagt hättest, du kriegst einen Hund, aber ein Kind ...» Das würde sie nie vergessen.

Wann sie ihre berufliche Laufbahn nach den Kindern fortgesetzt habe? «Beim ersten Kind, mit Kaiserschnitt und anschließendem zehntägigen Krankenhausaufenthalt, habe ich zwölf Tage nach der Entbindung schon wieder ein Referat in Köln gehalten.» Beim zweiten Kind hat Petra nach einem halben Jahr mit ihrem

Promotionsvorhaben begonnen. Gearbeitet hat sie in dieser Zeit nicht, nur mal «so zwischen Tür und Angel». Beim dritten Kind dann hat sie dreieinhalb Monate nach der Geburt mit einer halben Stelle angefangen. Weil es ihre erste Stelle war, hat sie anfangs gezögert, ob sie das denn machen könne. «Dann habe ich aber gedacht, so eine Chance kriegst du nie mehr.» Ihr privates Umfeld hat das irgendwie akzeptiert.

Auch das weitere soziale Umfeld hat sie nicht sehr unterstützt, eher im Gegenteil. Im Kindergarten habe beispielsweise einmal jemand über sie gesagt: «Kannst du mir mal erklären, warum die das eigentlich alles macht?» Am schlimmsten sei ihr Anspruch gewesen, es immer allen Recht machen zu wollen – diese Absicht, einerseits keine schlechte Arbeit machen, anderseits aber auch bei jedem Kindergartensommerfest, Bastelabend etc. dabei sein zu wollen.

Im Nachhinein sind Petras Eltern natürlich auch stolz. Petra glaubt aber, dass ihre Tochter in dieser Hinsicht viel bessere Startbedingungen haben wird als sie selbst. «Für sie wird es selbstverständlich sein, dass Karriere und Kinder sich nicht ausschließen müssen. Es ist eben viel einfacher, diesen Weg einzuschlagen, wenn man ihn vorgelebt bekommen hat.» Die Tatsache, dass sie nicht aus einem Arzt- oder Professorenhaushalt komme, habe das ganze nicht leichter gemacht. «Natürlich kannst du Professorin mit drei Kindern werden, wenn du es nicht anders kennst», meint sie. Es auch ohne so ein Umfeld zu schaffen, das empfinde sie als ihre wirkliche «Leistung», wenn man da überhaupt von einer Leistung sprechen könne. «Manchmal so wenig Unterstützung und Verständnis von meinem Umfeld bekommen zu haben, hat mich schon belastet. So habe ich Jahre dafür gebraucht, mit dem Anspruch zu Recht zu kommen, keine schlechte Mutter zu sein, der ja immer so latent vorhanden ist, auch wenn es keiner so richtig meinte.»

Nach Einschränkungen durch die Kinder gefragt, meint Petra, dass bei ihr vor allem die Partnerschaft darunter gelitten habe. «Es ist eben sehr schwierig und eigentlich kaum möglich, Kinder, Karriere und Partnerschaft unter einen Hut zu bringen. Ich habe mich voll auf die Kinder und die Arbeit konzentriert, die Partnerschaft ist da zu kurz gekommen. Vielleicht hat das mit zur Trennung von meinem Mann beigetragen, andererseits aber haben wir uns in den 15 Jahren beide auch weiterentwickelt.» Prinzipiell ist Petra aber eher der Meinung, dass sie und ihr Mann eigentlich nicht zusammen passten. Auch besondere körperliche Schwierigkeiten hat sie nach den Geburten der Kinder nicht gehabt. Das Stillen hat sie sehr genossen. «Nur das zweite Kind ist sehr anstrengend gewesen, es hat erst mit vier Jahren durchgeschlafen, da habe ich nächtelang mit ihm spielen müssen. Die Schwangerschaften hingegen sind komplikationslos verlaufen, wenn auch die Entbindungen jedes Mal schwierig gewesen sind. Dennoch hat das alles zusammen schon zu einer gewissen Erschöpfung bei mir geführt. Erst viel später, eigentlich erst vor kurzem, so vor ein, zwei Jahren habe ich wieder angefangen, auf mich selbst zu achten.»

Seitdem sie halbtags arbeitet, hat sie, in Abhängigkeit vom Alter der Kinder, verschiedene Konzepte der Kinderbetreuung ausprobiert. Bevor das mittlere Kind in den Kindergarten kam, hätten sie ein Jahr lang ein Au-pair-Mädchen gehabt, ein Jahr lang seien die Kinder dann zusammen im Kindergarten gewesen. «Danach ist vier Jahre lang eine Tagesmutter zu uns nach Hause gekommen und seit drei Jahren haben wir wieder ein Au-pair-Mädchen.» Die Arbeitsverteilung zwischen ihrem Mann und ihr ist eher klassisch gewesen, Hausarbeit und Dinge wie Einkaufen hat vorwiegend sie gemacht, dafür hat ihr Mann sich dann «um die Autos gekümmert». «Doch wir sind mit der Verteilung der Aufgaben eigentlich beide zufrieden gewesen. Da ich ja immer ein bisschen Unterstützung, z. B. durch Au-pair-Mädchen, gehabt habe, ist die Aufteilung für mich okay gewesen. Und wenn ich meinem Mann gesagt habe, er solle mal einkaufen gehen, dann hat er das auch gemacht.» Ihre Eltern haben Petra sehr viel unterstützt, indem sie im Haushalt geholfen haben und die Kinder auch zu ihnen kommen konnten. Jetzt, wo die Kinder älter sind, kutschieren sie sie z. B. zum Ballett und zum Tennis. «Dadurch wird mir schon viel Arbeit abgenommen.» Ansonsten hat Petra sich manchmal auch mit Nachbarn abgesprochen, die Kinder im selben Alter hatten, vor allem damals als sie noch in einer Reihenhaussiedlung wohnten. Seitdem sie in ein größeres Haus in einer Gegend mit vielen älteren Leuten umgezogen sind, hat sie in dieser Beziehung allerdings keine Hilfe mehr.

Während ihrer Promotionszeit ist Petra etwa 20 Stunden in der Woche durch andere Personen wie Au-pair-Mädchen und Großeltern bei der Kinderbetreuung unterstützt worden. Seit sie die ganze Stelle hat, benötige sie ungefähr 30 Stunden in der Woche Unterstützung durch andere Personen. Die damalige Tagesmutter beispielsweise, die Mutter einer Freundin, ist, als der Kleine in den Kindergarten ging, an drei Nachmittagen von 12 Uhr bis 16 Uhr zu ihr nach Hause gekommen. Mit drei Jahren sind ihre Kinder dann halbtags bis 12.30 Uhr in den Kindergarten gegangen, ein Jahr lang sind die beiden älteren zusammen immer bis 14 Uhr geblieben. Und für die Nachmittage hat es dann immer die Au-pair-Mädchen beziehungsweise die Tagesmutter gegeben. Demnächst wird der Jüngste durch die Einführung der Ganztagsschule auch nachmittags in der Schule betreut, weshalb Petra dann auch kein Au-pair-Mädchen mehr nehmen wird.

Glücklicherweise hat Petra momentan einen Chef, der ihr, was die Arbeitszeiten betrifft, alle Freiheiten lässt. Die Tatsache, dass man zeitlich nicht so sehr gebunden ist, empfindet Petra als großen Vorteil der Universitätslaufbahn. Das würde sie auch für kein Geld der Welt aufgeben wollen, denn es habe ihr auf jeden Fall erleichtert, Karriere und Kinder miteinander zu verbinden. Denn sie hätte nicht jeden Tag von sieben bis sieben für ihren Beruf arbeiten können. Das kommt ihr vor allem jetzt nach der Trennung von ihrem Mann sehr entgegen. So kann sie vormittags arbeiten und sich nachmittags ihren Kindern widmen, wenn die um 14 Uhr aus der Schule kommen. «Das hat aber auch mit meiner aktuellen Situation zu tun. Lennart, der Kleine, hat unter der Trennung schon sehr gelitten, und da ist es gut, dass ich nach Abschluss der Habilitation jetzt ein wenig Luft habe und deshalb ein wenig zurückschrauben kann. Das wird sich aber demnächst wieder ändern.»

Die Notwendigkeit, Kinder und Karriere zu vereinbaren, hat im beruflichen Bereich bisher eigentlich keine negativen Konsequenzen für Petra gehabt. Als sie ihre erste Stelle antrat, hat ihr damaliger Chef beim Einstellungsgespräch zwar gesagt: «Eine ganze Stelle kommt für Sie mit drei Kindern ja sowieso nicht in Frage.» Petra ist das damals aber in der Tat entgegengekommen, weil sie gar keine ganze Stelle gewollt habe, denn ihr jüngstes Kind sei damals ja erst ein halbes Jahr alt gewesen.

Nach für sie besonders schwierigen Situationen gefragt, nennt Petra ein Ereignis kurz vor Abschluss ihres Habilitationsverfahrens. Ihre Tochter war zum ersten Mal nachts nicht nach Hause gekommen. Es habe zwar ein Zettel vor der Tür gelegen «Mach dir keine Sorgen», aber so im Bett zu liegen mit dem Gedanken, «das knapp 15jährige Mädchen ist einfach irgendwo», das sei schon sehr schlimm gewesen. «Natürlich ist mir da durch den Kopf gegangen: ‹Das musste ja jetzt so kommen.› Zwei Jahre ist es her, dass ihr Mann ausgezogen ist. Aber schon vor vier Jahren hatten Petra und er sich ein großes Haus gekauft, um sich darin getrennt einzurichten. Sie selbst wohnte oben, er unten und die Kinder in der Mitte. «Aber das hat überhaupt nicht funktioniert, und nach zwei Jahren ist mein Mann dann ausgezogen. Ich habe gedacht, es sei besser für die Kinder, wenn beide Elternteile immer erreichbar sind. Aber dieses Modell kann ich jetzt überhaupt nicht mehr empfehlen.»

Als Grund dafür, es geschafft zu habe, nennt Petra neben ihrem Wunsch nach Kindern und gleichzeitig nach kognitiver Tätigkeit auch ihre Sturheit sowie «einen unwahrscheinlich starken Willen». Dagegen würde sich ihre Fähigkeit, Konflikte aushalten zu können, eigentlich erst jetzt entwickeln. «In den vergangenen Jahren bin ich jedem Konflikt, so gut es ging, aus dem Weg gegangen. Auch Streit mit den Kindern habe ich nie gut ertragen können, was dann immer zu Problemen geführt hat, weil ich ihnen nicht ausreichend Grenzen gesetzt habe. Ich habe immer eher versucht, Konflikte verbal zu lösen und mit Worten Einfluss zu nehmen.»

Wichtig seien darüber hinaus eine gute finanzielle Situation und materielle Ressourcen. «Das wird mir jetzt vor allem in der Trennungssituation klar. Vielen Frauen geht es da schlechter. Die Tatsache, dass ich eine C1-Stelle und ein gutes Gehalt habe, ist schon von Vorteil.» Als weitere Schwierigkeiten und Unwägbarkeiten nennt Petra unerwartete Krankheiten der Kinder. Ihr mittlerer Sohn zum Beispiel musste kurz nach der Geburt operiert werden. Als er später mit dem Verdacht auf Tuberkulose eine Woche lang in der Klinik war, hat sie ihn natürlich begleitet. Damals war sie gerade im dritten Monat schwanger und musste zudem ihre Dissertation bald abgeben.

Auf die Frage, ob sich in Bezug auf die Vereinbarkeit über die Zeit und mit der Anzahl der Kinder etwas verändert habe, meint Petra, es habe natürlich Vor- und Nachteile, viele Kinder zu haben. «Es gibt mehr Streit und mehr Unruhe, aber es bringt zum Teil natürlich auch Entlastungen, weil die Kinder sich miteinander beschäftigen.» Ein bisschen schwierig findet sie in ihrem Fall den großen Abstand von acht Jahren zwischen dem ältesten und dem jüngsten Kind. «Gerade jetzt merke ich, dass ich allen dreien gleichzeitig überhaupt nicht gerecht werden kann.» Auch durch ihr eigenes Alter habe sich natürlich etwas verändert. «Ich bin auf jeden Fall viel unbeschwerter gewesen, als ich jünger war und die Kinder noch kleiner. Da ich damals niemanden kannte, der Kinder hatte, und nicht wusste, was auf mich zukommen würde, bin ich die Sache ganz locker angegangen. Je älter man wird, desto mehr Sorgen macht man sich, auch wegen der Schwierigkeiten mit den Kindern, die schon da sind. Deshalb bin ich beim dritten Kind viel ängstlicher gewesen als beim ersten.»

Welcher Zeitpunkt für die Geburt von Kindern am günstigsten sei? Petra ist der Meinung, wenn man gerne Kinder haben will und die Kinder kommen, dann ist es auch zu jedem Zeitpunkt richtig. Deshalb könne sie da keine Empfehlungen geben. «Es ist im Studium schön für mich gewesen, aber das erste Kind hätte auch erst später kommen können, etwa nach der Promotion.» Aus Petras Sicht hat es da überhaupt keinen Sinn zu planen. Gerade diese Grundeinstellung hat ihr sicherlich auch die Vereinbarkeit erleichtert.

Das Modell des frühen Kinderkriegens hat, wie wir an dem Beispiel sehen, für Frauen mit beruflichen Karriereambitionen durchaus Vorteile. Erstens ist die Frau beim Einstieg in den Beruf beziehungsweise in wesentlichen, häufig mit einem Stellenwechsel verbundenen Phasen der beruflichen Karriere schon «aus dem Gröbsten heraus», und die Frage nach dem Kinderwunsch stellt in Bewerbungsgesprächen kein Ausschlusskriterium mehr dar. Auch lässt sich eine egalitäre Rollenaufteilung in der Phase des Studiums, wenn der Partner oft ebenfalls noch studiert, relativ gut realisieren. Dies berichten manchmal auch die wenigen weiblichen Studierenden mit Kindern, auf die man als Professorin ab und zu trifft. Allerdings werden Studierenden an deutschen Hochschulen heutzutage Aktivitäten wie Hiwi-Jobs, Auslandssemester und zahlreiche und vielfältige Praktika als karriereförderlich angepriesen. Niemand würde jedoch Studentinnen den Karrieretipp geben, darauf Acht zu geben, den optimalen Zeitpunkt für das Kinderkriegen nicht zu verpassen. Ein Studium mit Kindern lässt sich in Deutschland aufgrund der dafür notwendigen hohen Investition an Zeit und dem gleichzeitig schlechten Kinderbetreuungsangebot an den Universitäten nur schwer realisieren. So liegt die Berliner Humboldt-Universität, was das generative Verhalten ihrer Studierenden betrifft, mit 10 Prozent studierenden Eltern bundesweit an der Spitze. Dort stehen zwar nur zwei Kinderläden mit je zehn Plätzen zur Kinderbetreuung zur Verfügung; die Einrichtung weiterer «Kinderstuben» durch das Studentenwerk scheiterte an Geldmangel, unklaren Haftungsfragen und hohen Qualitätsansprüchen. Aber die StudentInnen lösen das Problem nun selbst, wie an vielen anderen Unis auch, etwa in Form von Betreuungsangeboten, die von Eltern-Initiativen geführt werden.[4]

Da dies kein Einzelfall ist, herrscht bei uns eine andere Mentalität vor, und im Zuge eines bildungsbiographischen Ordnungsfanatismus[5] gilt für deutsche Akademikerinnen das ungeschriebene Gesetz: «Der richtige Zeitpunkt für ein Kind liegt nach dem (meist späten) Examen.» Dies führt dazu, dass 62 Prozent der Hochschulabsolventinnen mindestens bis zum 35. Lebensjahr kinderlos bleiben. Auch Familienförderungsmaßnahmen wie das Audit «Familiengerechte Hochschule» beispielsweise konnten nur wenig zu einer Verbesserung der Situation beitragen. Ganz abgesehen von den Problemen, mit denen besonders junge Eltern ohnehin konfrontiert sind. So gelten Paare, die bei der Geburt des ersten Kindes jünger als 20 sind, als Risikogruppe bei der Bewältigung des Übergangs zur Elternschaft. Und die allgemein schlechten und sich immer mehr verschlechternden Studienbedingungen, beispielsweise der hohe finanzielle Aufwand, der in Zukunft auch für kinderlose Studierende mit dem Studium verbunden sein wird (Stichwort Studienbeiträge), motiviert Studentinnen wirklich nicht gerade dazu, Kinder zu bekommen – es sei denn, diese Bedingungen schrecken sie so ab, dass sie die Mutterschaft vorziehen und auf ein Studium ganz verzichten.

Allerdings hat sich im Hinblick auf den bevorzugten Zeitpunkt für die Geburt von Kindern in den letzten Jahrzehnten bei uns ein Wandel vollzogen. In einer Interviewstudie mit westdeutschen Professorinnen aus den achtziger Jahren beispielsweise[6] zeigten sich gerade bei der Frage des Timings Unterschiede zwischen den Geburtskohorten. Die älteren, in den zwanziger und dreißiger Jahren geborenen Frauen hatten ihre Kinder fast alle vor der Promotion oder zumindest vor der Habilitation beziehungsweise ihrer Ernennung zur Professorin bekommen. Bei den jüngeren, in den vierziger und fünfziger Jahren geborenen Frauen lag der Zeitpunkt des Kinderkriegens dagegen meistens erst nach der Promotion, ungefähr um den Zeitpunkt der Habilitation. Für diese später geborenen Frauen stellte sich – wie für viele Frauen heute, 20 Jahre später, immer noch – das Problem, dass die Geburt ihrer Kinder, in das Alter zwischen 25 und 35 Jahren, also genau mit der Habilitationszeit zusammenfällt.

Wie sich diese zeitliche Parallelität von Qualifikationsphase und Mutterwerden erfolgreich bewältigen lässt, schilderte uns Elisabeth, die 1941 in Wien geboren wurde und dort auch aufgewachsen ist. Nach dem Abitur studierte sie Englisch, Deutsch und Philosophische Propädeutik (ein Fach, das sich in Österreich aus Psychologie und Philosophie zusammensetzt) auf Lehramt, und parallel dazu absolvierte sie ein Doktoratsstudium in Psychologie an der Universität Wien. Dieses Doppelstudium hatte sie mit dem Berufswunsch Schulpsychologin aufgenommen. Dafür brauchte man damals in Österreich diese Doppelqualifikation. Sie schloss es 1965 mit Staatsexamen und Promotion ab.

Obwohl Elisabeth nie vorhatte, für längere Zeit Österreich zu verlassen, ging sie mit ihrem Mann, der deutscher Staatsbürger ist, 1966 nach Deutschland, da dieser in Österreich keine Stelle bekam. Sie hatte den promovierten Historiker im Studium kennen gelernt. Der Weggang aus Österreich ist ihr damals sehr schwer gefallen.

Während ihr Mann noch auf Stellensuche war, fand sie sofort eine Anstellung in einer Erziehungsberatungsstelle, wo sie allerdings nicht lange blieb. Bei der damaligen Arbeitsmarktlage habe man als Psychologin in Deutschland relativ leicht eine Stelle bekommen, während dies für Historiker weitaus schwieriger gewesen sei. Da Elisabeth den Eindruck hatte, für die Praxis nicht gut genug ausgebildet zu sein, und in der Hoffnung, an der Uni mehr Zeit zu haben, sich weiterzubilden, ging sie ein Jahr später an eine Pädagogische Hochschule. Dort merkte sie schnell, dass die Verbindung von Forschung und Lehre der Beruf war, der ihr auf den Leib geschneidert war. Sie verbrachte dort fünf Jahre als Assistentin und bekam in dieser Zeit ihr erstes Kind. Schon bald kristallisierte sich allerdings heraus, dass es für sie als Mutter auf einer befristeten Stelle eine Reihe von Problemen geben würde. Und da sie noch ein zweites Kind wollte, wechselte Elisabeth 1972 an die RWTH Aachen (Pädagogische Fakultät) auf eine Akademische Ratsstelle, die schon sehr bald in eine Oberratsstelle umgewandelt wurde. Sie habilitierte sich 1985 auf dieser Stelle und blieb dort bis zum Antritt einer Professur für Entwicklungs- und Pädagogische Psychologie an der Universität Koblenz-Landau, Campus Koblenz, die sie von 1986 bis zu ihrer Emeritierung 2006 innehatte.

Für Elisabeth bedeutete die Geburt des ersten Kindes im Hinblick auf ihre berufliche Karriere einen massiven Einschnitt. Weil eine promovierte, junge, attraktive Frau damals in der Wissenschaft etwas sehr Ungewöhnliches war, wurde sie gewissermaßen als Star betrachtet. Sie sei von den Kollegen umschwärmt, aber auch fachlich sehr geschätzt worden. Und als sie dann schwanger war, sei es für alle selbstverständlich gewesen, dass sie aufhören würde. «Das hat dann auch zu einigen sehr unangenehmen Situationen geführt. Ich bin verleumdet worden, indem man beispielsweise gesagt hat, ich habe wissenschaftlich nichts geleistet. Gegenüber dem Rektor musste ich belegen, dass ich ja schon acht oder zehn Publikationen hatte. Davon hatten meine Chefs dann angeblich nichts gewusst.» Die Situation war auch dadurch besonders unangenehm, dass es keine klare Zuordnung gab. Elisabeth musste drei verschiedenen Professoren zuarbeiten, die untereinander auch noch zerstritten waren. Da sei sie, natürlich auch aus eigener Ungeschicklichkeit, mitten in diesen Konflikt hineingeraten. «Es ist für mich ein großer Schock gewesen, dass ich als bis zu diesem Zeitpunkt geachtete junge Wissenschaftlerin völlig abgeschrieben wurde, nachdem ich ein Kind erwartete. Das Ganze gipfelte darin, dass einer meiner Vorgesetzten an den Pädagogischen Hochschulen, an denen er Bekannte hatte, herumtelefoniert und gebeten hat, mir keine akademische Ratsstelle zu geben, wenn ich mich auf eine solche bewerben sollte.» Infolge dieser Entwicklungen gegen Ende der Schwangerschaft wurde Elisabeth depressiv. Der depressive Zustand sei zwar nicht so stark gewesen, dass sie in eine Klinik gemusst habe, es sei aber «nahe daran» gewesen. «Aber dadurch, dass ich es dann geschafft habe, ‹mich zu ärgern›, habe ich die Depression überwunden und mir vorgenommen: Jetzt zeige ich es ihnen, jetzt werde ich Professorin.»

Elisabeth hat zwei Töchter, die jetzt 32 und 35 Jahre alt sind. Die erste Tochter wurde 1970 während ihrer Assistentinnenzeit in Dortmund geboren, die zweite 1973, als sie eine akademische Ratsstelle in Aachen hatte («wohlweislich, als ich abgesichert war»). Aufgrund der Erfahrungen beim ersten Kind hätte sie es ansonsten nicht gewagt, ein zweites Kind zu bekommen. Eigentlich habe sie drei Kinder haben wollen, aber da sie sich noch habilitieren wollte, habe sie sich entschieden, es bei zwei Kindern zu belassen. «Auch mit zwei Kindern ist es schon deutlich schwieriger gewesen als mit einem.» Elisabeth hat das nicht als Summierung, sondern als Potenzierung der Belastungen empfunden, und sich auch deshalb nicht mehr zu einem dritten Kind entschließen können.

Die Reaktionen auf die Schwangerschaft im beruflichen Umkreis sind beim ersten Kind massiv gewesen. Sie sei sich vorgekommen «wie der letzte Depp», sie sei richtiggehend abgelehnt worden. «Man hat nämlich erwartet, dass ich meine Karriere an den Nagel hänge, und die Reaktionen darauf, dass ich weitermachen wollte, haben von Missbilligung bis zu den genannten massiven Behinderungen gereicht.» Konkret hat man ihren Arbeitsvertrag nicht verlängern wollen. Direkt nach der Mutterschutzzeit, also acht Wochen nach der Geburt des Kindes, hat Elisabeth ihre Berufstätigkeit wieder aufgenommen. So etwas wie Erziehungsurlaub oder Elternzeit hat es damals nicht gegeben. Selbst noch als Inhaberin der Ratsstelle hat Elisabeth befürchtet, man könne sie versetzen, wenn sie einige Zeit aufhören würde – «und dann hätte ich nicht mehr an der Uni arbeiten können». Als Beamtin hat sie zwar ein Recht auf einen Arbeitsplatz gehabt, aber nicht unbedingt auf ihre ursprüngliche Stelle. «Und ich habe große Angst gehabt, dass man mich dann irgendwohin außerhalb der Uni auf eine Stelle mit festen, unflexiblen Arbeitszeiten versetzt hätte» – etwa nach Wuppertal oder nach Münster, wo sie wegen der Kinder nicht hätte arbeiten können.

Berufliche Konsequenzen der Mutterschaft waren vor allem als «Löcher» in ihrer Publikationsliste zwei oder drei Jahre nach den Geburten der beiden Kinder zu erkennen. Weil sie ihre beruflichen Tätigkeiten aufrechterhalten wollte und musste, hat sie damals fast nur Lehre gemacht. «Das hat mich vollständig beansprucht. Zum wissenschaftlichen Arbeiten ist einfach keine Zeit und keine Kraft mehr geblieben. Dabei ist mir ganz, ganz wichtig gewesen, dass niemand sagen konnte, dass ich meine Arbeit vernachlässigen würde, weil ich Kinder hatte. Deshalb habe ich großen Wert darauf gelegt, alle dienstlichen Tätigkeiten, die damals eine Vorlesung und fünf Seminare umfassten, auch ordentlich und gewissenhaft zu erledigen.»

Im Nachhinein – sie ist inzwischen Großmutter von zwei Enkelkindern und emeritiert – hält Elisabeth ihre Kombination von beruflicher Karriere und Mutterrolle für gelungen. Denn nachdem sie festgestellt hatte, dass sie es nicht ertragen würde, im

Mittelbau zu bleiben, hat sie sich habilitiert. «Ich habe zu dem Zeitpunkt für mich nur zwei Wege gesehen, entweder in Therapie zu gehen, um mir meinen Ehrgeiz ‹abzutherapieren›, oder mich eben zu habilitieren. Ich habe damals Letzteres vorgezogen, auch weil es einfacher und billiger war. Und dann habe ich mir überlegt, dass ich fertig sein musste, wenn meine jüngere Tochter in die 7. Klasse des Gymnasiums gehen und die schwierigen Jahre der Pubertät kommen würden.» Elisabeth war 44 Jahre alt, als sie sich habilitierte, ihre Töchter waren 11 und 14. Die Töchter haben sich völlig unauffällig entwickelt, sind beide Akademikerinnen, berufstätig, die ältere ist ebenfalls Mutter.

Aus Elisabeths Sicht gibt einem die Stelle als Professorin an einer deutschen Universität so viel Freiheit, dass man außer dem gewöhnlichen beruflichen Ärger keine Vereinbarkeitsprobleme mehr haben muss. Natürlich habe sie sich auch gegen die männlichen Kollegen durchsetzen müssen, die sie als einzige verheiratete Professorin mit Kindern zunächst als «völliges Fabeltier» angesehen hätten. «Im Fachbereich hat es zur Zeit meiner Berufung außer mir überhaupt nur eine weitere Frau gegeben, die hat allerdings keine Kinder gehabt und ist auch nicht verheiratet gewesen. Deshalb habe ich den Eindruck gehabt, als absolut Verrückte wahrgenommen zu werden. Aber wenn man einmal in einer solchen Position ist, kann einen das nicht mehr wirklich behindern.» Nach vier Jahren Tätigkeit in Koblenz ist sie Dekanin und danach jahrelang Prodekanin gewesen. «Es ist für mich kein Problem gewesen, mich in diesem Kreis durchzusetzen. Dies hatte auch damit zu tun, dass es mit den Kindern dann keine Probleme mehr gab.»

Wie das Beispiel zeigt, stellt die zeitliche Parallelität von «heißer Qualifikationsphase» einerseits, die in der Regel mit zeitlich befristeten Stellen einhergeht, und der Säuglings- und Kleinkindphase der Kinder andererseits für Wissenschaftlerinnen mit Kindern eine erhebliche Hürde dar. Ist diese Hürde aber erst einmal überwunden, kann es durchaus vorteilhaft sein, die Kinder relativ früh bekommen zu haben. In Anbetracht der immer späteren Erstmutterschaft von Frauen in Deutschland – deutsche Frauen bekommen ihr erstes Kind heute im Durchschnitt fünf Jahre später als noch 1960 – und dank neuer Karrieremodelle an den Hochschulen wie dem der Juniorprofessorin, könnte aber bald auch ein weiterer Schritt vollzogen sein. Möglicherweise stellen Frauen zukünftig entscheidende berufliche Karriereschritte dem Gebären von Kindern voran. So nehmen die bis vor kurzem kaum denkbaren Fälle von Professorinnen zu, die ihre Stelle wegen einer Elternzeit vertreten lassen. Eine der Autorinnen dieses Buchs hat ihr zweites Kind beispielsweise mit 38 Jahren direkt im Anschluss an die Habilitation bekommen. Und auch jetzt nach ihrer Ernennung zur Professorin mit 40 ist sie durchaus noch gebärfähig. Diese Art des Timings funktioniert natürlich nur, wenn zum richtigen Zeitpunkt dann auch noch der richtige Partner vorhanden ist. Ansonsten wird aus einer karrierebedingt gezielten Verschiebung des Kinderwunsches schnell eine ungewollte Kinderlosigkeit. Wie eine solche Planung verlaufen kann, zeigt das Beispiel von Sylwia.

Sylwia wurde 1964 in Polen geboren. Nach dem Abitur begann sie zunächst ein Studium in Politikwissenschaften und Journalismus. Da dieses Studium in den achtziger Jahren in Polen sehr stark politisiert war, wechselt sie nach dem ersten Studienjahr zur Psychologie. Sie wollte «den Menschen studieren», und außerdem wusste sie, dass die Psychologie «eine sehr junge Wissenschaft ist und dass man da noch einiges zu tun hat». Nach vier Jahren Studium der Psychologie in Poznan – der drittgrößten Stadt Polens – kam sie als Stipendiatin nach Deutschland. Durch ihre Schullaufbahn war sie selbstbewusst und leistungsorientiert und wurde von ihrem Fachbereich unter 2000 Studierenden für das Auslandsstipendium nominiert. Im Laufe des Studiums hatte sie sich für Entwicklungspsychologie und Pädagogische Psychologie interessiert. Die pränatale Psychologie, die damals neu war, fand ihr besonderes Interesse und zusammen mit einer frisch habilitierten Professorin besuchte sie Kongresse und übersetzte Beiträge zu diesem Thema ins Polnische. Auf diese Weise war sie schon im vierten Studienjahr in den Wissenschaftsbetrieb involviert und wollte zumindest bis zur Promotion an der Universität bleiben.

Dann kam das Stipendium für Deutschland. Zuerst studierte Sylwia ein Jahr lang an der Freien Universität Berlin, wechselte aber, nachdem die Richtlinien für die Studienplatzvergabe für ausländische Studierende geändert worden waren, 1989 an die Universität Hamburg. Hamburg erschien ihr nach ihren ersten Erfahrungen mit dem freien Westen in Berlin als eine relativ ruhige Stadt. Sie stellte schnell fest, dass ihre in Polen erworbene psychologische Ausbildung durchaus verlässlich war und sie sich vorwiegend auf die Verbesserung ihrer deutschen Sprachfähigkeiten konzentrieren musste. Infolge der politischen Veränderungen in Polen und der Öffnung des Landes für den Westen plante sie nun, das deutsche Diplom in Psychologie zu erwerben und dann nach Polen zurückzugehen. In Hamburg war sie damals sehr interessant für die Professorenschaft, die wenig vom Ostblock wusste und in ihr eine deutsch sprechende junge Polin fand, die auch erklären konnte, «wie das in Polen an den Universitäten so läuft». Als Gegenleistung erfuhr sie viel Unterstützung und Förderung. Da ihre in Polen absolvierten Studienleistungen alle anerkannt wurden, hatte sie nur noch vier von sieben Diplomprüfungen abzulegen und eine experimentelle Diplomarbeit durchzuführen. Außerdem musste sie ein halbjähriges Praktikum absolvieren, das sie im Autismusinstitut in Hamburg machte. Nach eineinhalb Jahren hatte sie das Diplom in der Tasche, ihre Diplomarbeit schrieb sie zu einem entwicklungspsychologischen Thema.

Direkt nach Abschluss des Studiums 1991 konnte sie am Fachbereich Erziehungswissenschaften in Hamburg als wissenschaftliche Mitarbeiterin weiterarbeiten. In einem internationalen Projekt, das von einem Geschichtsdidaktikprofessor in Zusammenarbeit mit verschiedenen europäischen Ländern durchgeführt wurde, übertrug man ihr Aufgaben bei der Vorbereitung und Durchführung einer Fragebogenuntersuchung zum Geschichtsbewusstsein. Dank der Unterstützung ihres Betreuers konnte sie dann 1995 zum Thema «Nationale Identität» promovieren. Nach der Promotion sah sie sich nach einer neuen Beschäftigungsmöglichkeit um, was nicht ganz einfach war, weil sich der Markt für ausländische Arbeitnehmer durch ein neues Ausländergesetz langsam schloss. Sie hatte sich inzwischen auch in Polen erkundigt, ob sie dort noch ihr Studium abschließen könnte. Dies wurde ihr jedoch untersagt – erstaunlicherweise von den Professoren, die sie ursprünglich nach Deutschland geschickt und ihr das Gutachten für das Stipendium geschrieben hatten –, mit der noch merkwürdigeren Begründung, das Studium in Deutschland sei einem Studium in Polen nicht gleichwertig. In dieser Zeit, in der sie sich auch nach Stellen außerhalb der Universität umsah, erfuhr sie von einer Habilitationsstelle im Fachbereich Psychologie der Universität Marburg. Sie stellte sich dort mit Erfolg vor. Die formalen Probleme wegen ihrer ausländischen Staatsangehörigkeit waren bei der Anstellung zweitrangig. Ihr neuer Betreuer kümmerte sich in Form eines Besuchs im Innenministerium selbst darum, dass sie eine Arbeitserlaubnis bekam. Auch gab er ihr Zeit, sich mit seinem Forschungsteam vertraut zu machen und sich zu entscheiden, ob sie in ein laufendes Forschungsprojekt einsteigen oder ein eigenes Habilitationsthema bearbeiten wollte.

Als Sylwia von Hamburg nach Marburg zog, war sie gerade frisch verheiratet und musste bei der Entscheidung für einen Ortswechsel auch ihren Ehemann einbeziehen. Dieser war in Hamburg gerade in der Probezeit arbeitslos geworden und entschied sich mitzukommen. Allerdings stellte er bald fest, dass Marburg für einen ambitionierten Multimedia-Projektmanager nicht der richtige Ort war. Nach einem Jahr ging er nach Hamburg zurück. Das Paar führte eine Wochenendehe mit zwei getrennten Wohnungen.

Im Marburger Fachbereich genoss Sylwia die gute Arbeitsatmosphäre. Für ihre Tätigkeit in der Abteilung wäre es vielleicht ratsam gewesen, sich stärker an den Lehrstuhl zu binden. Im Bereich der Forschung konzipierte sie ein Habilitationsprojekt zum «Training von Textverständnis», das sie in Richtung Hypertext ausweiten wollte. In dieses damals insgesamt und auch für sie ganz neue Thema musste sie sich sehr intensiv einarbeiten. Leider wurde es nach und nach von Leuten übernommen, die technisch versierter waren als sie und denen mehr materielle und technische Unterstützung gewährt wurde. Deshalb wechselte sie nach drei

Jahren den Schwerpunkt. Parallel arbeitete und publizierte sie auch zu anderen Themen. Die entwicklungspsychologisch ausgerichtete Fragestellung, wie Kinder zu der Vorstellung über die Aufteilung der Erdoberfläche und den Platz des eigenen Landes und Wohnortes kommen, wurde zu ihrem aktuellen Habilitationsthema. Ihr Forschungsprojekt wurde von der DFG über vier Jahre gefördert. Sylwias Habilitationsschrift ist inzwischen so gut wie fertig.

Zuvor war aber die Habilitationszeit in Marburg zu Ende gegangen, und Sylwia trat daraufhin eine auf fünf Jahre befristete wissenschaftliche Mitarbeiterinnen-Stelle an der Universität Lüneburg an. Zwei Jahre später wurde sie Mutter und ist zurzeit auf dieser Stelle beurlaubt. Bei der Entscheidung für diese Stelle, die mit einer Lehrverpflichtung von acht Semesterwochenstunden verbunden ist und bei der wissenschaftliches Engagement nicht unbedingt erwartet wird, war ihr Kinderwunsch ausschlaggebend. Kurz nach ihrer Scheidung im Jahr 2001 kamen ihr diese neuen Arbeitsbedingungen sehr entgegen. Denn nach der Trennung von ihrem ersten Mann musste sie sich mit der Tatsache auseinandersetzen, dass sie nun schon über 35 war und eigentlich nicht kinderlos bleiben wollte. In der Zeit ihrer Ehe hatte sie außerhalb der Forschung wenige andere Interessen entwickelt und gepflegt. Die Stelle in Lüneburg sei in dieser Phase günstig gewesen, weil sie ihr mehr Freiraum gegeben habe, ihre privaten Probleme zu lösen.

«Ich habe eigentlich nie kinderlos bleiben wollen. Zunächst war es aufgrund der Tatsache, dass ich mich erst einmal beruflich engagieren wollte, nicht zu Kindern gekommen. Mein erster Mann war zu stark beruflich involviert und ambitioniert, um zu Hause zu bleiben, während ich weiter gearbeitet hätte. Deswegen hat es auch Streit gegeben. Als es in der Beziehung dann kriselte, habe ich gedacht: Lieber eine Scheidung ohne Kinder, als wohlmöglich später mit Kindern. Nach der Trennung habe ich meine biologische Uhr dann ticken gehört. Bislang hatte ich meine Zeit und Energie in die Forschung gesteckt und war in dieser Hinsicht auch nicht kompromissbereit gewesen. Meine Freunde waren nie Männer, von denen ich mich abhängig gemacht habe», sagt sie.

«Ich habe immer die beruflichen Vorstellungen klar vor Augen gehabt.»

Nach der Scheidung trat in Sylwias Beziehungsleben eine Pause ein. Es war eine Phase, in der sie alles durchdenken konnte. Es sei nicht einfach gewesen, einen neuen Partner zu finden. Aber dann habe sie – dank der Vermittlung einer Freundin – einen Mann gefunden, einen «Partner mit Referenzen», und die Beziehung gestaltet sich sehr positiv. Ihr jetziger Mann sei auch als Kindsvater so, wie sie ihn sich gewünscht habe. Er ist etliche Jahre älter und deshalb beruflich weiter als sie. Er ist in Münster für die Ausbildung der deutschen Polizeiführungskräfte zuständig und durch seine Mitwirkung bei der Organisation der europäischen Polizei viel im Ausland unterwegs. Bevor er Sylwia kennen lernte, hatte er sich damit abgefunden, kinderlos zu bleiben. Er hatte oft verantwortungsvolle und sehr arbeitsintensive Führungspositionen innegehabt. Auch er war bereits verheiratet gewesen und hatte sich nach seiner Scheidung aktiv um eine neue Lebenspartnerin bemüht.

Sylwia hat einen Sohn, der zwei Jahre alt ist und den sie im Alter von 38 Jahren bekommen hat. Sie und ihr Mann hätten die Entscheidung für das Kind gemeinsam getroffen. Ein Jahr nach der Geburt des Kindes hat Sylwia wieder zu arbeiten begonnen. Ihr Sohn Jan Marek geht seitdem in eine Kita, und zwar täglich von ca. 8 bis 15 Uhr, also 6 bis 7 Stunden. Ursprünglich hatte sie vorgehabt, ihre berufliche Tätigkeit nach eineinhalb Jahren wieder aufzunehmen. Vor allem in Anbetracht der Entfernung zwischen ihrem Wohnort Münster und ihrem Dienstort Lüneburg hat sie die Elternzeit dann aber auf drei Jahre verlängert. Jetzt nutzt sie die Stunden am Tag, in denen Jan Marek in der Kita ist, um Forschungsprojekte voranzutreiben und abzuschließen. Nach drei Jahren Elternzeit will sie dann wieder eine Vollzeittätigkeit ausüben. Sylwia und ihr Mann haben sich, auch wegen ihres Kindes, entschieden, in Münster zu bleiben. Wenn Sylwia nach der Elternzeit ihre Stelle in Lüneburg wieder antreten wird, will sie pendeln. Sie wird dann, wie es ihre Vertreterin und andere Kolleginnen machen, ihre Präsenzzeit in Lüneburg haben und ansonsten von zu Hause aus arbeiten.

Was ihr die Vereinbarkeit erleichtert habe? Die Charaktereigenschaften ihres Mannes und seine Führungs- und sozialen Kompetenzen. «Mein Mann lässt sich nicht leicht entmutigen und geht über Streit und Vorwürfe schnell hinweg. Auch das gute Einkommen hat dazu beigetragen, das Leben gut verträglich organisieren zu können, aber vor allem das Alter und die damit verbundene Position, die man im Leben erreicht hat, sowie die daraus resultierende Selbstsicherheit. Auch der Kita-Platz hat natürlich sehr geholfen – es ist nicht einfach gewesen einen zu finden.» Darüber hinaus verweist Sylwia auf ihre Lebenserfahrung, vor allem die Erfahrung mit Orts- und Wohnungswechseln und der daraus resultierenden Einsicht, dass jeder Wechsel auch einen bestimmten Ablauf habe, den man mit jedem Mal besser kontrollieren kann. Sie habe deshalb gewusst, dass sie das, was auf sie zukomme, managen könne. Zu den besonderen individuellen Stärken, die ihr geholfen haben, Karriere und Kind erfolgreich zu vereinbaren, zählt Sylwia auch die klare Planung hinsichtlich der Familiengründung. «Im Gegensatz zu meinen Kommilitoninnen, die im Alter von 25, gleich nach Abschluss des Studiums, geheiratet haben, ist Heirat für mich nie ein Zweck an sich gewesen. Nur so kann man eine anspruchsvolle berufliche Karriere und Kinder realisieren.»

Die Vorteile einer gut geplanten und bewusst zeitlich nach hinten verlagerten Familiengründung liegen auf der Hand. Auch wissenschaftliche Studien[7] belegen für ältere Mütter einen kompetenteren Umgang mit dem Kind, mehr emotionale Unterstützung durch den Partner und ein besseres und sichereres Einkommen, mehr unterstützende Freunde sowie eine größere Zufriedenheit mit der Mutterrolle und dem Kind. Dem stehen allerdings weniger praktische Erfahrungen mit Säuglingen gegenüber, weniger helfende Mütter und Schwiegermütter (die ja dann auch älter sind), größere Schwierigkeiten mit der Umstellung des Alltags und im Hinblick auf die Vereinbarkeit der vielfältigeren Rollenverpflichtungen sowie mehr Gesundheitsprobleme und ein geringeres Regenerationsvermögen bei älteren Müttern. Auch das mit einer späten Mutterschaft verbundene Risiko, aufgrund von Fertilitätsproblemen oder des Fehlens eines geeigneten Partners unter Umständen auf die Mutterschaft ganz verzichten zu müssen, sollte nicht unterschätzt werden.

Kapitel 4

Wege aus dem Chaos – Möglichkeiten der Kinderbetreuung

Von Barbara Reichle

Vor ein paar Tagen holte mich um die Mittagszeit heftiges Klingeln aus meinem häuslichen Arbeitszimmer. Ich erreichte die Tür zeitgleich mit meinem Sohn Jakob, der sich zu Hause auf seine letzte Abiturprüfung vorbereitete. Durch die Sprechanlage weinte ein Kind. Mein Sohn, ein Naturtalent im Umgang mit kleinen Kindern, sagte freundlich: «Ich mach dir auf. Komm doch mal hoch.» Kurz danach stand ein Häufchen Elend an der Wohnungstür: Unser kleiner Nachbar, Erstklässler, sonst ein überaus pfiffiger, lebenskluger kleiner Kerl, der mit seinen sechs Jahren sogar schon einen Haus- und Wohnungsschlüssel hat, obwohl die schwere Jugendstilhaustür sicher eine große Herausforderung an seine Kraft und Geschicklichkeit darstellt. Aber heute früh hatte er vergessen, seinen Hausschlüssel mitzunehmen, und weder der Papa noch die Mama hatten ihm auf sein Klingeln geöffnet. Darüber war er so verzweifelt, dass mein Sohn ihm erst einmal einen Kakao anbot.

Unser kleiner Gast setzte sich also ins Wohnzimmer, packte sein halb aufgegessenes Schulbrot aus und lernte von dem Abiturienten, wie man mit einem batteriebetriebenen Milchschäumer nicht nur Kakao, sondern auch eine wunderschön zarte Braunsprenkelung auf Tisch und Pullover zaubern kann. Und schon ging es ihm besser, und wir erfuhren, dass die Schule heute schon eine Stunde früher als sonst geendet habe und der Papa sonst immer da sei, wenn er nach Hause komme. Wir luden ihn ein zu bleiben und boten ihm ein Karamellbonbon und eine Runde Mau-Mau zum Nachtisch an. Strahlend nahm er an. Jakob fragte ihn, ob er seinem Papa einen Zettel schreiben wolle, damit der wüsste, wo er sei. Unser kleiner Nachbar überlegte und kam zu dem Schluss, dass das nicht nötig sei. Da begann Jakob zu erzählen:

«Als ich ein Erstklässler war, ist mir das auch mal passiert. Es war niemand da und ich hatte meinen Schlüssel vergessen. Genau wie du heute. Da ging ich zu unserer Nachbarin auf der anderen Seite der Straße. Sie machte mir Kakao, schenkte mir ein Bonbon und spielte mit mir, ziemlich lange. Als ich endlich nach Hause kam, hat die Mama fast geweint vor Freude, denn sie wollte schon die Polizei alarmieren, weil sie den ganzen Weg abgesucht und mich nicht gefunden hatte.» Da schrieb unser kleiner Besucher den ersten Haftzettel seines Lebens, und eine Viertelstunde später holte sein Papa ihn bei uns ab.

Glück gehabt! Und alle haben etwas gelernt und eine gute Erfahrung gemacht! Es hätte auch passieren können, dass keiner zu Hause ist. Und dann? Dann hat man ein Problem aus der Kategorie «informelle Betreuung»; die Fälle, an die Hillary Clinton gedacht hat, als sie ihr Buch nach dem afrikanischen Sprichwort «It takes a village to raise a child» benannt hat: Um ein Kind gut aufzuziehen, braucht man den Einsatz eines ganzen sozialen Netzes. Ihre konservativen Opponenten reklamieren hingegen, dass man eine Familie brauche, am besten mit einer Vollzeit-Hausfrau und Mutter, um ein Kind aufzuziehen. Dies sind die Eckpunkte, und dazwischen ist Spielraum. Zentral sind zwei Fragen: Welche Varianten stehen zur Verfügung? Und zweitens: Was ist überhaupt eine gute Betreuung – innerfamiliär oder familienextern, bei Verwandten oder bezahlten Kräften, in welchem Ausmaß, mit welchen Leistungen?

Betreuungsvarianten

Zuerst lassen sich zwei große Gruppen von Betreuungsmöglichkeiten unterscheiden: die formellen, die von eigens dafür eingerichteten Institutionen angeboten werden, und die informellen. Zuerst zu den *informellen Betreuungsvarianten.* Da gibt es solche, die einen regelmäßig wiederkehrenden Bedarf decken, und solche für Notfälle. Ein Arrangement der ersten Art hatte ich mit einer wunderbaren Nachbarin, deren zweites und drittes Kind im gleichen Alter waren wie meine beiden Kinder: Wir haben uns über einige Jahre hinweg an einem festen Tag in der Woche mit dem Kochen und der nachfolgenden Nachmittagsbetreuung der Kinder abgewechselt – wenn eine Mutter für fünf Kinder und zwei Mütter gekocht hat, war das nicht nur effizienter, sondern auch lustiger und geselliger, zumal die Familie perfekt zweisprachig ist und wir bei dieser Gelegenheit dann auch gleich etwas Schwytzerdütsch gelernt haben. Dabei sind Beziehungen entstanden und gepflegt worden, die uns in Notlagen sehr hilfreich waren. Meine Kinder konnten dort für ein paar Stunden unterschlüpfen, wenn ich zu einem auswärtigen Termin musste und mein damals über 600 km entfernt arbeitender Mann es nicht rechtzeitig nach Hause geschafft hat. Gelegenheit zum Ausgleich auf unserer Seite gab es glücklicherweise auch. Solche Arrangements haben mir alle meine Interviewpartnerinnen berichtet, mit Nachbarn, den Eltern von Schul- oder Kindergartenfreunden, Kolleginnen und Kollegen. Bei fast allen waren es flexible Lösungen für vorübergehende Betreuungsbedürfnisse, Ferientage, temporäre Abwesenheiten wie Tagungen, Jobinterviews, das Begräbnis von Opa Vogel und das Klassentreffen zum 20. Abiturjubiläum. Nur in einem Fall ist mir von einer dauerhaften Koch-, Ess- und Betreuungsgemeinschaft von vier Müttern und sechs Kindern berichtet worden, die in verschiedenen Wohnungen eines Hauses wohnten und damit den beteiligten Einzelkindern auch noch zu einem Geschwisterersatz verholfen haben.

Eine andere Spielart sind *Fahrgemeinschaften.* Insbesondere Mütter aus der Mittelschicht verbringen unzählige Stunden ihres Lebens mit Kindertransporten. Ausnahmsweise sind wir damit in Deutschland besser gestellt als unsere Geschlechtsgenossinnen in den USA, weil wir eine andere Verkehrskultur haben. Wir leben kleinräumiger, haben bessere Nahverkehrssysteme, das Auto ist nicht so dominant, es wird mehr Fahrrad gefahren, und Eltern sind weniger besorgt, dass ein Kind verloren gehen könnte. Catherine, eine meiner Interviewpartnerinnen aus den USA, Professorin und Mutter zweier inzwischen erwachsener Kinder, erzählte mir, wohin sie ihre Kinder an welchen Tagen gefahren habe: Soccer-Training für Tom am Montag und Flötenunterricht für Annie am Dienstag, Schwimmunterricht für beide am Mittwoch, allerdings in verschiedenen Altersgruppen und daher zu verschiedenen Zeiten, Musikunterricht für Tom am Donnerstag, Tennistraining für beide am Freitag, am Samstag oder Sonntag dann Vorspiele, Konzerte, Heim- oder Auswärtsspiele. Damit das zu bewältigen war, wurde ein Wechselplan mit anderen Müttern erstellt. Tom und das Nachbarmädchen Phoebe, die über Jahre besonders viele Aktivitäten miteinander teilten und dadurch viele Meilen und Stunden ihres Lebens zusammen unterwegs waren, schlossen eines Tages in ihrem Jugendalter ein Abkommen: Wenn sie beide bis 35 nicht verheiratet wären, würden sie einander heiraten, denn die Bewährung als Rücksitzgemeinschaft hätten sie schon allen anderen voraus.

Notfallarrangements sind qua definitionem entweder gar nicht oder nur kurzfristig planbar. Ich war zu einem Tagungsbesuch sechs Stunden entfernt, mein Mann zuerst in einer Kommissionssitzung, danach «unspezifisch im Hause unterwegs», erst bei einem Kollegen im Büro, dann in der Bibliothek. Sein Mobiltelefon lag auf dem Schreibtisch im Büro. Unsere Tochter, damals in der 3. Klasse Grundschule, war plötzlich erkrankt. Glücklicherweise war sein Sekretariat besetzt, und zwar mit einer überaus kompetenten, warmherzigen Person, einer berufstätigen Mutter, die sofort richtig reagierte. Sie schickte eine zufällig anwesende Hilfskraft, die zu allem Glück auch noch motorisiert war, zur Schule. Die kranke Maus wurde von einer netten jungen Psychologiestudentin abgeholt und in Papas Büro gebracht, wo sie fast gleichzeitig mit diesem eintraf. Wieder Glück gehabt! Ein anderes Mal ging es weniger glimpflich ab, als unser Sohn auf dem Schulhof von einem Mitschüler zusammengeschlagen worden war, der Papa noch eine Tagesreise entfernt arbeitete und ich während einer Kommissionssitzung mein Telefon ausgeschaltet hatte (für alle, die jetzt an die Rabenmutter denken: ich hatte damals eine halbe Stelle, die ich während der Schul- beziehungsweise Kindergartenbetreuungszeiten und Nachtschlafenszeiten meiner Kinder absolviert habe – weil ich für die Kinder verfügbar sein wollte). Der verwundete Sechstklässler musste ohne die Mama mit dem Krankenwagen ins Hospital gefahren und untersucht werden. Ich kam dazu, als er auf dem Operationstisch lag und die erste Betäubungsspritze verabreicht bekam. Seitdem stelle ich in solchen Situationen mein Mobiltelefon nicht mehr ab, sondern auf Vibrationsalarm um. Wenn es vibriert, gehe ich aus dem Raum und nehme den Anruf draußen an. Die Nummer ist nur meinen Familienangehörigen bekannt. Daher kommt es höchstens einmal im Jahr vor, dass ich in so einer Situation angerufen werde. Trotzdem musste ich an mir arbeiten, bis ich mir diese elektronische Nabelschnur erlaubt habe. Es widersprach meiner Auffassung von Professionalität, wegen eines privaten Anrufs aus einer Kommissionssitzung zu gehen. Inzwischen habe ich meine Prioritäten umsortiert. Geholfen haben mir dabei unwissentlich all die Kollegen, die ich vor den Türen der Konferenzräume mit ihren Mobiltelefonen über Zinssätze, Schlagwortregister, Sitzplatzreservierungen und Autoreparaturtermine habe sprechen hören. Nicht, dass ich das gut fände. Aber wenn sie mit ihren Kindern telefonieren würden, wenn diese in Not sind, könnte mir das sogar gefallen.

Die Bezeichnung «Notfälle» sollte aber nicht darüber hinwegtäuschen, dass solche Notfälle mitunter gehäuft vorkommen. Manchmal gibt es im Leben von erwerbstätigen Eltern Zeiten, die aus einer Kette von Notfällen zu bestehen scheinen. Rhona, Professorin und Mutter zweier Kinder, erzählte mir, dass ihre Kinder im frühen Vorschulalter eine Infektion nach der anderen durchlitten hätten. Mit der Temperatur auf dem Fieberthermometer steigt nicht nur die Sorge um das Kind, sondern auch die Geschwindigkeit, mit der die verschiedenen Szenarien durchgespielt werden – wer kann sich um das Kind kümmern, wenn ich morgen früh Vorlesung halten muss und der Vater einen anderen wichtigen Termin hat? Rhonas Eltern haben die häufigen Infekte ihrer Enkel der außerhäuslichen Kinderbetreuung angelastet. Aber Rhonas Kinderarzt hat sie mit dem Argument munitioniert, extrafamilial betreute Vorschulkinder würden ihre Immunität durch häufige Infekte in der Betreuungseinrichtung aufbauen. Später, in der Schule, seien sie immun, wohingegen die familienbetreuten Kinder dann häufig fehlen würden, da sie ihre Immunität erst dann durch Infekte aufgrund des Kontakts mit anderen Kindern aufbauen würden – «zum Glück behielt er Recht!» Das weiß man natürlich erst später, und bis dahin ist es hart und keineswegs ein Spezifikum berufstätiger Mütter. Ich habe mit meinem ersten Kind in der Kindergartenzeit Ähnliches erlebt, obwohl es viel später als Rhonas Kinder in die außerfamiliäre Betreuung kam und ich in dieser Zeit als Doktorandin so flexibel war, dass ich problemlos für einige Tage ausfallen konnte. Oft habe ich mich angesteckt und es entwickelten sich ganze Ping-Pong-Serien von Infekten. Wenn ich diese Zeit im Geist durchgehe, entdecke ich viele Gedächtnislücken – vermutlich die Tage und Nächte, in denen es nur darum ging, sie irgendwie zu überstehen.

Aber Rhonas Eltern hatten auch Recht. Nach Untersuchungsbefunden an Krippenkindern aus der früheren DDR lag die Erkrankungshäufigkeit der Krippenkinder beträchtlich höher als die der zu Hause Betreuten, wobei sich vor allem die Krippenaufnahme um das erste Lebensjahr herum aufgrund der Adaptationsprobleme als ungünstig erwies. Die Überprüfung von Gesundheitstagebüchern in Familien ergab allerdings, dass Kinder auch bei häuslicher Pflege im ersten Lebensjahr häufig erkrankten; durchschnittlich erlebte jedes Kind im Jahr 2,7 Krankheitsperioden.[1]

Drei Krankheitsperioden im Jahr pro Kind ergeben bei zwei Kindern schon sechs, und das zieht sich hin bis ins späte Kindergartenalter. So lange kann man in einem anspruchsvollen Beruf nicht fehlen, ganz zu schweigen davon, dass Fehlen wegen der Betreuung eines erkrankten Kindes einen Formalienaufwand bedeutet und in die Rentenberechnung eingeht. Ich habe das genau einmal gemacht, eine halbe Stunde in der Personalabteilung Papiere ausgefüllt und mich missbilligend ansehen lassen, und seither begegnen mir diese drei Tage auf immer und untilgbar auf jedem Rentenbescheid. So vergesse ich wenigstens nicht, wann das war.

Es gibt also viele gute Gründe, für Notfälle vorzusorgen. Die Wunschkonstruktion einer hilfreichen Großmama hatte nur eine meiner Interviewpartnerinnen. Cornelia hatte ihre Mutter zwar in der Nähe, aber diese war zuerst berufstätig, später an anderen Dingen interessiert und eher keine Hilfe, die man anruft und um die Betreuung eines kranken Kindes bittet. Isabelle lebt in der Nähe von Aix, ihre Mutter in Montpellier, die Schwiegermutter in einer Pariser Vorstadt. Am weitesten hatte es Clara, die im Auswärtigen Dienst mal in Afrika, mal in Lateinamerika und später in Westeuropa stationiert war. Meine Eltern lebten zwei Stunden Autofahrt entfernt, meine Schwiegereltern eineinhalb – zu weit, um kurzfristig einsatzbereit zu sein, wenn abends um zehn das Fieber steigt und der Kalender für den nächsten Morgen voller Termine ist. Und sie hatten jeweils vier Kinder großgezogen und danach auch anderes zu tun. Also habe ich mir eine Notfallliste angelegt mit zehn Namen und Telefonnummern, die ich bei Bedarf anrufen und fragen konnte, ob sie Zeit für einen Einsatz hätten: Zwei gelegentliche Babysitterinnen, zwei frühere Kinderfrauen (die inzwischen andere Stellen hatten, da unsere Kinder in den Kindergarten oder die Schule gehen konnten), zwei Nachbarinnen, eine davon nicht berufstätig, eine halbtags berufstätige Freundin und ihr Mann mit flexiblen Arbeitszeiten, die Haushaltshilfe, eine Studentin, die sich mal für einen Babysitterjob interessiert hatte. Alle zehn musste ich glücklicherweise nie anrufen, aber sechs oder sieben schon.

Nicht nur dafür ist ein soziales Netz hilfreich. Man muss es allerdings erst einmal haben und es dann im Bedarfsfall aktivieren – Personen, die sich verantwortlich fühlen und einspringen, wenn ein Versorgungsnotfall eintritt. Auf Dauer funktioniert es am besten nach dem Austauschprinzip, Geben und Nehmen. Und die Kinder müssen lernen, dies ebenfalls zu tun: Zwei Wochen nachdem sie meinem Sohn das am Kapitelanfang berichtete Asyl gewährt hatte, rief meine Nachbarin mich in heller Panik an: lebendige Maus im Keller! Kein Problem für eine Zoologentochter. Ich nahm mein kleines Mädchen auf den Arm, mein Sohn holte einen Eimer und wir gingen auf Mäusejagd. Nachdem wir die Maus eingehend studiert hatten, bekam sie Asyl in unserem Garten.

Klingt eigentlich selbstverständlich, ist es aber nicht. Berufstätige Eltern insbesondere von jüngeren Kindern haben mit diesem Geben und Nehmen sehr häufig Schwierigkeiten. Nicht weil sie geizig wären, sondern weil sie unter chronischer Zeitnot leiden, und dies macht das Geben schwierig. Was hätte ich meiner Nachbarin geben können, wenn nicht meine Hilfe? Manchmal hat sie Blumen bekommen oder ein leckeres Mitbringsel, aber etwas «Kostenloses» war ihr immer lieber, bis ich ihr die Sache mit meiner kostbaren Zeit endlich einmal erklärt habe.

Zwischen den informellen und den formellen Betreuungsarrangements gibt es *formelle, nicht dauerhafte:* die Freizeitangebote und Ferienbetreuungen. Sportvereine, Ballettschulen, Budo-Dojos, Pfadfinder, Naturfreunde, Greenteams, Kinderchöre, Musiklehrer, Töpfer-, Mal- und Werkkurse mögen als Stichworte genügen. Solche Angebote dienen im besten Fall weniger der Betreuung und mehr der außerschulischen Bildung unserer Kinder, und wenn sie professionell gemacht sind, sind sie oft mehr als ihr Geld wert, auch wenn der Aufwand relativ hoch ist: Manchmal fährt man länger, als der Unterricht oder die Gruppe dann dauert – dann hilft das Abwechseln mit anderen, wenn das möglich ist, oder die Babysitterin kann fahren oder mit dem öffentlichen Verkehrsmittel mitfahren und so die spätere Selbstständigkeit anbahnen. Ich habe während des frühen Klavierunterrichts meiner Tochter unvergessliche Stunden im Hintergrund verbracht, in denen ich viele pädagogische Zauberkunststücke beobachten durfte, die mir später zu Hause bei der Unterstützung des häuslichen Spiels und sogar bei der Motivierung meiner Studenten geholfen haben. Den Korrekturen der Hausarbeiten meiner Studenten, die ich dabei auch noch erledigt habe, hat das nicht geschadet.

Allerdings ist es nicht immer ganz einfach, gute Angebote zu finden, wie ich nach unserem großen Umzug in eine fremde Stadt erfahren musste. Kunst- und Musiklehrer können hilfreiche Informationsquellen sein. Nützlich sind auch Sekundärinformationen – wenn sie professionell sind, melden Musiklehrer ihre besten Schüler bei Wettbewerben an und veranstalten regelmäßig Vorspiele, geben Ballett- oder Sportschulen Aufführungen, arrangieren Künstler mit ihren Schülern Ausstellungen und Verkäufe. Die für uns besten Adressen haben wir durch Empfehlungen von Freunden und Bekannten erfahren, die einen ähnlichen pädagogischen Geschmack und ein ähnliches Anspruchsniveau hatten wie wir. Wenn man aber neu in einer Stadt ist, hat man zuerst einmal niemanden, den man fragen kann. Auf diese Art hat meine Tochter in kurzer Zeit einiges durchprobiert und ich war eine Weile mit dem Ausfüllen von Mitgliedsanträgen und Kündigen von Mitgliedschaften beschäftigt. Da hat es sich bewährt, eine Mindestzeit zu vereinbaren, die man durchstehen muss, bis man sich gewöhnt und ein gutes Urteil hat.

Seit ich Kinder habe, sind *Ferien* für mich eine höchst ambivalente Angelegenheit. Vorher fand ich sie einfach nur schön, und das wollte ich natürlich meinen Kindern auch vermitteln. Aber in Deutschland beträgt die Differenz zwischen dem durchschnittlichen Jahresurlaub einer erwerbstätigen Person und den Schul- und Kindergartenferien neun Wochen. Eine lange Zeit, die schwer zu überbrücken ist. Selbst wenn mein Mann und ich in einem Jahr keinen einzigen Urlaubstag gemeinsam genommen haben (und das ist vorgekommen), bleiben immer noch drei bis vier Wochen, für die man eine Kinderbetreuung braucht. Größere Kinder können dann in ein Ferienlager, Sommercamp oder auch mal alleine bleiben, aber bei kleineren muss man Phantasie und Kreativität entwickeln. Wir hatten öfter das Glück, dass unsere Kinder eine Woche zu den Großeltern zu Besuch konnten, und später gab es wochenweise einen Feriendienst im Kindergarten, den die Universitätsfrauenbeauftragte initiiert und organisiert hatte. Solche Feriendienste sind überaus hilfreiche Einrichtungen und keineswegs «Kleinkram und nicht Aufgabe der Universität», wie so mancher Dekan, aber auch so manche Referentin meint. Da hilft nur, immer wieder geduldig und freundlich die Situation der berufstätigen Eltern und ihren Bedarf zu erklären. Und wenn jemand meint, das hätte sie auch ohne ein solches Arrangement geschafft, nicht zu entgegnen, dass man dabei aber ziemlich verbiestert werden könnte.

Neben diesen vielen informellen Betreuungsarrangements gibt es die *formelle Betreuung*, Kinderkrippe, Kindergarten, Schule, Hort. In Deutschland liegt das öffentliche Angebot für Kinder zwar im Durchschnitt der OECD-Länder, allerdings mit erheblichen Unterschieden zwischen dem Angebot für Kinder unter beziehungsweise über drei Jahre sowie sehr großen Ost-West-Unterschieden: Nur jedes zehnte Kind unter drei Jahren besuchte im Jahr 2000 eine öffentliche Einrichtung – in Ostdeutschland 20%, in Westdeutschland gerade mal 5%. Dänemark weist 64% Krippenkinder auf, USA, Schweden, Kanada und Neuseeland alle über 40%. In Deutschland besuchen 78% der über Dreijährigen einen Kindergarten, allerdings wird nur jedes siebte ganztags betreut. Die fehlende Ganztagsbetreuung ist auch im Schulalter ein Problem: In Westdeutschland wurden im Jahr 2000 nur knapp 4% der Grundschüler in Ganztagsschulen und 4% in Horten betreut, in Ostdeutschland besuchten 13% eine Ganztagsschule und 16% einen Hort.[2]

Schon während meiner ersten Schwangerschaft habe ich mich nach *Krippenplätzen* umgesehen. In der gesamten 100 000-Einwohner-Stadt gab es eine einzige richtige Kinderkrippe, und man bekam nur einen Platz, wenn man nicht verheiratet war. Eigentlich sollten die Alleinerziehenden Vorrang haben, es war aber nicht schwer herauszufinden, dass der Ehestand das Kriterium war: Als ich die Einrichtung enttäuscht verließ, sprach mich eine junge Mutter an und fragte mich, warum ich denn auch so blöd sei und geheiratet habe. Wahrscheinlich habe ich sie völlig verständnislos angesehen, denn sie lächelte mitleidig und erklärte mir, dass man auch noch andere Vorteile hätte, wenn man unverheiratet zusammenlebe. Um die Moral nicht völlig zu untergraben, nenne ich diese jetzt aber nicht.

Meine drei US-amerikanischen Interviewpartnerinnen haben ihre Kinder früh in «Day Care» gegeben: Rhonas erstes Kind hatte ab ihrer neunten Lebenswoche eine Kinderfrau, die ins Haus kam, bis zum vierten Geburtstag teilte sie sich mit der Tochter einer befreundeten Familie eine Tagesmutter, bei der sie tagsüber im Haus war. Danach kam sie in den Kindergarten der Universität, an der ihre Mutter arbeitete. Das zweite Kind, vier Jahre jünger als das erste, kam mit fünf Wochen zur Tagesmutter, mit zwei Jahren in den Universitätskindergarten: «Mein erstes Kind hatte ein wunderbar einfaches Temperament und war pflegeleicht. Das zweite schlief viel weniger, und man konnte es nicht so ohne weiteres ins Büro mitnehmen. Es quängelte und jammerte und gab keine Ruhe.» Bei den beiden anderen war es ähnlich, bei Catherine noch etwas verkompliziert dadurch, dass sie mit dem gerade einjährigen ersten Kind ihre erste Professur antrat. Mein erstes Kind bekam mit sechs Monaten seine *Kinderfrau*. Wir hatten eine Zeitungsannonce aufgegeben und uns eine ganze Reihe von Kriterien ausgedacht, an denen man möglicherweise eine gute Kinderfrau erkennt. Schließlich habe ich aber die Bewerberin ausgewählt, bei der es mir am leichtesten gefallen ist, ihr den drei Monate alten Knirps in die Arme zu legen. Sie kam täglich vier Stunden zu uns ins Haus und versorgte außer dem Baby auch noch den Haushalt, wobei abgesprochen war, dass das Kind Vorrang hat. Die ersten beiden Monate arbeitete ich im Hintergrund zu Hause, um notfalls verfügbar zu sein und zu sehen, wie die beiden miteinander auskamen. Nach vier Stunden wurde sie von meinem Mann abgelöst, der eine zweistündige Mittagspause mit seinem Sohn verbrachte, bevor er dann für weitere fünf Stunden wieder in seinem Büro verschwand. So hatte ich täglich netto etwa fünf Stunden Arbeitszeit und unser Sohn neun Stunden Eltern- und vier Stunden Kinderfraubetreuung. Ich hatte die Hoffnung, dass er damit genügend Kontinuität in seinen Betreuungspersonen haben würde, um eine sichere Bindung und ein akzeptables Sozialverhalten zu entwickeln, und ich genügend Gelegenheit, mich in beiden Kompetenzbereichen zu entwickeln, dem akademischen und dem elterlichen. Denn eine gute Mutter fällt ebenso wenig vom Himmel wie eine gute Erzieherin, wie man an einer Untersuchung sehen kann, die zeigt, dass berufstätige Mütter weniger feinfühlig auf die abendlichen Belastungsäußerungen ihrer Kinder eingehen als die Vollzeitmütter.[3]

Eine interessante Variante des Kinderfrau-Modells hat Clara erlebt, die ihre Kinder in Zentralafrika und Lateinamerika aufgezogen hat: «Als Mitglied des Auswärtigen Dienstes gehört man zu den privilegierten Leuten, von denen erwartet wird, dass sie die weniger Privilegierten unterstützen. Selbstverständlich hat man Personal, und wenn der Nachtwächter immer einschläft, stellt man halt noch einen ein. Das kostet nicht viel, tut den Menschen gut und verhilft einem zu Ansehen, Sicherheit und Entlastung. Kinder werden gerne und mit viel Humor betreut. Daneben hat man natürlich auch Hausangestellte und Gärtner. Ich konnte wirklich unbeschwert arbeiten. Danach war Deutschland wirklich Stress. Da *darf* man als Frau zwar arbeiten, muss aber sehen, wo man bleibt. Hilfen kann man sich kaum leisten, und wenn, ist das Preis-Leistungs-Verhältnis oft zweifelhaft. Ich habe mir schließlich ein Au-pair-Mädchen aus Polen ins Haus geholt.» Im Hintergrund kichert Claras 18-jährige Tochter «und dann war immer der Weinkeller leer, wenn wir am Wochenende weg waren». Clara lacht mit, «und sie hatte keine Idee, was sie tun sollte, als dein Bruder Erkältung und Fieber hatte. Ich musste zu einer Sitzung und gab ihr am Telefon Schritt für Schritt in Deutsch für Anfänger durch, was sie tun sollte. Er hat es überlebt ... und das Mädchen lernte später einen jungen Mann kennen, der ihr das Weintrinken abgewöhnt hat.»

Im Vergleich zur Kinderfrau bietet das Au-pair-Modell eine günstigere Relation zwischen Betreuungsdauer und Kosten, aber man hat dafür unter Umständen noch ein weiteres Kind im Haus, für das man auch sorgen muss, den jährlichen Wechsel der Betreuungsperson, wenn das Au-pair-Mädchen wieder nach Hause muss, und keine Gewähr dafür, dass das Au-pair-Mädchen Erfahrungen mit Kindern hat. Meine Mitautorin hat damit gute Erfahrungen gemacht. Mich selbst haben der erwartete Aufwand der Einführung und Betreuung sowie der häufige Wechsel davon abgehalten, es jemals mit diesem Modell zu versuchen. Meine drei Geschwister und ich sind mit einem «Mädchen» aufgewachsen, das im Haushalt und bei der Kinderbetreuung mithalf und wie ein Familienmitglied bei uns wohnte. Von meiner Geburt bis zu meinem Auszug aus dem Elternhaus gab es sechs verschiedene, die mit einer Ausnahme wie große Geschwister für mich waren.

Fast alle blieben so lange, bis sie einen Partner gefunden hatten und heirateten. Heimweh, die Wirren der Pubertät, Eifersucht und Liebeskummer sowie das Finden des «Richtigen» waren wiederkehrende Agenda und brachten uns das pralle Leben ins Haus.

Mit drei Jahren kam unser Sohn in den Universitätskindergarten. Der Name täuscht, der *Kindergarten* hieß nur so, weil er neben der Universität lag. Formal war die Einrichtung aber unabhängig von der Hochschule – ein Status, der rechtliche Gründe hat und den ich sofort ändern würde, wenn ich Familienministerin wäre. Was kann man Besseres für die Generativität tüchtiger junger Erwachsener tun, als ihnen in einer Lebensphase gute Kinderbetreuung anzubieten, in der sie noch voller Kraft und Tatendrang stecken und dabei über eine zeitliche Flexibilität verfügen, die sie später in keinem normalen Beruf jemals mehr haben werden? Ich vermute, dass eine solche Maßnahme auch der Persönlichkeitsentwicklung der jungen Erwachsenen zu Gute käme – alle studentischen Eltern, die bei mir in Seminaren waren, Haus- oder Diplomarbeiten geschrieben oder Prüfungen abgelegt haben, waren ganz besondere Studierende, weitaus organisierter, reifer und motivierter als der Durchschnitt ihrer kinderlosen Altersgenossen. Da stört es dann nicht, wenn mal ein Termin abgesagt werden muss, weil das Kind zahnt oder die Windpocken hat. Den Rekord hält übrigens eine Diplomandin, die von der ersten Vereinbarung eines Themas bis zur Abgabe ihrer Diplomarbeit vier Jahre in meiner Betreuung war und in dieser Zeit ihr fünftes und sechstes Kind bekommen hat. Sie hat eine sehr gute Diplomarbeit geschrieben und ihre Kinder sind bestens geraten.

Die *Grundschule* war zuerst schwierig, weil die Kinder bisweilen einfach mitten am Vormittag nach Hause geschickt wurden, wenn die Lehrerin krank war oder zur Fortbildung musste. Später kamen einfachere Zeiten: Als mein Sohn in die zweite Klasse kam, hat man an seiner Grundschule die «verlässliche Halbtagsschule» eingeführt – für halbtags berufstätige Mütter wie mich eine große Erleichterung, die von der Schulleitung auch mit allen Kräften eingehalten wurde. Ich erinnere mich an ein Tischgespräch an einem Samstagabend, bei dem unser nicht getaufter Zweitklässler uns ankündigte, dass er am morgigen Sonntag in die Kirche müsse – da wir damals in einer sehr katholisch geprägten Stadt wohnten, konnte nur die katholische Kirche gemeint sein. Ich erkundigte mich, wie es dazu käme, und erfuhr folgendes: «Gestern morgen waren wir mit dem Pastor in der Kirche. Er hat uns ein goldenes Schränkchen gezeigt. Da ist der liebe Gott drin. Er macht es aber nur am Sonntag auf.» Später erfuhr ich, dass die Klassenlehrerin plötzlich erkrankt gewesen war und die Schulleiterin keine Vertretung gefunden hatte. Also sprang der Pastor aus der benachbarten Kirche ein und nutzte die Gelegenheit zu einer Kirchenführung. Dass er ein Heidenkind dabei hatte, wusste er vermutlich nicht.

Trotzdem war die Grundschulphase eine stressige Zeit, denn zuvor hatten wir das Glück eines Ganztagskindergartens genossen, in dem man sein Kind von halb 8 morgens bis 17 Uhr nachmittags lassen konnte. Dieses Maximum habe ich selten genutzt, weil ich Anzeichen von Überforderung sehen konnte, wann immer ich es probiert hatte: Mein Sohn war überreizt, verlor schneller als sonst die Fassung und konnte nicht mehr aufhören zu reden, zu kichern, oder zu weinen, wenn er zu lange im Kindergarten gewesen war. Zu Hause schlief er oft am Nachmittag, aber im Kindergarten war das nicht möglich. Man hatte dort die Philosophie, die Kinder würden schon von selbst in den ruhigeren Nebenraum gehen, wenn sie müde wären, kollektiver Mittagsschlaf wurde abgelehnt. Heute würde ich als Entwicklungspsychologin und erfahrene Mutter argumentieren, dass die Kinder verschiedene Ruhephasen haben müssen, für die zu sorgen ich als verantwortlicher Erwachsener die Pflicht habe, da viele Kinder dies noch nicht selbst können. Damals war ich froh, eine Betreuungseinrichtung zu haben, die in vielen Punkten meinen Wünschen entsprach.

Ab der *weiterführenden Schule* wird weniger über Betreuung gesprochen, denn mit zunehmendem Alter kann man Kinder leichter alleine lassen. Ob es ihnen allerdings gut tut und in welchem Ausmaß, ist weitgehend unerforscht. Alle meine Interviewpartnerinnen stimmten darin überein, dass man am Ende der

Grundschule mit zehn Jahren noch zu jung sei, um täglich den ganzen Nachmittag alleine zu sein. Meine Kinder, inzwischen 19 und 14, lachen und mimen Hospitalismus, wenn ich sie frage, ob sie zurecht kämen, wenn ich ausnahmsweise an einem der «Muttertage» weg muss (bei uns hat die Arbeitswoche je zwei Mutter- und Vatertage und einen «sturmfreien» Tag). Aber wenn ich ihnen nach der Schule die Wohnungstür öffne, wird dies meist mit einem Strahlen quittiert, und wenn es etwas aus der Schule zu berichten gibt, muss ich nicht lange fragen. Natürlich kommen Kinder mit zehn Jahren zurecht, wenn man sie alleine lässt, und ältere sowieso. Aber die Vertrauensperson im Hintergrund stellt eine sichere Basis dar, auf die man nicht nur notfalls zurückgreifen kann. Man kann auch mal vorbeischauen und sich austauschen, etwas besprechen, den Nachmittag planen, soziale Bedürfnisse erfüllen, deren Erfüllung nicht lebensnotwendig ist, aber wohltuend, versichernd, anerkennend. Schulkinder und Jugendliche wissen noch weniger als Erwachsene, was für sie gut ist – bleiben beim Zappen und Surfen irgendwo hängen, wo sie erst nach dem traumatischen Bild feststellen, dass dies nicht der richtige Kanal war, oder bringen einen Kumpel mit, der sich als gar nicht so nett herausstellt. Eine Betreuung kann die Freizeitbeschäftigungen zumindest kanalisieren, steuern und als ordnende Hand wirken. Die ordnende Hand entwickelt und verfolgt in Abstimmung mit den Bedürfnissen und Entwicklungszielen des Jugendlichen einen mehr oder weniger strikten Plan für den Weg ins Erwachsenenalter – wenn möglich in Kooperation mit dem Jugendlichen, manchmal aber auch *undercover* (sonst erfährt sie den Widerstand, den Heranwachsende täglich und stündlich trainieren müssen).

«Monitoring» heißt eins der Zauberwörter der Erziehungsstilforschung für diese Lebensphase. Kinder und Jugendliche, deren Eltern oder Erzieher sagen, sie wüssten meistens, was der Zögling tut und mit wem, entwickeln sich sozial besser, erweisen sich als sozial kompetenter,[4] weniger anfällig für Drogen[5] und Delinquenz.[6] Der Schlüssel zu diesem Wissen der Eltern ist in erster Linie die Selbstöffnung der Jugendlichen, die auf ihrem Vertrauen zu ihren Eltern beruht.[7]

Ein anderes Zauberwort, «elterliche Involviertheit», bedeutet, dass Eltern sich mit und für ihre Kinder engagieren, sie ins Leben mit all seinen bedeutsamen Seiten einführen und auf diese Weise eine andere Art von Versicherung abgeben, was ebenfalls allerhand positive Begleiterscheinungen auf Seiten der Kinder beziehungsweise Jugendlichen hat (z. B. bessere Schulleistungen[8]) und natürlich leichter geht, wenn man in der Nähe ist und erfährt, was gerade gebraucht wird. Das sind schwere Aufgaben für erwerbstätige Eltern, man kann sie nur erfüllen, wenn man nicht der Versuchung erliegt, sich aus der Erziehung und Förderung herauszuziehen, sobald die Kinder einen nicht mehr dauernd fordern oder sogar deutliche Gegenpositionen beziehen.

Auch hier kann man entweder selbst tätig werden oder in mehr oder weniger großem Ausmaß an andere delegieren – an Ganztagsschulen, Horte, Betreuungsanbieter im Freizeitbereich, informelle Arrangements mit Großeltern und anderen Vertrauten.

Mary, eine amerikanische Professorin, verheiratet mit einem Professor, hat ihren Sohn im Alter von 13 in ein *Internat* gegeben und damit die umfassendste Delegation gewählt. Sie sagt allerdings, ihre Beweggründe seien weniger die Lösung von Betreuungsproblemen gewesen als ein schwieriger Pubertätseintritt und die sehr positive Erfahrung ihres Mannes als Internatsschüler: «Man kommt dadurch in Kreise, die dem späteren Berufserfolg sehr förderlich sind.»

Dieses Delegationsmodell existiert in sehr unterschiedlichen Gestalten. Die wohlständige Variante wird von Königinnen, Politikerinnen, Managerinnen und anderen Angehörigen der Oberschicht praktiziert, die die Versorgung an eine Amme, ein Kindermädchen, später einen Hauslehrer, ab dem Schulalter an Internate delegieren. Wie bei Mary kann das leitende Motiv für ein solches Arrangement aber auch eine besondere Erziehung und Ausbildung des Kindes sein, nicht zuletzt wegen eines besonderen Talents im künstlerischen, sportlichen oder einem anderen Bereich – Beispiele sind das Leipziger Thomanerinternat oder das Internat der Regensburger Domspatzen, Schulen für den Ballettnachwuchs, Sport- und Hochbegabteninternate. Ein weiteres Motiv für dieses Arrangement kann eine hohe Mobilitätserfordernis der elterlichen Beschäftigung sein, wie man sie etwa bei Diplomaten, Politikern und international tätigen Personen findet.

Nicht auf die Bestverdienenden begrenzt war das nahezu vollständige Delegationsmodell der Kollektiverziehung in den frühen israelischen *Kibbutzim*, die in dieser Form heute nicht mehr existieren: Diese Kibbutzim entstanden aus sozialistischen und zionistischen Prinzipien in den zwanziger Jahren des 20. Jahrhunderts in Palästina. Die Kinder sollten durch die kollektive Erziehung zu besseren Sozialwesen werden als individualistisch erzogene. Man erhoffte sich davon eine Angleichung der Geschlechtsrollen, eine Befreiung der Frauen von der Kinderbetreuung und eine stärkere Einbindung der Männer in Familienpflichten. Die Kinder wurden bereits in den ersten Lebenswochen in das Kinderhaus gegeben und dort in relativ großen Gruppen (12 bis 18 Kinder mit 2 bis 3 wechselnden Betreuerinnen, sogenannten Metaplots) betreut. Kontakte zur Mutter beziehungsweise den Eltern gab es bei den Säuglingen beim Füttern, später bei den gemeinsamen Mahlzeiten und den Feierabend- und Wochenendbesuchen der Kinder in den Wohnungen der Eltern. In den frühen Varianten schliefen Eltern und Kinder in getrennten Häusern, die Kinder im Kinderhaus. In späteren Varianten wurde dieses Arrangement aufgegeben. Verwandt mit diesen Betreuungsarrangements sind die Wochenheime oder Wochenkrippen in der ehemaligen DDR, in denen Kinder vollzeit erwerbstätiger Eltern bereits ab den ersten Lebenswochen während der gesamten Woche betreut wurden, oder Heime für Kinder von Eltern mit berufsbedingt hoher Mobilität wie Seeleute, Binnenschiffer, Schausteller. Die Kibbutzkinder der ersten Stunde wiesen in ihren Bindungen zur Mutter Auffälligkeiten auf, wie man sie bei vernachlässigten und Heimkindern beobachtet hatte,[9] die sichere Bindung kam in dieser Gruppe seltener vor als in einer Vergleichsgruppe von Kindern, die in ihrer frühen Kindheit in der Familie übernachtet hatten, und sie zeigten sich in ihrem späteren Leben schüchtern. Eine sichere Bindung kann sich entwickeln, wenn das Kind die Erfahrung macht, dass es in den kleinen und großen Notlagen bei seiner Bezugsperson Sicherheit sowie konsistente und angemessene Hilfe bekommt. Die Entwicklung dazu hängt entscheidend davon ab, wie feinfühlig, passend und gleichbleibend zuverlässig die Bezugsperson auf die Bedürfnisse des Kindes eingeht, hat also mit der Verfügbarkeit und den Kompetenzen der Bezugsperson zu tun, aber auch damit, wie verständlich sich das Kind machen kann.[10] Hier haben also der häufige Betreuerinnenwechsel und die große Gruppengröße einen Effekt gezeitigt.

Zusammenfassend: Man braucht eine größere Palette von Betreuungsmöglichkeiten, informelle mit Nachbarn, Freunden und Verwandten, formelle mit Krippe, Kindergarten, Grundschule, Hort oder guten Ganztagsschulen, Internaten. Netz und doppelter Boden sind nicht immer nötig, aber allein schon deshalb hilfreich, weil sie bei unvorhergesehenen Ereignissen Stress abmildern. Wenn man die Wahl hat, sind weniger Bezugspersonen günstiger als mehr, auf jeden Fall aber zuverlässige, die auf das Kind oder den Jugendlichen und seine Bedürfnisse sensibel, angemessen und konsistent einzugehen bereit und in der Lage sind.

Was ist eine gute Betreuung?

In seriösen psychologischen Untersuchungen wird die Qualität von Kinderbetreuung an verschiedenen Kriterien gemessen: Fördert sie die Entwicklung des Kindes, fördert sie seine sozialen Beziehungen – oder verzögert sie die kindliche Entwicklung und beeinträchtigt die sozialen Beziehungen? Zeigen unterschiedliche Betreuungsvarianten verschiedene Effekte? Wodurch lassen sich die Unterschiede erklären?

Die guten Nachrichten zuerst: Gemessen am Aufwand, mit dem danach gesucht wird, gibt es relativ wenige Anzeichen dafür, dass eine professionelle außerfamiliäre Betreuung der kindlichen Entwicklung weniger zuträglich ist als eine familieninterne. Nicht nur, dass es bisher niemand geschafft hat, bei den teilweise exzessiv außerfamiliär betreuten Kindern aus Staaten mit einer breit verankerten institutionalisierten Betreuung (z. B. ehemalige DDR, Dänemark, Schweden, Norwegen) Auffälligkeiten gegenüber innerfamiliär betreuten Vergleichspersonen nachzuweisen. Sogar groß angelegte, aufwändige Studien wie die «Day-Care-Studie» des National Institute of Child Health and Human Development (NICHD) in den USA haben neben einer ganzen Reihe von Vorzügen der Ganztagsbetreuung nur wenige besorgniserregende Auffälligkeiten zu Tage gefördert. Nach einer Überblicksarbeit zu US-amerikanischen Studien liegen die Vorzüge in einer ganzen Reihe von Überlegenheiten im intellektuellen Bereich: Intelligenz, Hand-Auge-Koordination, kreativer Umgang und Spiel mit Materialien, Wissen über die physische Welt, arithmetische Fertigkeiten wie Zählen und Messen, Behalten und Wiedergabe von Information, Sprachverständnis und -einsatz. Im Falle besonders guter Einrichtungen erweisen sich die fremdbetreuten Kinder als selbstbewusster, offener, durchsetzungskräftiger und selbstgenügsamer, kompetenter in neuen Situationen, weniger zaghaft und ängstlich, hilfsbereiter und kooperativer sowie verbal expressiver, sie wissen mehr über gesellschaftliche Regeln und Geschlechtsrollen und werden von Erwachsenen beim Kennenlernen sympathischer gefunden. Diese Unterschiede verschwinden im Laufe des ersten Schuljahres. Hinsichtlich der Dauer und des Eintrittsalters in die Fremdbetreuung finden sich keine Effekte.

Viele Studien berichten beim Vergleich von fremd- und familienbetreuten Kindern keine Unterschiede in der emotionalen Angepasstheit, in der Qualität der Beziehung zwischen Kindern und Eltern, in ihrer Empathiefähigkeit, ihrer zwischenmenschlichen Sensibilität.[11] Daraus wird geschlossen, dass «nach der Datenlage hochwertige außerfamiliale Betreuung wohl keine schädlichen Effekte auf die Bindungsbeziehung des Kindes zu seiner Mutter hat, seine intellektuelle Entwicklung und sein sozio-emotionales Verhalten».[12]

In der großen, renommierten US-amerikanischen NICHD-Studie hat man beispielsweise keinen Unterschied in der Bindungssicherheit der familien- und fremdbetreuten Kinder gefunden. Aber die Bindungsqualität wurde gemessen, als die Kinder 15 Monate alt waren, also zu einem sehr frühen, vielleicht zu frühen Zeitpunkt.[13] Damit sind wir also bei den schlechten Nachrichten: Man kann zum verkehrten Zeitpunkt messen und deshalb nichts finden.

Ebenso kann man Kriterien untersuchen, die vielleicht weniger eng mit der Art und Weise der Betreuung zusammenhängen als andere, und dabei wichtige Kriterien außer Acht lassen, in denen man Unterschiede hätte finden können – dass außerfamilial betreute Kinder beispielsweise unhöflicher, weniger verträglich, ungehorsamer ihren Müttern und Erzieherinnen gegenüber sind, lauter, ungestümer, leichter reizbar, rebellischer, aggressiver und häufiger Schimpfwörter und Obszönitäten äußern als nicht fremdbetreute,[14] haben nicht alle Studien gefunden, und natürlich viele deshalb nicht, weil sie diese Kriterien nicht gemessen haben, sondern andere (natürlich kann man nie in einer Studie alle möglichen Kriterien untersuchen). Dass man aus den Ländern mit einer exzessiven Fremdbetreuung kaum Nachweise dafür findet, dass die Fremdbetreuung die Entwicklung der Kinder befördert oder beeinträchtigt, liegt auch daran, dass diese Fragestellung dort kaum untersucht worden ist. Vielleicht gibt es in diesen Ländern zu wenige familienbetreute Kinder, um diese Frage zu untersuchen, oder vielleicht unterscheiden sie sich noch in anderen Merkmalen von den fremdbetreuten Kindern, so dass man Skrupel haben muss, diesen einfachen Vergleich zu wagen?[15] Wenn aber keine Untersuchungen existieren, darf man nicht den Schluss ziehen, dass eine Fremdbetreuung der kindlichen Entwicklung *nicht* abträglicher ist als eine Familienbetreuung. Schließlich: Selbst wenn man alle möglichen guten Indikatoren gemessen hat, hat man sie mitunter nicht gut gemessen, mit zu groben Instrumenten, an selektiven Stichproben und anderes mehr. Die Literatur ist nicht frei von solchen Fehlschlüssen, und die Medien schon gar nicht.

Was bleibt also von den Befunden aus der ersten Generation der Betreuungsforschung? Die fremdbetreuten Kinder weisen im Leistungs- und im Sozialbereich einige Vorsprünge gegenüber den familienbetreuten auf, aber sie sind im Durchschnitt nicht pflegeleichter und in einigen Merkmalen sozial unangepasster. Nach meiner Forschungserfahrung sind die Instrumente, mit denen das kindliche Sozial- und Leistungsverhalten gemessen wird, so wenig sensibel, dass man nur wirklich auffällige Abweichungen entdeckt. Ich vermute daher, dass man den identifizierten Unterschieden trauen kann – in der Wirklichkeit werden sie vielleicht sogar größer sein.

Studien der zweiten Generation der Betreuungsforschung fragen nicht mehr nur danach, ob und wie sich Kinder unter den verschiedenen Betreuungsvarianten unterscheiden. Sie suchen zu ergründen, unter welchen spezifischen Merkmalskombinationen die eine oder die andere Betreuungsvariante die besseren Ergebnisse erbringt. Da wird dann etwa berichtet, dass Kinder unter einer exzessiven Fremdbetreuung mehr Verhaltensauffälligkeiten aufweisen als solche, die weniger Stunden in Fremdbetreuung waren, wenn ihre Mütter sie schon zuvor als schwierig wahrgenommen hatten, und dass dieser Effekt durch die Qualität einer Einrichtung abgemildert werden kann, wenn es eine Einrichtung guter Qualität ist, und verstärkt, wenn die Qualität der Einrichtung gering ist.[16] Oder: Eine genauere Untersuchung kindlicher Aggressivität bei inner- und außerfamilial betreuten kanadischen Kindern konnte zeigen, dass Kinder aus Armutsfamilien (arbeitslose Eltern, Mütter mit niedriger Schulbildung, viele Geschwister, geringes familiäres Funktionsniveau) aggressiver waren, wenn sie in der Familie von ihren Müttern betreut wurden, als dann, wenn sie außerfamiliär betreut wurden.[17]

Natürlich kann man nicht nur danach fragen, ob es bestimmte Merkmale auf Seiten des Kindes oder der Eltern gibt, die eine innerfamiliäre oder eine außerfamiliäre Betreuung zum Risiko werden lassen. Diese Frage muss man auch für die Einrichtungen stellen: Welche Merkmale der Betreuungseinrichtungen haben sich als günstig im Hinblick auf die kindliche Entwicklung erwiesen, welche als ungünstig?

Die Einrichtung der Betreuungsinstitutionen spielt eine Rolle – in einer geschmackvoll eingerichteten, sauberen, sicheren und ordentlichen, mit kindgemäßen Spielecken und einer Orientierung an den Aktivitäten von Kindern ausgestatteten Einrichtung entwickeln sich Kinder besser. Vielfältiges und bildendes Material hat ebenfalls einen messbaren Effekt, insbesondere dann, wenn die Fachkräfte in einer bildenden Weise mit dem Material umgehen – das reine Vorhandensein reicht also nicht aus, sondern die Kinder müssen auch im Umgang angeleitet werden. Qualität ist wichtiger als Quantität – mehr Ausstattung ist nicht unbedingt besser. Die reine Betreuung («freies Spiel und die Erzieherinnen trinken Kaffee») reicht nicht aus, auch wenn sie natürlich schon besser ist als die Betreuung in einer Multiproblemfamilie. Ein respektvoller, stimulierender, erzieherischer Umgang der Fachkräfte mit den Kindern, verantwortungsbewusst, positiv, akzeptierend, mitteilsam hat sich als entwicklungsförderlich erwiesen; insbesondere Vorlesen, Zuwenden, Anbieten von Wahlmöglichkeiten und nichtdirektive Vorschläge. Diese Merkmale finden sich eher bei Betreuungspersonen mit einem mittleren Grad an Erfahrung in der Kinderbetreuung und mittleren einschlägigen Berufsabschlüssen. Es scheint also einen Gipfel zu geben, ab dem ein Mehr an Erfahrung und Ausbildung kontraproduktiv werden. Bedeutsam ist auch, ob es ein Curriculum und Erziehungsleitlinien gibt, die verfolgt werden, wobei sich einseitig kognitiv orientierte Programme als eher ungünstig erwiesen haben. Nachteilig sind selbstverständlich häufige Personalwechsel (was eine Folge schlechter Bezahlung, aber auch eines schlechten Betriebsklimas sein kann) und eine zu hohe Rate von Kindern zu Betreuerinnen: für Säuglinge bewertet die amerikanische Expertin Alison Clarke-Stewart ein Verhältnis von 1:3 als guten Standard, für Kindergartenkinder ein Verhältnis von 1:5.[18]

Ich erinnere mich an die Frage meiner Tochter nach ihrem ersten Kindergartenjahr, wann denn die Brigitte, ihre derzeitige Gruppenerzieherin, weggehen würde. Sie hatte in diesem ersten Jahr vier verschiedene Erzieherinnen genossen und dabei die Vorstellung entwickelt, dass Kindergartenerzieherinnen nach dem Drehtürprinzip wechseln. Das hat mich damals sehr beunruhigt. Aber was macht man, wenn man schon mal in der Einrichtung ist? Eine derartige Drehtürentwicklung kann man meist nicht absehen, sondern man hofft nach jedem Weggang einer Betreuungskraft, dass dies nun das letzte Mal war und mit der neuen Kraft Ruhe einkehren wird. Und man möchte das Kind nicht aus seinen sozialen Bezügen zu anderen Kindern nehmen. Also belässt man es erst einmal dort.

Manchmal ist dann allerdings ein Ende mit Schrecken besser als ein Schrecken ohne Ende. Wenn es meine eigenen Angelegenheiten betrifft, bin ich in dieser Hinsicht ziemlich entscheidungsfreudig. Bei meinen Kindern war ich viel besorgter, bis ich bei einem Forschungsaufenthalt in den USA beobachten konnte, dass man dort mitunter ganz andere Theorien und Maximen in den Vordergrund stellt: In Deutschland räumt man der Entwicklung einer Bindung zwischen Kind und Bezugspersonen eine sehr hohe Priorität ein. Also wird die Erhaltung der Bezugsperson sehr wichtig, die Kinder sollen möglichst wenige Lehrer- und Mitschülerwechsel haben (das macht natürlich nur dann Sinn, wenn gute Beziehungen herrschen, was ja keineswegs immer der Fall ist). In der amerikanischen Grundschule meiner Tochter unterrichteten die Lehrerinnen jedes Jahr die gleiche Stufe und waren dadurch echte Expertinnen für dieses Alter. Die Kinder aber wechselten von Jahr zu Jahr die Lehrkraft. Als ich beunruhigt nachfragte, ob ich das denn richtig verstanden hätte, lachte der Schulleiter und sagte: Es gibt nicht nur jedes Jahr neue Lehrer. Wir stellen auch jedes Jahr die Klassen neu zusammen. Sonst wird's ja langweilig und die Kinder lernen gar nicht, sich mit wechselnden Gegebenheiten auseinander zu setzen (meine Tochter ist übrigens nie mehr so gerne zur Schule gegangen wie dort, vielleicht deshalb, weil man sich bewusst um die soziale Integration der Kinder gekümmert hat, statt sich darauf zu verlassen, dass sie sich wegen der konstanten Zusammensetzung der Klasse schon von selbst einstellen würde).

In der High-School, die mein Sohn in dieser Zeit besucht hat, fand dieses Prinzip seinen Ausdruck in Wanderklassen – etwas, wofür sich Schulleiter hierzulande schon mal bei besorgten Eltern entschuldigen: Die Schulräume waren den Lehrkräften zugeordnet, nicht den Klassen. Die Schüler besuchten also ihre Lehrkräfte in deren Räumen, und diese Räume waren weitaus schöner, funktionaler und persönlicher gestaltet als jedes gymnasiale Klassenzimmer, das ich in Deutschland gesehen habe. Man durfte in Französisch das Wörterbuch von Madame Bellamy benutzen, in ihrem Lexikon nachschlagen, ihre Bilder an der Wand betrachten. Aber da der Raum und das Interieur ihr gehörten, benahm man sich auch wie ein Gast und nicht wie ein Vandale.

Zurück in Deutschland hat mir diese Erfahrung Mut gemacht, meinen Sohn von seinem ungeliebten Gymnasium auf ein anderes wechseln zu lassen. Er wollte den Wechsel nicht und war mit Argumenten nicht zu überzeugen. Schweren Herzens habe ich ihn aus meiner Elternverantwortung heraus angeordnet, weil ich befürchtete, dass er die langfristigen Konsequenzen nicht absehen könnte. Und schon am ersten Tag kam er glücklich aus der neuen Schule nach Hause und bedankte sich dafür, dass ich ihn gedrängt hatte. Fazit: Kontinuität ist wichtig, für jüngere Kinder noch mehr als für ältere, aber man sollte über ihre Wichtigkeit nachdenken, wenn man feststellt, dass man ihr gerade andere Qualitätskriterien opfert. Wenn es dann zu einem Bruch in der Kontinuität kommt, kann man immer noch selektiv nachbessern – die neuen Klassenkameraden nach Hause einladen, zu einer Unternehmung mitnehmen, zu Elternversammlungen der Schule gehen und sich bekannt machen.

Diese Maxime dürfte für Qualitätskriterien allgemein gelten. Wenn man etwa feststellt, dass man dem Prinzip der familialen Kinderbetreuung die Gesundheit und Zufriedenheit der Mutter opfert, weil diese mit ihrem Berufsausstieg oder ihrer unterqualifizierten und schlecht dotierten Teilzeitstelle hadert, sollte man über ausgewogenere Lösungen nachdenken. Beispielsweise haben depressive Mütter signifikant häufiger Kinder mit Sozialverhaltensstörungen als nicht depressive.[19] Die Entwicklung eines Kindes ist also keineswegs unabhängig von der Gesundheit und dem Wohlbefinden seiner Eltern. Das Ziel, dem Kind optimale Bedingungen für seine kognitive und soziale sowie seine Bindungsentwicklung zu bieten, kann nur im Kontext des Wohlbefindens seiner Eltern verwirklicht werden.

Zusammenfassend kann man sagen, dass die Vor- und Nachteile einer Familien- oder Fremdbetreuung ein sehr schwieriges Untersuchungsthema sind. Es gibt Untersuchungen, aber nicht viele und vor allem nicht viele wirklich gute. Nach den Befunden der ersten Generation von Untersuchungen weisen fremdbetreute Kinder gegenüber familienbetreuten eine ganze Reihe von Vorsprüngen im intellektuellen und sozialen Bereich auf, sind aber auch aggressiver und unfolgsamer. Differenziertere Untersuchungen zeigen, dass eine exzellente Fremdbetreuung problematische Züge des Kindes und der Familie ein Stück weit kompensieren kann, eine schlechte Fremdbetreuung aber umso negativere Effekte zeitigt, je exzessiver sie in Anspruch genommen wird und je problembehafteter die Kinder und ihre Herkunftsfamilien sind. Möglicherweise hat die Fremdbetreuung auch Auswirkungen auf die Entwicklung von mütterlichen Kompetenzen im Sinne von mangelnden Übungsmöglichkeiten, da Mütter fremdbetreuter Kinder sich als weniger feinfühlig gezeigt haben als Mütter familienbetreuter Kinder. Gute Betreuungseinrichtungen zeichnen sich aus durch kleine Gruppen, eine mit dem Alter der Kinder abnehmende Rate von Kindern zu Betreuungspersonen, sind sauber, sicher, ordentlich und kindgemäß eingerichtet, halten vielfältiges und bildendes Material vor, leiten die Kinder im Umgang mit dem Material an. Sie pflegen einen respektvollen, freundlichen, stimulierenden und erzieherischen Umgang mit den Kindern, verfügen über ein professionelles Personal, ein Programm und Erziehungsleitlinien, die nicht nur kognitiv orientiert sind, sowie über personelle Konstanz in der Belegschaft.

Neben der professionellen Fremdbetreuung in Kinderkrippe, Kindergarten, Ganztagsschule und Horten, bei Tagesmüttern, Kinderfrauen und Au-pair-Mädchen gibt es viele andere Betreuungsvarianten, informelle in der Familie und Nachbarschaft, Fahrgemeinschaften, Notfallarrangements, formelle nicht dauerhafte Freizeitangebote und Ferienbetreuungen. Es ist hilfreich und entlastend, eine große Bandbreite an verschiedenen Möglichkeiten zur Verfügung zu haben; in der Zeit der frühen Bindungsentwicklung sollte auf feinfühlige, responsive Personen und Konstanz Wert gelegt werden. In späteren Phasen sind die Kinder robuster und profitieren wahrscheinlich sogar von manchen sozialen Wechseln. Notfalls kann man sich darauf verlassen, dass man als aufmerksamer Beobachter Anzeichen von Betreuungsstress wahrnimmt. Spätestens dann sollte interveniert und entweder eine andere Lösung gefunden oder stützend und ausgleichend eingegriffen werden. Im Jugendalter sind zwar keine konstante Betreuung und Beaufsichtigung mehr erforderlich, aber Unterstützung, Strukturierung und die verlässliche Verfügbarkeit im Hintergrund.

Kapitel 5

Times are changing ...

Von Eva Neidhardt

Vorgeschichte. Ja, die Zeiten ändern sich: In unserer Familie haben die Frauen schon seit mehreren Generationen gearbeitet und sie hatten auch Kinder. Meine Großmutter wurde zur Goldschmiedin ausgebildet und führte das Geschäft ihres Bruders im ostpreußischen Lötzen weiter, als dieser zum Krieg eingezogen wurde und nicht wiederkam. Sie muss ihre Sache gut gemacht haben, denn sie erzählte voller Stolz, dass sie das Eiserne Kreuz Hindenburgs reparieren durfte. Mit ihrer Heirat gab sie das Geschäft auf, wurde «Gutsfrau» und bekam vier Kinder. Als ihr Mann mit 38 Jahren starb, leitete sie mit vier Kindern einen mittleren Betrieb mit etwa 20 Angestellten. Ihre Kinder waren zwischen vier und zehn Jahren alt. Mit Hilfe des Gutsinspektors, den sie später auch heiratete, hat sie das erfolgreich bewältigt: Das Gut gedieh und die Kinder entwickelten sich erwartungsgemäß. Obwohl meine Oma nicht sehr viel Zeit für ihre Kinder hatte, haben sie wunderbare Kindheitserinnerungen. Im Zweiten Weltkrieg musste meine Großmutter fliehen. Ich kenne sie nur als Hausfrau in einer kleinen Zwei-Zimmer-Wohnung, als humorvolle und gütige Respektsperson.

Meine Mutter hat ihr Abitur im Krieg gemacht und war nach dem Krieg als Flüchtling mittellos. Erst als ihr drittes Kind vier Jahre alt war, 1964, begann sie mit einer Ausbildung zur Grundschullehrerin. In diesem Beruf hat sie mit großer Zufriedenheit gearbeitet, bis sie ganz normal das Rentenalter erreichte. Ich war das dritte Kind und habe sehr bewusst erlebt, dass meine Mutter selbstbewusster und glücklicher wurde durch ihre Arbeit. Ich habe auch meine eigene Selbstständigkeit durch die Berufstätigkeit meiner Mutter als sehr positiven Umstand empfunden.

Insofern waren meine Voraussetzungen gut für die eigene Verbindung von Kindererziehung und Beruf. Zu Beginn meines Studiums lernte ich meinen Mann kennen, und wir waren uns einig, dass unsere Kinder wegen der biologischen Risiken nicht so spät kommen sollten. Ich hatte mich sehr ordentlich vorbereitet: Spezialgebiete in Prüfungen wie «Der Einfluss der Berufstätigkeit der Mutter auf die Entwicklung der Kinder», Berge von Vorbereitungsliteratur zu Themen wie Stillen, Kinderpflege, Geburt, Schwangerschaftskurs gemeinsam mit meinem Mann, Diskussionen mit meiner Mutter ... alles war bestens geplant und natürlich wusste ich genau Bescheid. Im Dezember wurde ich Diplom-Psychologin, im Mai sollte mein erstes Kind kommen. Bis dahin konnte ich mit Werkvertrag noch einer kleineren Frage nachgehen, die bei meiner Diplomarbeit offen geblieben war. Am ersten Mai begann mein Mann mit seiner ersten Stelle. Alles war perfekt organisiert.

Eigene Geschichte: Mit Kindern. Gut vorbereitet! Nie hätte ich mir vorstellen können, was mich dann erwartete. Dieser Wirbel widersprüchlicher Gefühle: Einerseits war ich völlig begeistert, hätte mein Kind stundenlang anschauen können, erfreute mich an allen Äußerungen und hatte den Eindruck, nun erst Teil des kosmischen Ganzen geworden zu sein, in dem Weiterleben und Vergehen das Grundgesetz bildeten. Andererseits fühlte ich mich unfrei, weil ich nicht mehr über meine Zeit verfügen konnte. Mein Sohn verhielt sich auch völlig erwartungswidrig: Statt, wie nach ausführlicher Lektüre anzunehmen, 16 bis 17 Stunden zu schlafen, kam er gerade mal auf 12 Stunden Schlaf, und die im Wesentlichen beim Einkaufen oder wenn er im Kinderwagen herumgefahren wurde. Auch die Nächte waren monatelang durchaus nicht ungestört. Während vorher Forschungsfragen und akademische Interessen doch einen Großteil meiner wachen Zeit ausgefüllt hatten, beschäftigten sich meine Gedanken nun mit gesunder Ernährung, ungebleichten Windeln, Licht und Luft für mein Kind, genügend Anregungen der kindlichen Entwicklung, Wäsche und täglichen Erfordernissen. Mein Mann war zwar ein liebevoller Vater, aber sehr viel seltener zu Hause, als ich mir das jemals vorgestellt hatte – die erste Stelle, die Verantwortung als «Familienernährer» ... Darüber hatte ich nichts gelesen. Dass das Kind nicht unbedingt leiden muss, wenn die Mutter berufstätig ist, davon hatte ich mich überzeugt; dass nicht die Menge der gemeinsam verbrachten Zeit, sondern die Qualität entscheidend ist, hatte ich herausgefunden. Dass bei uns sozusagen der klassische Fall geschlechtstypischer Asymmetrie eingetreten, ich plötzlich in «Hausfrauen- und Mutterrolle» festgelegt war, während mein Mann schon aus Verantwortungsgefühl heraus irgendwie beruflich erfolgreich sein musste – ich hätte es auch in der Literatur finden können, aber ich hatte so wenig mit einer derartigen Rollenverschiebung gerechnet, dass ich nach solchen Problemen in der Literatur nicht gefahndet hatte. Natürlich habe ich mein Kind gestillt und konnte deshalb in den ersten Monaten nicht wirklich viel aus dem Haus gehen. Mein Mann hingegen hatte seine erste Stelle in einer kleinen Firma angetreten, die pharmakologische Forschungsaufträge annahm. Mit festem Abgabetermin zu forschen, hieß für ihn, häufig bis nach Mitternacht zu arbeiten. In den ersten Monaten hat er sein Kind oft nur nachts gesehen. Ich saß derweil zu Hause, von eifrigem Arbeiten für Diplomarbeit und als wissenschaftliche Hilfskraft in vielen Projekten zu Hausfrau und Mutter mutiert. Ich spürte die Verantwortung gegenüber meinem Kind unerwartet stark. Immer schon war ich der Überzeugung gewesen, dass jedes menschliche Leben gleich viel wert sein müsse, und da war nun dieses neue Leben, für das ich zuständig war, und ich brauchte nicht lange zu überlegen, um einzusehen, dass jedenfalls mein Glück und meine Zufriedenheit niemals auf Kosten meines Kindes erreicht werden sollten. So begann mein beruflicher Weg, der bis dahin eigentlich sehr gradlinig auf eine «normale» akademische Karriere abzielte (Dissertation mit halber Forschungsstelle und Stipendium, Assistentenstelle zur Habilitation; beides, wo auch immer es gerade passt), immer mehr den Umständen angepasst und damit immer bunter zu werden.

Als mein Sohn etwa neun Monate alt war, bekam ich eine Stelle als Projektmitarbeiterin am Max-Planck-Institut für psychologische Forschung. Mein Arbeitgeber (MPI) war in München, aber meine Arbeitsstelle war in Heidelberg: Ich sollte eine etwa zehn Jahre vorher begonnene Längsschnitt-Untersuchung zur Gedächtnisentwicklung im Alter betreuen. Da die Teilnehmer alle in Heidelberg wohnten, ergab sich diese günstige Gelegenheit. Schon bald aber war mir klar, dass ich neben Kinderbetreuung und Projektarbeit nicht viel schaffen würde. Meine Promotion ruhte weitgehend. Allerdings konnte ich mit Hilfe meiner Mutter, die für diese Zeit anreiste und meinen Sohn betreute, zu zwei oder drei Kongressen fahren.

Mein zweites Kind, ein Mädchen, wurde gegen Ende des Forschungsprojekts geboren. Eigentlich war sie etwas später geplant gewesen, und ich erinnere mich, den erwarteten Geburtstermin mit ziemlichem Herzklopfen «gebeichtet» zu haben – mir war klar, dass es für die beiden Monate, in denen ich ausfiel, keinen Ersatz geben würde. Wieder einmal hat mein Betreuerteam phantastisch reagiert: Neben Gratulationen und dem Zitieren von verschiedenen Untersuchungen, nach denen der Abstand zwischen meinen beiden Kindern (zweieinhalb Jahre) «ideal» sei, wurde mir Hilfe in Form von Hilfskraftgeldern für Forschungstätigkeit in Aussicht gestellt, da ich ja vermutlich mit zwei Kindern noch viel weniger zu meiner Dissertation käme als mit einem Kind. Mit der Geburt des zweiten Kindes war an weitere Berufstätigkeit anfangs nicht zu denken, zumal mein Mann immer noch selten zu Hause war. Die Aussicht darauf, irgendwann einmal aus beruflichen Gründen umziehen zu müssen, hatte uns außerdem bewogen, «erst einmal» in unserer Studentenwohnung wohnen zu bleiben. Im ersten Jahr habe ich nur kleinere Nebentätigkeiten übernommen (Gedächtnistraining bei der Volkshochschule, Kurse für prüfungsängstliche Kinder etc.) und ansonsten versucht, wenigstens viel zu lesen, wenn ich schon nicht verlässlich arbeiten konnte.

Als er drei Jahre alt wurde, begann mein Sohn, den Kindergarten zu besuchen, da war meine Tochter ein halbes Jahr alt, und ab dem Moment war eigentlich immer eines der beiden Kinder krank: Der Ältere steckte sich im Kindergarten an, und dann infizierte er die Kleine. Diese Zeit habe ich als äußerst stressig in Erinnerung:

Einerseits gab es die Hilfskraft, die für mich Daten sammelte und damit verständlicherweise auch die Erwartung meines Doktorvaters, dass es mit meiner Dissertation irgendwie vorangehen sollte. Die Wohnung war eigentlich für vier Personen zu klein, und sah deshalb immer unordentlich aus, weshalb auch keine Haushaltshilfe effektiv hätte Abhilfe schaffen können. Ich hatte ein rundum schlechtes Gewissen: gegenüber dem Betreuerteam am Max-Planck-Institut, weil die Arbeit nicht vorankam, gegenüber meinen Kindern, denen es offensichtlich nicht gut ging, weil sie ja immer krank waren, und gegenüber meinem Mann, weil er neben seiner eigenen anspruchsvollen Arbeit auch noch dieses chaotische Zuhause ertragen musste. Trotz grundsätzlichen Verständnisses von allen Seiten, zeigten sich manchmal kleinere Irritationen («Hausarbeit kann doch wohl kein ernsthaftes Problem darstellen»).

Als meine Tochter 15 Monate alt war, ging sie vormittags in eine Kinderbetreuungsgruppe. Das war der Zeitpunkt, an dem ich wieder daran denken konnte, kontinuierlich zu arbeiten. Vorher schon waren, unter Einsatz von Hilfskräften, Daten erhoben worden, und ich beschloss, nun nur noch an meiner Promotion zu arbeiten. Eine Stelle wollte ich nicht, weil ich mit zwei Kindern und den Arbeiten für meine Promotion eigentlich gut ausgelastet war. Außerdem wollte ich nach der Erfahrung mit den häufigen Krankheiten meiner Kinder die Freiheit und Flexibilität haben, auch zu Hause bleiben zu können, wenn sie fiebernd und elend im Bett bleiben mussten. Aus diesem Grund versuchte ich noch nicht einmal, ein Stipendium zu erhalten – es hätte den Verpflichtungscharakter meiner «Berufstätigkeit» in meiner Perspektive noch einmal deutlich erhöht. Dennoch bin ich dann sehr konsequent zu Werke gegangen. Da ich nicht wollte, dass meine sehr kleinen Kinder allzu lange fremd betreut werden sollten, habe ich morgens um fünf Uhr angefangen zu arbeiten. Mein Mann konnte später beginnen und brachte die Kinder vor dem Dienst zu ihren jeweiligen Betreuungsorten. So waren sie nur jeweils drei bis vier Stunden täglich «in fremden Händen» und ich hatte bis mittags, wenn ich meine Kinder abholte, fast einen Acht-Stunden-Arbeitstag und kam mit meiner Dissertation ganz ordentlich voran, liebevoll weiter aus München «fern betreut». Die Dissertation habe ich abgegeben, als mein Sohn fünf und meine Tochter zweieinhalb Jahre alt waren. Sie waren nach der Anfangsphase im Kindergarten nur noch sehr selten krank. Es gab lockere Pläne, dass ich vielleicht am Gerontologischen Institut in Heidelberg würde weiterarbeiten können. Ich sah das Schwierigste als geschafft an.

Berufliche Besonderheiten. Dann aber zogen wir nach Marburg. Mein Mann hatte hier eine interessante Stelle bei einer großen Firma gefunden. Die Aussicht auf Haus mit Garten und auf längerfristige berufliche Perspektive zumindest bei ihm waren gute Argumente für einen Ortswechsel. Psychologie in Marburg klang gut, und so hoffte ich, meinen Weg problemlos dort fortsetzen zu können. Eine «Pendel-Ehe» mit zwei kleinen Kindern lehnte ich ab. Mein Mann war ein liebevoller Vater, und durch unsere morgendliche Aufteilung nunmehr auch im Bewusstsein der Kinder eine wesentliche Bezugsperson geworden. Ihn nur noch am Wochenende zu sehen, hätte uns allen nicht gut getan. Leider war die Entwicklungspsychologie in Marburg nicht besetzt, als wir umsiedelten, aber es gab eine gewisse Chance, dass bald jemand kommen würde; darauf hoffte ich natürlich. So stellte ich mich erst einmal in der Klinischen Psychologie vor. Gemeinsam wurde die Idee für ein Forschungsprojekt entwickelt. Ich schrieb den Projektantrag, das Projekt wurde von der DFG genehmigt. Auch hier war die Toleranz groß: Es war abgesprochen, dass ich über Diplomarbeiten ein eigenes Forschungsprojekt für meine Habilitation nebenbei beginnen durfte, und auch, dass ich über Lehraufträge in der Entwicklungspsychologie eine gewisse Erfahrung in der Lehre sammeln konnte. Nachdem das Forschungsprojekt bewilligt worden war, fühlte ich mich verpflichtet, es auch wirklich zu betreuen, und ich habe mich deshalb auf später angebotene Stellen im Bereich der Entwicklungspsychologie oder Pädagogischen Psychologie nicht mehr beworben. Meine Habilitationsideen zum Thema «Entwicklung der räumlichen Orientierung» nahmen langsam Gestalt an. Ich lernte eine Frau am Fachbereich

Biologie kennen, die zu ähnlichen Fragestellungen forschte. Über sie ergab sich die Möglichkeit, zusätzliche Drittmittel für Hilfskräfte über ein Budget für «Gender Studies» bei der Hessischen Landesregierung zu erhalten. Meine Kinder gingen inzwischen zur Schule. Ich arbeitete zwar in der Klinischen Psychologie und verfolgte meine Forschung in der Entwicklungspsychologie, aber ich fühlte mich am Fachbereich und in der Arbeitsgruppe der «Kliniker» wohl und hatte Kooperationsmöglichkeiten für meine eigene Forschung. Ich hatte Spaß daran, sowohl klinische als auch entwicklungspsychologische Diplomarbeiten zu betreuen, meine Kinder hatten den Umzug inzwischen gut bewältigt, alles war wieder in Ordnung. Dann lief das Forschungsprojekt aus. Mein Mann wurde in die USA geschickt, und ich beschloss, ihn zu begleiten. Ich wurde als Gast an der University of Chicago akzeptiert. Leider ereignete sich dann bei mir ein relativ schwerer Sportunfall, so dass sich unser Familienaufenthalt, der eigentlich für sieben Monate geplant war, auf viereinhalb Monate verkürzte. Diese Zeit reichte gerade, um die Kinder in der Schule einzugewöhnen und den Haushalt in Gang zu bringen – dann musste ich schon wieder an die Rückreise denken. Meine Forschungsideen zu Vergleichen zwischen amerikanischen und deutschen Kindern waren in dieser kurzen Zeitspanne leider nicht zu verwirklichen. Die Schulbehörde in unserem kleinen Städtchen ließ sich durchaus überzeugen, aber die Zeit war einfach zu kurz. Bald nach unserer Rückkehr nach Marburg starb meine Mentorin in der Klinischen Psychologie. Meine Situation war jetzt schwierig, mein Lebenslauf nunmehr schon recht bunt, die Habilitation angefangen, aber ihre Vollendung noch nicht absehbar. Die beiden Entwicklungspsychologen am Fachbereich kannten mich ja nur von Forschungskolloquien – ich hatte nie in ihrem Bereich gearbeitet. Sie unterstützten mich nach Kräften, aber alle Stellen in der Entwicklungspsychologie in Marburg waren auf absehbare Zeit besetzt. Die Stelle meines Mannes beinhaltete inzwischen eine umfangreichere Reisetätigkeit und so stand er als zuverlässiger Betreuer nicht zur Verfügung. Meine Kinder hatten in Marburg ein gutes soziales Umfeld gefunden, und mir war klar, dass es für sie unzumutbar war, sie für eine befristete Zeit umzusiedeln. So suchte ich 1999 eine Arbeitsgelegenheit in Marburg und Umgebung und ergriff die Gelegenheit einer bezahlten Umschulung zur Netzwerkadministratorin. Nebenbei betreute ich immer noch Diplomarbeiten und Hilfskräfte zum Thema Orientierungsentwicklung. Ich hatte nunmehr beschlossen, mich um ein Habilitationsstipendium zu bewerben, war mir aber meiner Chancen nicht sicher. Zwischendurch vertrat ich eine Hochschuldozentur für Methoden in der Soziologie in Marburg. Meine Umschulung war durchaus erfolgreich und endete mit dem einzigen unbefristeten Stellenangebot, das ich je bekommen habe, in einer IT-Abteilung einer größeren Firma. Inzwischen aber war mein Habilitationsstipendium genehmigt worden. Ich habe mich immer als Wissenschaftlerin gesehen. Für mich stand außer Frage, wie meine Entscheidung ausfallen würde.

Weitere Aussichten. Inzwischen ist mein beruflicher Lebenslauf noch ein wenig bunter geworden: Vertretung der Professuren für Entwicklungspsychologie in Lüneburg und in Gießen, 2004 Habilitation in Marburg, zweieinhalb Jahre Vertretung für eine wissenschaftliche Mitarbeiterin in Lüneburg und seit einem halben Jahr Projektmitarbeiterin in Frankfurt.

Ich habe es geschafft, bis mein Mädchen 12 Jahre alt war, am «Familienwohnort» zu arbeiten. Obwohl ich oft nicht zu Hause war, konnten meine Kinder mich jederzeit erreichen und ich konnte ihnen in Notsituationen zur Seite stehen. Mein Vorwissen hat sich bestätigt: Meinen Kindern hat meine Berufstätigkeit erkennbar nicht geschadet. Ob es mir gelingt, mich noch aus meinem berufsbezogenen «Kinderdefizit» herauszuarbeiten, wird die Zeit weisen: Vieles von dem, was ich in meinen Forschungen herausgefunden habe, wartet noch darauf, veröffentlicht zu werden. Auch wenn die Umstände angesichts der «Marktlage» für Professoren nicht so günstig erscheinen, bin ich durchaus eher zuversichtlich. Ich weiß, dass ich stressresistent bin und dass meine Familie jetzt keine Einschränkung mehr darstellt; im Gegenteil ist sie jetzt tatsächlich fast nur noch Freude und Bereicherung. Für meine

Kenntnisse in Entwicklungspsychologie und Pädagogischer Psychologie schadet es nicht, Kindererziehung und die entsprechenden Institutionen auch aus Elternsicht kennen gelernt zu haben. Ich denke auch, dass es richtig war, keine wirkliche «Babypause» gemacht zu haben – so habe ich keinen wesentlichen Entwicklungstrend in meinem Arbeitsgebiet verpasst und nie große Einarbeitungszeiten gebraucht. Große Unsicherheit, ob ich eine Stelle auch ausfüllen könnte, habe ich daher nicht erlebt.

Fazit. Natürlich hoffe ich, dass viele angehende Wissenschaftlerinnen, die sich fragen, wie sie Kinder und Berufstätigkeit vereinbaren können, meinen kleinen Bericht mit Gewinn lesen. Bestimmt werden sie besser vorbereitet sein, als ich es war. Ich sehe auch an den jüngeren Wissenschaftlerinnen mit Kindern, die ich kenne, dass für sie viele Einschränkungen, die ich für mich gesehen habe, nicht gelten: Sie fahren weite Strecken und haben Betreuungsmöglichkeiten vor Ort, die ihnen das ermöglichen. Sie verfolgen konsequenter ihre Karriere und organisieren die Betreuung ihrer Kinder entsprechend. Ich bin überzeugt davon, dass das den Kindern nicht schadet. Wir wissen es von Vergleichen mit französischen Müttern, dass trotz relativ früher und auch längerer Fremdbetreuung psychisch gesunde Kinder mit zufriedenen beruflich erfolgreichen Müttern heranwachsen. So war auch das bei mir ein Stück (zu) später Selbsterkenntnis: Mein Bedürfnis, die Fremdbetreuungszeit meiner Kinder möglichst gering zu halten, hatte vor allem mit einer Internalisierung von Umgebungsnormen zu tun und weniger mit (wissenschaftlichen) Erkenntnissen. In vielen Gesprächen ist mir klar geworden, dass ich meine Kinder in einer relativ konservativen Zeit erzogen habe, was die Einschätzung der Rolle als berufstätige Mutter betrifft. Vorher gab es schon einmal einen Zeitgeist, in dem die öffentliche Verantwortung für die Berufstätigkeit von Müttern populär war[1]. Inzwischen ist das Leben – beispielsweise die Kinderunterbringungsmöglichkeiten – wieder ein wenig einfacher geworden.

Dass nicht unbedingt die Menge der gemeinsam verbrachten Zeit, sondern die Qualität der Beziehung zwischen Mutter und

Kindern[2] und die Zufriedenheit und Selbstsicherheit der Mutter hinsichtlich ihrer (Doppel-)Rolle für die Entwicklung der Kinder von Bedeutung ist,[3] birgt auch, wenn man sich beispielsweise meine Familiengeschichte ansieht, durchaus keine neue Erkenntnis: Dass man wirklich viel Zeit mit seinen Kindern verbringen muss, war sicher nicht Überzeugung meiner viel beschäftigten Großmutter, und auch meine Mutter hatte durchaus kein Problem damit, ihre Kinder in dörflicher Umgebung der gemeinschaftlichen Aufsicht aller anzuvertrauen. Ich musste wieder zu Hause sein, wenn es dunkel wurde, und durfte ansonsten frei in der Gegend herumstreifen, und das schon, bevor ich zur Schule kam. Bei meinen Kindern war das so nicht möglich, und ich habe sehr viel Zeit mit ihnen verbracht. Sie waren immer nur halbtags bei der Tagesmutter, im Kindergarten oder Hort. Ich will an dieser Stelle nichts bedauern, aber ich möchte doch dazu ermutigen, es sich leichter zu machen. Eine größere Bereitschaft zur Fremdbetreuung bedeutet einerseits mehr echte Arbeitszeit und andererseits auch die Möglichkeit, wirklich (und das heißt auch: vor Ort!) in wissenschaftlichen Arbeitsgruppen mitzuarbeiten. Diese Möglichkeit ist wichtig, weil nur so viele Veröffentlichungen und damit eine größere berufliche Erfolgswahrscheinlichkeit möglich sind. Diese Vorteile sollte man sich sehr bewusst machen, auch wenn sie klare Einschränkungen hinsichtlich der Verfügbarkeit für die Familie bedeuten. Es gibt ja Studien, die zeigen, dass die Mutter auch in ihrer Einstellung zu beruflichem Erfolg ein Vorbild für ihre Kinder ist[4] oder dass die Kinder vom größeren Familieneinkommen profitieren.[5] Auch wenn diese Untersuchungen nicht direkt auf akademische Verhältnisse übertragbar sind, die es Müttern nahe legen, nicht am Wohnort der Familie zu arbeiten, so ist doch unmittelbar einsichtig, dass eine beruflich erfolgreiche Mutter zufriedener und glücklicher die – zugegeben kürzeren – Zeiten mit ihrem Kind genießen kann. In diesem Sinne wünsche ich allen Frauen, die vor der Entscheidung stehen, Mut und Erfolg für Familie *und* wissenschaftliche Karriere!

Kapitel 6

Publish or perish – Und wo bleibt die Partnerschaft?

Von Barbara Reichle

«Publish or perish» ist die Devise für akademischen Erfolg: Wer sich nicht durch Veröffentlichungen wissenschaftlich bekannt macht, geht unter, bekommt keine Professur, keine Forschungsgelder, keinen Respekt – zumindest nicht den der angesehenen Kollegen. Der Haken an der Sache ist, dass das wissenschaftliche Schreiben im akademischen Alltagsgeschäft meist nicht vorgesehen ist (wenn man einmal von den besonders privilegierten Kolleginnen und Kollegen an den Max-Planck-Instituten absieht, an denen man in der Regel eine reine Forschungstätigkeit ausübt).

Im schnöden Alltag an einer normalen Hochschule saust man nach der Vorlesung zu einem Termin mit den Projektmitarbeitern, von dort zu einer Besprechung mit einer studentischen Arbeitsgruppe, danach zu einer kurzen Rücksprache mit einem Kollegen, es folgt eine Sitzung, man erledigt die wichtigsten Telefonate und die Post, schreibt ein paar Folien für die Lehrveranstaltung am nächsten Morgen, und wenn man müde nach Hause kommt, hat man einmal mehr kein einziges Sätzchen am neuen Artikel geschrieben.

Aber nach dem Abendbrot gibt es wieder Hoffnung. Zuerst kommt zwar noch Mäxchen und verlangt seine Gute-Nacht-Geschichte, und Lisa braucht jemanden, der ihre Vokabeln für den anstehenden Test abhört. Außerdem findet sie ihren neuen schwarzen Rock nicht, den sie morgen unbedingt in die Schule anziehen möchte. Also liest man eine Geschichte vor, bringt Mäxchen zu Bett (gemütlich, wenn's geht, denn sonst dauert es am Ende noch länger), setzt sich mit Lisa über die Italienisch-Vokabeln und erfährt danach noch etwas über den neuesten Zwist unter den Siebtklässlermädchen. Man macht ein paar Lösungsvorschläge für die Mobbinggeschichten, räumt den Korb mit der ungebügelten Wäsche aus und findet den Rock. Dann ist es kurz vor Zehn und man setzt sich endlich an den Schreibtisch, fasst den ersten Gedanken und verliert ihn wieder, weil Lisa nur noch mal ganz kurz sicherheitshalber fragt, wie heiß man den neuen Rock denn wohl bügeln könne.

Das war die gemütliche Variante, der Partner war zu Hause, hat eingekauft, das Abendbrot zubereitet, nach dem Essen aufgeräumt, während der Gute-Nacht-Geschichte die Wäsche aufgehängt und die nächste Maschine in Gang gesetzt, danach die Schulbrote gerichtet. In der weniger gemütlichen Variante macht man alles selbst und fällt um elf Uhr erschöpft ins Bett. Verschärfungen gibt es ohne Zahl – wenn Mäxchen einen Schnupfen hat, sein Kuscheltier nicht findet, Lisa Liebeskummer hat und der Schweizer Nationalfonds einem einen Antrag zur alsbaldigen Begutachtung in einem originellen deutsch-französisch-englischen Sprachmischmasch geschickt hat oder der Kollege Beckmesser eine schwer verdauliche Mail.

Beruflicher Erfolg resultiert aus den Aktivitäten, die über das normale Maß hinausgehen – nicht nur bei den Akademikern, sondern in vielen anderen Spitzenpositionen auch. In der Sicht von Arbeitspsychologen zeigt sich «Karriereorientierung» nicht nur im Bestreben nach einer verantwortlichen Position, nach Einflussmöglichkeiten und einem guten Einkommen, sondern auch in der Bereitschaft, mehr als vierzig Stunden pro Woche zu investieren und auf Freizeit zu verzichten.[1] Wie könnte das bei einer erwerbstätigen Mutter aussehen? Der tägliche Zeitkuchen von 24 Stunden ist zu verteilen auf die Bereiche Erwerbstätigkeit, Kinderversorgung, Haushaltspflichten, Partnerschaft, eigene Entspannung, Regeneration, Schlaf. Das Minimalprogramm in allen Bereichen besteht aus acht Stunden Arbeit, zwischen einer und zwei Stunden Weg, zwei Stunden Haushalt, zwei Stunden Zeit für die Kinder um die Mahlzeiten herum, eine Stunde Hygiene mit Kleiden, Packen, Räumen. Bleiben neun bis zehn Stunden für Regeneration und Partnerschaft. Zieht man sieben Stunden Schlaf ab, bleiben noch zwei bis drei Stunden für Mittagspause, Entspannung, Sport und Partnerschaft. Wer acht Stunden schläft, hat nur noch eine bis zwei Stunden. Wenn man aber mehr als das normale Maß arbeitet, muss man an irgendeiner anderen Stelle kürzen. Wie machen das die Profis?

«Sehr gerne mache ich bei deinem Projekt mit – obwohl ich ganz im Gegensatz zu deiner Einschätzung in meinen dunkleren Momenten finde, dass ich als Mutter, Frau und Berufstätige nicht gut genug bin. Und ich kann dir eine lange Liste mit Begründungen dafür liefern. Wahrscheinlich ist das ein Ausdruck des existentiellen Dilemmas mit dem wir alle auf die eine oder andere Art zu kämpfen haben. Vielleicht empfinden andere das auch so; vielleicht kommen einige aber auch besser klar mit ihren Neurosen. Das wird ein sehr interessantes Buch, und es wird gebraucht. Es ist so enttäuschend, wenn viel versprechende Studentinnen sagen ‹Eine Laufbahn wie Ihre kommt für mich nicht in Frage, das ist mir zu anstrengend› oder so ähnlich. Je erfolgreicher und bekannter man wird, desto verzagter und hoffnungsloser werden sie. Dazu kann ich dann immer nur sagen, dass ich meine Laufbahn nicht mit dem Curriculum Vitae begonnen habe, das ich heute präsentieren kann. Natürlich haben wir härter, länger und mit weniger Freizeiterwartungen gearbeitet als manche von ihnen. Aber ich *hatte* (und habe) Freizeit! Erstaunlicherweise ...» (Catherine)

«Wir hatten ganz wenig Freizeit. Wir haben unsere gesamte Zeit für Arbeit und Kinderbetreuung verwendet. Wir haben einen Videorecorder gekauft und uns am Wochenende Filme ausgeliehen. Das war im Wesentlichen unsere Unterhaltung. Oder wir nahmen unsere kleine Tochter mit, wenn wir in einem Restaurant essen gingen. Kombinierten Reisen zu Tagungen und Familienurlaub.» (Rhona)

Die Profis kürzen also bei der Freizeit und bei der Partnerschaft. Über die Freizeit berichte ich hier nur, dass lediglich eine einzige der von mir befragten Mütter mit einem anspruchsvollen Beruf ein zeitintensives Hobby hat. Sie sagt von sich, wenn sie diese 15 Stunden Sport pro Woche nicht hätte, würde sie verrückt werden. Mit dem täglichen Sport gewinnt sie Abstand zu ihrem

Beruf, körperlichen Ausgleich und Fitness. Dafür spart sie Zeit im Haushalt, bei Bekleidung und Aufmachung und wird von ihrem Partner an vielen Stellen entlastet.

Über wenig Zeit für die Partnerschaft zu verfügen berichteten indes alle Befragten; nicht nur hinsichtlich der Zeit, die man ganz und gar für die Partnerschaft hat, sondern auch bei Aktionen, die man in der kinderlosen Zeit gemeinsam ausgeübt hat: Wenn ich in der Damenabteilung eines Bekleidungsgeschäfts Paare einkaufen sehe, frage ich mich manchmal, wie man das organisiert. Gemeinsame Lebensmitteleinkäufe mit meinem Mann finden nur im Urlaub statt, im Alltag ist die Zeit zu kostbar, da wird aufgeteilt. Einer geht zum Metzger, der andere zum Gemüseladen, eines der Kinder geht zur Drogerie, das andere in den Supermarkt. Aber dadurch werden natürlich im Urlaub die gemeinsamen Gänge auf den südfranzösischen Markt noch spezieller als sie ohnehin schon sind!

«Kinder wehren sich, wenn man nicht genug Zeit für sie hat. Entweder stellen sie Forderungen, oder sie werden sonderlich. Auch dem Haushalt sieht man die Vernachlässigung sehr prompt an – wenn's gut aussieht, war's viel Arbeit. Wenn man in seiner Erwerbstätigkeit schlampt, bekommt man Ärger oder wird zumindest rechts überholt. Lässt man den Sport ausfallen, fühlt man sich lausig, wird krank und sieht bald nicht mehr gut aus. Von anderen Freizeitbeschäftigungen fange ich gar nicht erst an, im Land der fehlenden öffentlichen Kinderbetreuung ist das der Streichkandidat Nummer Eins der anspruchsvoll berufstätigen Mütter. Also sind meine Kinder mein Hobby; wenn die hauptberuflichen Mamas Tennis spielen, spiele ich mit meinen Kindern, lese ihnen vor, gehe mit ihnen schwimmen. Die Partnerschaft mit meinem Mann ist aber etwas Besonderes: Sie ist der Bereich, der sich bei Vernachlässigung am wenigsten wehrt – wenn man den richtigen Partner hat und beide dieses Modell akzeptieren. Dann kann man lange Durststrecken akzeptieren, in denen jeder seine Aufgaben erfüllt, und die Partnerschaft aufleben lassen, wenn die Zeit der Zuwendung gekommen ist. Ich habe allerdings Jahre gebraucht, bis ich dieses Modell akzeptiert hatte, und es gibt auch heute noch

Rückfälle. Dann mache ich meinem Mann Vorwürfe, dass er zu viel arbeitet und zu wenig Zeit für die Familie und unsere Partnerschaft hat.» (Alma)

Fazit: Die Partnerschaft ist der Streichkandidat Nummer Eins, wenn es eng wird im Zeitbudget. Das habe ich von allen meinen Interviewpartnerinnen gehört und es scheint keineswegs auf Mütter mit einem anspruchsvollen Beruf beschränkt zu sein. Auch in meiner Untersuchung von 190 Eltern in den ersten 13 Jahren der Elternschaft bleiben Aktivitäten mit dem Partner gegenüber der kinderlosen Zeit sehr konstant reduziert. Frauen nennen sie direkt hinter Einschränkungen in der Berufstätigkeit und der Selbstbestimmtheit, Männern hinter der Einschränkung der Sexualität und der Selbstbestimmtheit.

Wie werden diese Einschränkungen bewältigt? Bevor man sie hinnimmt und akzeptiert, versucht man sie abzumildern. Eine mögliche Strategie ist das sogenannte *Multitasking* aus Rhonas Bericht. Man kombiniert die Erfüllung verschiedener Aufgaben, z. B. mit dem Partner zum Essen Ausgehen mit der Beaufsichtigung des Kindes, Familienurlaub mit beruflichen Konferenzen.

Reduktion ist eine andere Variante: Man vermindert die Aktivitäten in den Bereichen, die verzichtbar erscheinen, und gewinnt damit Zeit für andere Bereiche. Essen im Restaurant spart Haushaltszeit und gibt Zeit für den Partner oder die Kinder. Oder für Arbeit. Meine amerikanische Kollegin Faye Crosby veranschaulichte mir vor der Geburt meines zweiten Kindes dieses Prinzip mit der Feststellung: «Ich habe sogar das Kochen gestrichen.» Ich war erschüttert, denn ich koche gerne und gut und hatte das bis dahin für einen essentiellen Bestandteil meines Lebens gehalten. Zudem hatte ich die Vorstellung, dass eine Mutter, die nicht für ihre Kinder kocht, ihre Kinder vernachlässigt. Inzwischen habe ich vierzehn Jahre an dieser Vorstellung gearbeitet und sehe Kochen als eine kulturelle Errungenschaft, die ich gerne an meine Kinder weiter geben möchte. Aber es geht nicht an jedem Tag und nicht um jeden Preis. Also beschränken wir uns meist auf die einfacheren Rezepte, und wenn wir zu wenig Zeit haben oder müde sind, kaufen wir Döner, Grillhähnchen oder Pizza oder gehen essen.

Sandra Scarr, Psychologieprofessorin und Mutter von vier Kindern, empfiehlt, alles zu reduzieren, was nicht unbedingt sein muss – eines ihrer Paradebeispiele sind Einladungen: «Die letzte Einladung, die ich gegeben habe, nahm mir zwei Tage von meinem Leben weg. Tage, an denen keine Schreibarbeiten erledigt wurden und an denen kein Kind mehr als ein flüchtiges ‹Hallo› von mir hörte. Aber ich versichere Ihnen, dass ich neben den sorgfältig arrangierten Gartenblumen und einer ebensolchen Quiche mein anmutigstes Lächeln zur Schau trug, so als ob die ganze Angelegenheit nur eine Lappalie in meinem Supermama-Dasein darstellte. Dass solche Gelegenheiten aber die Arbeits- und Kinderbetreuungszeitpläne durcheinander bringen, das wissen wir, Sie und ich. Man gibt nicht viele solche Partys, es sei denn, man hat vor, eine Vollzeit-Köchin zu sein ... Es ist notwendig, sich einmal die Frage zu stellen: ‹Was soll das Ganze überhaupt?›»[2]

Eine andere Strategie ist *Kumulieren und Reduzieren*: Ich selbst versuche, an drei Hochschultagen pro Woche ein Maximalprogramm zu absolvieren, um den Rest der Woche in Ruhe zu Hause arbeiten zu können und als Hintergrundversorgung der Kinder zur Verfügung zu stehen – das geht ganz gut, wenn die Kinder in der Pubertät sind, und weniger gut, wenn sie noch jünger und unselbstständiger sind. Cornelia kumuliert während des Semesters und reduziert in der vorlesungsfreien Zeit: «Ab dem zwölften Lebensjahr unseres Kindes hatten wir eine Wochenendbeziehung: T. bekam einen Ruf, ich blieb auf meiner Stelle und das Kind bei mir. Inzwischen ist unser Sohn erwachsen, T. hat nach B. gewechselt, ich habe eine Professur in A., die räumliche Distanz hat sich auf sechs Stunden verdoppelt. Aber wir haben unsere alte Wohnung behalten, auf halbem Weg zwischen unseren beiden Arbeitsstätten. Die Wochenendbeziehung in den Vorlesungs- und Prüfungszeiten haben wir nun seit 15 Jahren, und sie wird wohl bis zu meiner Emeritierung bleiben. In den vorlesungsfreien Wochen sind wir dann häufiger zusammen, mal hier, mal dort, meist aber in der gemeinsamen Wohnung, manchmal auch im Ferienhäuschen – moderne Nomaden mit vier Staubsaugern.»

Natürlich sind das alles keine ganz ungefährlichen Strategien. Wie viel Kürzung vertragen die Freizeit und die Partnerschaft? Bei Schlafkürzungen kommt man irgendwann an ein gesundheitsgefährliches Minimum, das sich durch Fehler bemerkbar macht, die einem unterlaufen. Oder man sieht auf einmal das Pult schwanken, vor dem man steht und seine Lehrveranstaltung abhält. Und bei der Partnerschaft?

«Wenn man in den Auswärtigen Dienst geht, unterschreibt man, dass man jederzeit versetzungsbereit ist. Anfang Zwanzig findet man das prima, da denkt man noch nicht an Familie und feste Partnerschaften. Dann muss man aber spätestens alle vier Jahre woanders hin, das kann um die halbe Welt sein, und zwischendrin immer wieder mal zurück nach Deutschland zum Update. Mir hat man schon mal ein oder zwei Jahre länger gegeben, aus dienstlichen oder auch mal aus familiären Gründen. Wenn man keinen Künstler zum Partner hat, oder einen Hausmann, oder sich mit dem Partner eine Stelle teilt (das ist die einzige Möglichkeit auf eine Teilzeitstelle), heißt das dann Fernbeziehung über tausende von Kilometern. Als ich von Lateinamerika nach Afrika wechselte, ging mein Mann mit und hat dort eine Zweigstelle seiner Firma aufgebaut. Afrika war wunderbar für kleine Kinder, mit vielen Betreuungsmöglichkeiten, wenig Möglichkeiten zum Ausgehen, man blieb gemütlich zu Hause, und alle liebten die Kinder. Dann kamen der Umsturz und die Plünderungen, auch in der Firma. Unsere Investitionen aus fünf Jahren waren dahin. Wir gingen wieder nach Lateinamerika, mein Mann fing neu an. Nach fünf Jahren dort musste ich nach Deutschland. Mein Mann hätte wieder neu anfangen müssen. Also ging ich alleine und nahm die Kinder mit. Nach sechs Jahren Deutschland kam dann ein neuer Umzug. Unsere Dauertrennung besteht nun seit zehn Jahren, der nächste Umzug steht vor der Tür. So etwas hält kaum eine Beziehung aus. Die Scheidungsrate ist hoch im Auswärtigen Dienst. Nach ein paar Jahren hatten wir uns auseinandergelebt. Einen neuen Partner zu finden ist ziemlich kompliziert, wenn man so wenig Zeit hat und auch noch ständig im Rampenlicht steht. Immerhin sind die Kinder jetzt beide erwachsen, haben viel von der Welt gesehen und bestimmen selbst, wo sie leben möchten – meine Tochter wird hier bleiben, mein Sohn studiert schon seit zwei Jahren in Deutschland. Die nächste Station wird ein großer Neuanfang; ich bin ja erst 53 und habe noch viel vor!» (Clara)

Clara ist nicht nur ein Vorbild für eine positive, aktive Bewältigung von Schwierigkeiten. Ihr Beispiel gibt auch Hinweise auf die Gefahren beim Jonglieren mit verschiedenen Rollenanforderungen. Es gibt kritische Grenzen, über die hinaus man auch die beste Partnerschaft nicht belasten sollte. Wenn man kann – wer belastet seine Partnerschaft schon mit Absicht? Vielleicht zeitweilig, wenn man weiß, die Belastung ist begrenzt und danach kommen bessere Zeiten. Aber man weiß natürlich nicht so genau, wo die kritische Grenze ist. Und selbst wenn man es manchmal weiß, hat man nicht immer die Wahl, mal eben alle anderen Anforderungen auszusetzen und das Arrangement zu ändern, um sich um seine Partnerschaft zu kümmern.

Ich selbst habe vier verschiedene Mobilitätsvarianten praktiziert: In der Frühphase der Beziehung zu meinem Mann war ich als Doktorandin ein Jahr in den USA, er blieb in Deutschland, wir haben uns zwei Mal für einige Tage besucht. Danach lebten wir zwölf Jahre zusammen an einem Ort. In dieser Zeit haben wir promoviert, er hat sich habilitiert und wir bekamen unsere beiden Kinder. Nach seiner Habilitation hat mein Mann für ein Jahr eine Vertretungsprofessur an einer gut hundert Kilometer entfernten Hochschule angenommen, was uns wöchentlich eine dreitägige Trennung beschert hat. Ich blieb als Promovierte auf meiner halben Mitarbeiterinnenstelle; unser erstes Kind war neun und das zweite vier Jahre alt. Wir drei waren oft so froh über seine Rückkehr, dass wir ihn abends am Bahnhof abgeholt haben. Aus dieser Zeit stammt das profunde Wissen meiner Kinder über Eisenbahnen und Bahnhöfe, denn der Zug hatte meistens Verspätung. Danach kam eine Professur in sechshundert Kilometer oder siebeneinhalb Stunden Entfernung, wegen der langen Anreise dauerten dann die wöchentlichen Abwesenheiten von Sonntagabend oder Montagmorgen bis Donnerstagnacht. Das Gleisarbeiterleben hat mein Mann dreieinhalb Jahre lang praktiziert. Wir hatten Skrupel, unsere Kinder umzusiedeln und die räumliche Entfernung zu unseren nicht mehr so ganz jungen Eltern noch zu vergrößern. Außerdem wollte ich meine Stelle, das Habilitationsvorhaben, unser schönes Haus und die Freundschaften am Ort nicht aufgeben. In dieser Zeit lernte ich, alles Mögliche vom Schneeräumen bis zum Rausschleppen der Papiermülltonne alleine zu erledigen und auch dann auf den Beinen zu bleiben, wenn ich krank war. Dabei begriff ich erst richtig, wie viel Arbeit mein Mann unter der Woche erledigt hatte, und wie nützlich es ist, jemanden mit mehr Muskelkraft und technischem Verständnis in der Familie zu haben. Trotzdem blieb natürlich viel liegen, und mein Mann litt darunter, dass er am Wochenende am Familienwohnort immer neue Berge von Arbeit vorfand, wo er doch gerade am Arbeitsort mit großem Einsatz seinen Schreibtisch leer gearbeitet hatte, um ein Wochenende frei zu haben. Es war eine anstrengende Zeit mit vielen und großen Anforderungen, die durch die große Distanz einige Male sogar dramatisch wurden. Ich erinnere mich an einen verzweifelten Anruf meines Mannes eines frühen Morgens, nachdem er im Wohnheim einen anonymen Anruf mit der Mitteilung erhalten hatte, unsere kleine Tochter sei gestorben. Ich hatte eine Stunde lang seine Anrufversuche nicht gehört, weil ich über Nacht das Telefon leise gestellt hatte. In dieser Zeit hat unsere Partnerschaft gelitten, und ich war oft keine ausgeschlafene, geduldige Mutter.

Nach meiner Habilitation waren wir reif für eine Beendigung dieser Phase. Beinahe wären wir an den Arbeitsort meines Mannes umgesiedelt, denn seine Kollegen hatten eine Stelle geschaffen, die ideal für mich gewesen wäre. Dann wurde aber völlig überraschend eine Professur an unserem Familienwohnort frei, was uns den Umzug noch einmal erspart und vier gute Jahre als gemeinsam lebende Familie beschert hat. Zu Anfang musste ich allerdings erst einmal lernen, mich im Alltag wieder mit meinem Partner zu koordinieren – man kann das tatsächlich verlernen. Wenn man immer seine Alltagspläne nur mit sich alleine abmacht, und der andere macht es ebenso, dann geht manches durcheinander. Es kam schon mal vor, dass unser Kühlschrank überquoll, weil wir beide ohne Absprache Lebensmittel für die Familie eingekauft hatten. Oder dass ich über den Uniparkplatz irrte und unter hunderten von Autos unseres suchte – mein Mann hatte es zwischenzeitlich benutzt und vergessen mitzuteilen, dass er es hinterher woanders abgestellt hatte. Da wird man dann von Beobachtern schon mal zu Unrecht als zerstreuter Professor belächelt …

Glücklicherweise haben wir uns wieder eingespielt und zwei Jahre später noch eine andere Mobilitätsvariante probiert. Als unsere Kinder 10 und 15 waren, zogen wir zum Forschungsfreisemester für ein halbes Jahr nach Kalifornien. Dies war eine der schönsten Phasen in unserem Familienleben. Am Ende wollten unsere Kinder nicht mehr nach Deutschland zurück. Mir hat diese Erfahrung gezeigt, wie hilfreich eine mobilitätsfreundliche, problembewusste Haltung von Kollegen, Nachbarn, Lehrerinnen und Lehrern sowie Mitschülereltern sein kann. Es zeigte sich, dass die meisten unserer Mitmenschen schon allerhand Erfahrungen mit Mobilität gemacht hatten und dies als normalen Bestandteil des Lebens akzeptierten. Als meine Tochter nach ihrer ersten Schulwoche mit ihrer Großmutter telefonierte, hörte ich sie sagen, dass die Menschen in Kalifornien viel freundlicher und hilfsbereiter zu Fremden seien als die Deutschen.

Eher unerwartet war die Erfahrung, wie viel entspannter das Wissenschaftlerleben ist, wenn man keine administrativen Aufgaben erledigen, keine Lehrveranstaltungen und Prüfungen abhalten muss. Und wie viel entspannter das Mutterleben ist, wenn die Kinder in eine gute Ganztagsschule gehen, mit Mittagspause und Lunch, Betreuung und engagiertem Personal, in der es normal ist, dass Mütter erwerbstätig sind. Man muss sich nicht verstecken mit seinen beruflichen Ambitionen, sondern wird respektiert, wenn man es zu etwas gebracht hat, und kann auch mal ganz freimütig mit Essen vom Traiteur zum Klassenfest erscheinen. Unter solchen Bedingungen kann man problemlos und zufrieden als vierköpfige Familie in einem kleinen Häuschen mit nur drei Zimmern leben.

Ein Jahr später bekamen wir beide fast zeitgleich jeder ein Ordinariat angeboten, allerdings nicht mehr an einem Ort, sondern 120 km voneinander entfernt. Angesichts unserer früheren Pendlererfahrungen war das keine große Entfernung, aber wir wollten keine Wochenendbeziehung mehr führen, sondern als Familie zusammen leben. Die Kinder, 12 und 17, votierten für einen Wohnsitz in einer größeren Stadt, wollten aber eigentlich überhaupt nicht umziehen. Jetzt wohnen wir seit zwei Jahren in der größeren Stadt zwischen unseren beiden Hochschulen, mein Mann fährt 40 und ich 80 km, und für den Notfall habe ich ein Zimmer am Hochschulort.

Ob nun aber die «Spagatfamilie» wirklich «der erste Schritt zur Scheidung» ist,[3] wie ein einflussreicher deutscher Soziologe behauptet hat, ist nur selten wissenschaftlich solide untersucht worden. Dies ist umso erstaunlicher, als nach einer neueren deutschen Studie 16% der Bundesbürger im erwerbsfähigen Alter aus beruflichen Gründen in irgendeiner Form mobil sind.[4] Die Befunde dieser Studie fassen zusammen, was die beiden Beispiele illustrieren sollten: Die meisten mobilen Befragten in dieser Studie (Wochenendpendler, Partner mit zwei Haushalten ohne gemeinsamen Haushalt, Varimobile mit wechselnden Einsatzstellen ohne zweite Wohnung) berichten negative Einflüsse der Mobilität auf die Partnerschaftsqualität, es komme zu mehr Konflikten und einer größeren emotionalen Distanz zwischen den Partnern. Bei täglichen Arbeiten und Problemen sind die Partner stärker auf sich alleine gestellt. Das Trennungsrisiko dieser Gruppe ist erhöht. Eine Ausnahme stellen die Fernpendler dar, die nicht von der Familie getrennt leben und mindestens 100 km Weg zur Arbeit zurücklegen. In dieser Gruppe sind die Risiken für die Partnerschaft geringer, die individuellen Belastungen jedoch höher. Ein gutes Drittel aller Pendler berichten aus ihrer Umwelt eher negative Bewertungen wie Mitleid, Vorwürfe, Unverständnis (also ganz andere Reaktionen, als wir sie bei unserem Auslandsaufenthalt in den USA erlebt hatten). Daneben werden selbstverständlich auch positive Auswirkungen genannt wie individuelle Autonomie, eine lebendigere Beziehung, Chancen der Persönlichkeitsentwicklung und ein attraktiver Arbeitsplatz. Wie es zu diesem erhöhten Trennungsrisiko speziell bei den Mobilen kommt, scheint mir noch nicht ganz geklärt. Möglicherweise gibt es aber hier einen ganz ähnlichen Erosionsprozess, wie er allgemein für Partnerschaften beschrieben wird:

Generell hängt die Stabilität einer Beziehung, also ihr Bestand über die Zeit, von der Beziehungszufriedenheit ab (nicht völlig, nach empirischen Untersuchungen gibt es auch einen einstelligen Prozentsatz stabil-unzufriedener Beziehungen, die sich über Jahrzehnte halten; Loriot und Evelyn Hamann oder Karl Valentin und Liesl Karlstadt haben solche Beziehungen veranschaulicht). Die Beziehungszufriedenheit wiederum hängt davon ab, wie die Partner mit belastenden Ereignissen in ihrer Partnerschaft umgehen. Dieser Umgang schließlich resultiert sowohl aus überdauernden Merkmalen der Partner und aus den Besonderheiten der Situation, als auch aus verschiedenen Charakteristika der belastenden Ereignisse.[5]

Natürlich wirkt sich ein positiver, den Partner bei der Bewältigung seiner Belastungen unterstützender Umgang positiv auf die Beziehungszufriedenheit und die Partnerschaftsstabilität aus. Dies gilt auch für eine sachliche, aufgabenorientierte, freundliche, humorvolle Kommunikation bei der Diskussion von Problemen. Ungünstig sind destruktive Kritik, Verachtung, Defensivität, Provokation und Rückzug,[6] Vermeidungs- und Fluchtverhalten,[7] ebenso Schuldvorwürfe und Aggression, die bei unglücklichen Paaren häufiger eskalieren als bei glücklichen und über längere Zeitspannen fortgesetzt werden. Ein chronisch negativer Umgang mit alltäglichen Anforderungen, mit Problemen und mit dem Partner werden schließlich eine Bilanzierung nahe legen und eine zunehmend ernsthafte Erwägung von Alternativen zur bestehenden Beziehung, die dann in Abhängigkeit von den getätigten Investitionen mehr oder weniger bereitwillig ergriffen werden sollten. Wer also ein Haus gebaut, Kinder großgezogen, materielle und immaterielle Investitionen getätigt hat, sollte sich mit einer Trennung schwerer tun als jemand, der weniger investiert hat.[8]

Eigentlich wissen wir das ja so ungefähr. Wieso verhalten wir uns dann nicht entsprechend? Wie kann es dazu kommen, dass man sich in einer schwierigen Situation nicht konstruktiv, freundlich und kompetent verhält, sondern schimpft, nörgelt und sich beleidigt zurückzieht? Die Stress- und Bewältigungsforschung sagt, die Reaktion hängt von der Situationseinschätzung ab, von der Persönlichkeit und den vorhandenen Ressourcen[9]. Angenommen, man kommt aus dem Büro und findet sein Auto auf dem Parkplatz nicht mehr. Die erste Situationseinschätzung betrifft die Frage, ob man die Sache in den Griff bekommen wird oder nicht. Man kann in Panik verfallen, weil man keine Idee hat, wie man jetzt nach Hause kommt (z. B., wenn es mitten in der Nacht ist, dunkel, am Stadtrand ohne Verkehrsverbindung und man kein Telefon dabei hat). Oder man kann erschrecken und denken, es sei gestohlen worden. Dann wird man wahrscheinlich zur Polizei gehen und eine Anzeige erstatten. Oder den Partner anrufen und ihm berichten, dass das Auto verschwunden ist. Möglicherweise sagt er dann, dass er das Auto benutzt und an anderer Stelle auf dem Parkplatz abgestellt hat. Darauf kann man erleichtert sein, weil das Auto nicht gestohlen worden ist. Oder ärgerlich, weil der Partner einem das nicht schon vorher mitgeteilt und damit den Schrecken erspart hat. Ein einfühlsamer, zuverlässiger Partner würde sich wahrscheinlich entschuldigen und erklären, warum er die Information unterlassen hat. Wenn man ihn mag, akzeptiert, ihm glaubt und so etwas nicht schon öfter vorgekommen ist, wird man sich besänftigen und den Ärger verrauchen lassen. Andernfalls wird man weiter ärgerlich bleiben und den Partner zurechtweisen, damit er so etwas in Zukunft unterlässt. Wenn der Partner sich aber gar nicht erst entschuldigt und erklärt, hat man noch mehr Anlass zu Ärger und allerhand Erziehungs- und Strafmaßnahmen – es sei denn, man ist ein besonders gutmütiger Mensch. Oder man entschuldigt den Partner selbst: Wenn einem der Partner am Morgen sein Telefon ausgeliehen hat und deshalb nicht anrufen konnte, oder er in der Endphase seiner Dissertation steckt, wird man hoffentlich nachsichtig sein und von Erziehungsmaßnahmen absehen.

Interessanterweise ärgern sich Menschen am häufigsten über diejenigen, die ihnen am nächsten stehen, ihre Partner und Familienmitglieder. Dabei vertun sie sich gar nicht so selten. Und sie unterscheiden sich in ihrer Neigung, ärgerlich zu werden.[10] Damit sind wir bei den Persönlichkeitseigenschaften. Eine gutmütige Person wird sich über das verstellte Auto weniger ärgern als ein Perfektionist, der sich und seinen Mitmenschen keinen Fehler zugesteht. Eine Person mit paranoiden Tendenzen wird auf die Idee kommen, der Partner habe das Auto absichtlich verstellt, um sie zu ärgern. Und jemand mit niedriger Intelligenz kann allerhand Fehler in der Situationsinterpretation machen und sich deshalb unnötig ärgern (oder auch nicht ärgern, obwohl er Grund dazu hätte). Ärger steht hier für all die oben aufgelisteten Reaktionen, die ungünstig sind, weil sie zu Eskalationen führen können, Vorwürfen und Aggression, Vermeidungs- und Fluchtverhalten – Reaktionen, die kurzfristig effektiv sind, weil sie dem anderen zeigen, dass er etwas falsch gemacht hat, längerfristig aber verletzend, einschüchternd und destruktiv wirken können. Dieser kurzfristig positive Effekt, dass der andere sich entschuldigt oder sein Verhalten ändert und sich fügt, kann schließlich dazu führen, dass man sich die ärgerliche Reaktion bei allen möglichen Widrigkeiten angewöhnt, denn die Entschuldigungsreaktion bekräftigt ja den Ärger («Man muss ihm nur tüchtig die Leviten lesen, dann macht er es schon richtig»). Eine Chronifizierung von Ärgerreaktionen ist daher gar nicht so selten, aber auf Dauer hoch gefährlich, weil sie die Beziehung unterminiert.[11]

Nun spielt es für eine Beziehung nicht nur eine Rolle, wie man mit Anforderungen, Frustrationen und Problemen umgeht, bei denen der Partner involviert ist. Es kommt auch darauf an, wie man mit Anforderungen umgeht, in denen der Partner keine verantwortliche Rolle spielt. Nehmen wir an, das Auto aus dem Beispiel sei nicht vom Partner umgeparkt worden. Ich muss gestehen, dass ich im Laufe eines vollen Hochschultages schon mal vergesse, an welcher Stelle ich vor zwölf Stunden meinen Wagen abgestellt habe. Bisher habe ich ihn immer wieder gefunden, aber einer meiner berühmtesten Kollegen ist schon mal mit der Eisenbahn nach

Hause gefahren, obwohl er mit dem Wagen angereist war – er hatte es vergessen und bemerkte es erst, als er an seinem Heimatbahnhof nicht wie üblich von seiner Frau mit dem Wagen abgeholt wurde (die Geschichte vom zerstreuten Professor enthält mehr als ein Körnchen Wahrheit). Es stellt schon gewisse Anforderungen an den Partner beziehungsweise die Partnerin, wenn sich so etwas häuft. Und es häuft sich bei beanspruchten, belasteten Leuten, die ständig in ihre Arbeit vertieft sind, und nicht bei ausgeruhten, entlasteten Kalifornienbesuchern mit zufriedenen Kindern im Freisemester.

Aber nicht nur Vergesslichkeit und Nachlässigkeit können es einem schwer machen, sondern allerhand andere Besonderheiten des Umgangs mit Anforderungssituationen auch. Mancher zieht sich zurück und wird still, wenn er belastet ist – gefährlich, weil man nicht helfen kann, wenn man das Problem gar nicht mitbekommt. Andere werden ängstlich und verfallen in Panik, was dann vom Partner Geduld, Freundlichkeit und beruhigende Hilfestellungen verlangt.

Nach den Befunden der Partnerschaftsforschung sind neurotische Personen besonders gefährdet, über die Zeit mit ihren Beziehungen unglücklich zu werden (man erkennt sie daran, dass sie unter vielen Problemen und inneren Konflikten leiden, reizbar und erregbar sind, in ihrer Laune wechselhaft, sich häufig abgespannt, bedrückt oder ängstlich, gestresst, nervös und psychosomatisch gestört fühlen, zum Grübeln und Tagträumen neigen, sich oft missverstanden fühlen und sich öfter Sorgen um ihre Gesundheit machen[12]). Neben Neurotizismus spielen auch Introversion und geringe Verträglichkeit sowie mangelnde Impulskontrolle eine Rolle – bei Männern jeweils mehr als bei Frauen. Bei Frauen hat sich eine geringe Gewissenhaftigkeit als Risikomerkmal erwiesen.

Zusammengefasst: Aus all diesen Reaktionsbesonderheiten in Anforderungssituationen können also Reibereien und Unstimmigkeiten zwischen den Partnern entstehen, die, wenn sie sich häufen, dazu führen, dass man unzufrieden und unglücklich wird mit seiner Beziehung und schließlich an eine Auflösung denkt. Dies scheint seltener vorzukommen, wenn man über eine höhere Bildung und ein höheres Einkommen verfügt, vor der Ehe schon länger zusammen war, sehr motiviert ist und sich dem Partner verbunden fühlt, sich in Einstellungen ähnelt,[13] und wenn man viel in die Beziehung investiert hat.[14]

Reibereien und Unstimmigkeiten wirken sich aber nicht nur auf die Partnerschaftszufriedenheit aus: Isabelle berichtet, dass ihr Mann in der Phase seiner Existenzgründung sehr unleidlich gewesen sei. Der Verlust der Sicherheit einer gut dotierten Angestelltenstelle als Informatiker bei einem internationalen Hardwarehersteller hatte ihn viel mehr gestresst als erwartet. Zwar war er mit seiner eigenen kleinen Zwei-Mann-Firma mit der Entwicklung von Spezialsoftware gleich erfolgreich (und ist es immer noch, so dass er sich jetzt im Alter von 58 Jahren in den Ruhestand begeben kann), aber er befürchtete ständig, seine Kunden nicht halten und keine neuen akquirieren zu können. Dass seine Frau eine sichere Stelle als Schulleiterin hatte, beruhigte ihn überhaupt nicht: Er ist mit der Norm aufgewachsen, dass der Mann das Familieneinkommen verdienen muss. Eine gut verdienende Frau mit beruflicher Sicherheit ist ein wunderbares Extra, wenn man selbst erfolgreich ist und gut verdient. Aber sie wird bedrohlich, wenn man sich in Abhängigkeit von ihr begeben muss, weil man selbst nicht mehr gut verdient. Isabelle sagt, sie hat es nicht immer geschafft, ihm Mut zu machen und ihn zu beruhigen. Ihr zweites Kind, das in dieser Phase zur Welt kam, war eine Frühgeburt und wegen seiner körperlichen Unreife extrem gedeihschwach. Es hat sehr viel Geduld, Zuwendung und Zeit gebraucht. Das erste Kind war gerade in den Kindergarten gekommen. Manchmal hat sie sich gewehrt gegen die schlechte Behandlung und es kam zu langen Auseinandersetzungen. «Wenn man die halbe Nacht wach war, um das Kind zu füttern und zu versorgen, das andere Kind schlecht geschlafen hat und dann kommt eine ironische Bemerkung darüber, dass man ja eine sichere, gut dotierte Stelle hätte, dann bringt man nicht immer die Kraft auf für einen schlagfertigen Witz, der die Situation entkrampft. Wir haben viel gekämpft in dieser Zeit, und die Kinder waren sehr irritiert. Wir Franzosen sind ja auch sonst nicht so nett zu unseren Kindern. Wir liefern sie morgens um sieben Uhr bei der Betreuung ab und holen sie erst am Spätnachmittag wieder. Wenn wir dann alle müde nach Hause kommen, passiert nicht mehr viel, Haushalt, Essen, Vorlesen, pouf. Mittwoch Nachmittag ist schulfrei, da hat man nach dem Einkaufen etwas mehr Zeit zum Spielen. Und am Sonntag natürlich.»

Die Kinder waren irritiert. Ihre Eltern befanden sich in der stressigsten Phase ihres Erwachsenenlebens, mit einem Kleinkind, das gerade den Übergang in den Kindergarten zu bewältigen hatte, einem Säugling und einer neuen Firma, von denen man nicht sicher sein konnte, ob sie beide überleben würden, und daneben einer Reihe von anderen anspruchsvollen Agenden: Der Vater in extremer Sorge darüber, ob er seine wichtigste Aufgabe, die materielle Versorgung seiner Familie, würde erfüllen können, ohne von seiner Frau überflügelt zu werden. Die Mutter neben ihrer Sorge um das Neugeborene vollzeit berufstätig in einem anspruchsvollen Beruf als Schulleiterin und verantwortlich für die Bewältigung des Übergangs ihres ersten Kindes in den Kindergarten. Diese Belastungen haben beide so viel Kraft gekostet, dass sie ihre Fassung nicht mehr bewahren konnten – das ist der gefährliche Punkt, an dem man auf ein längst überwunden geglaubtes Niveau zurückfällt – Stufe eins der Stresseinschätzung mit dem Ergebnis «alles zu viel und zu schwer» und einer Reaktion, die ohne viel Überlegung versucht abzuwehren, was gerade am aversivsten ist. Und dann gibt es Ärger. Kleine Kinder verstehen nichts davon, sie spüren nur das schlechte Klima, die Spannungen zwischen den Erwachsenen und fühlen sich bedroht.[15] Aus dieser Bedrohtheit kann eine klinische Störung erwachsen, das Kind zeigt sich scheu, zurückgezogen und schüchtern, auch noch nach mehreren Jahren. Bei größeren Kindern können sich andere Probleme entwickeln, wenn ihre Eltern häufig streiten. Sie ahmen das aggressive Verhalten ihrer Eltern nach und werden zu Störenfrieden, lösen Konflikte mit anderen Menschen auf aggressive Art und Weise und geraten schneller in Konflikte, weil sie die Feindseligkeit, die sie bei ihren Eltern erleben, auch bei anderen vermuten und denen dann häufig zu Unrecht böse Absichten unterstellen.[16]

Ein ungünstiger Umgang mit Stress wirkt sich also nicht nur auf die Partnerschaft aus, sondern auch auf die angehörigen Kinder. Auch das Umgekehrte gilt, wie die neuesten Forschungsbefunde aus meiner Arbeitsgruppe zeigen: Kompetente Eltern haben kompetente Kinder, entwickeln sich positiv und haben Freude aneinander. Es lohnt sich also um der eigenen Partnerschaft und um der Entwicklung der Kinder willen, sich um einen konstruktiven Umgang zu bemühen, vor allem dann, wenn man das eine oder andere der genannten Risikomerkmale aufweist. Wie könnte das gehen?

Meine Interviewpartnerin Catherine hat am wenigsten Konflikte berichtet. An den Anforderungen kann das nur zu einem geringen Teil gelegen haben. Zwar sagt sie von sich, sie hätte diese Stelle mit dem Legat ihres Doktorvaters angetreten, ihre Professur an der kleinen, unbekannten Universität als «großer Fisch im kleinen Teich» auszufüllen. Das hat ihr Sicherheit gegeben und Stress genommen. Aber der kleine Teich war auch eine ehemalige Militäruniversität beziehungsweise ist es heute noch teilweise – mit eigenen Regeln, die man erst einmal lernen muss, und natürlich einem Sonderstatus als Frau unter vielen Männern. Inzwischen ist dieser Status zu beachtlicher Größe und Ansehen angewachsen, nicht zuletzt durch Catherines Tätigkeit in der Leitung und Verwaltung, die sie seit einigen Jahren neben ihren Professorinnenpflichten mit Freude und Kompetenz ausführt. Sie trat ihren «tenure track», die mehrjährige befristete Einstellung auf Bewährung, an deren Ende man evaluiert und entlassen oder entfristet wird, mit einem gerade einjährigen Kleinkind an. Ihr Mann war noch Doktorand an ihrer früheren Universität, bei einem Doktorvater, der gerade ein attraktives Angebot auf der anderen Seite der USA angenommen hatte. Für die Dissertation hätte er noch ein bis zwei Jahre Feldstudium in Lateinamerika absolvieren müssen – was er zu diesem Zeitpunkt nicht wollte, da es bedeutet hätte, zwei Jahre der Entwicklung seines Kindes zu versäumen. An Catherines neuer Universität hatte man gerade sein Fach aufgelöst. Also beschloss er, sich am neuen Ort selbstständig zu machen, was er glücklicherweise konnte, da er vor seinem Studium eine Lehre als Elektriker absolviert hatte. «Er folgt der Strömung», sagt seine Frau. Tatsächlich ist er unglaublich anpassungsfähig und findet dabei immer eine Lösung, mit der er zufrieden ist und die er meisterhaft ausgestaltet (inzwischen ist er ein Pionier auf dem Gebiet der Solarenergie und hat im letzten Jahr einen Preis für das umweltfreundlichste Firmengebäude in der Region gewonnen). Er baute also eine kleine Firma mit Büro im Haus auf und versorgte mit seiner Frau zusammen die kleine Tochter, die bereits ab ihrem ersten Geburtstag in einer Tagesbetreuung mit 10 bis 12 Kleinkindern war. Catherine tat alles, was für ihre Karriere nötig war, eingeschlossen Tagungsbesuche an fernen Orten. Ihr Mann blieb mit der kleinen Tochter zu Hause. Zwei Jahre später bekamen sie ihr zweites Kind.

An Anforderungen hat es also nicht gefehlt, die Konstruktion war noch unsicherer als die von Isabelle und ihrem Mann. Aber die Persönlichkeiten und die kulturellen Normen sind anders: Catherine und ihr Mann geraten nicht in Konkurrenz – obwohl es auch in den USA Männlichkeitsnormen gibt, die dem Ehemann die Rolle des Familienernährers zuweisen. Aber, so sagte Catherine, man kann es auch anders machen und wird nicht sanktioniert, in Akademikerkreisen wird das mindestens toleriert, oft akzeptiert. Jobsicherheit gibt es viel seltener als in Europa, «jeder hat eine Zeitstelle». Vielleicht sind ein befristeter Vertrag oder ein neues Geschäft dann weniger stressig? Beziehung und Familie sind die gemeinsame Lebensaufgabe, für deren Gelingen beide verantwortlich sind. Wenn einer Stress hat, versucht der andere konstruktiv zu unterstützen. Es ist nicht so eminent wichtig, was man arbeitet, sondern vielmehr, wie gut, zuverlässig und effizient man es tut. Catherine sagt, sie hätte das Organisieren und Prioritätensetzen schon zu Hause gelernt und in ihrem ersten Studium perfektioniert. Mit einem Bachelor im Hauptfach Haushaltswissenschaften pflegt sie mit ihrem Mann zusammen eine hoch entwickelte Haushaltskultur, die überhaupt nicht zum Stereotyp von der amerikanischen Karrierefrau passt; sie näht sich so manches

Kleid und hat das früher auch für die Kinder getan. Beide stammen aus großen Familien, wo sie Rücksichtnahme, Koordination und Bescheidenheit gelernt haben, sind sehr familienorientiert, fleißig, diszipliniert, höflich, freundlich, humorvoll und verfügen über eine große Geduld und Selbstbeherrschung. Auch noch als Endfünfziger sind sie zwar qualitätsbewusst, aber sehr bescheiden und anspruchslos (was auch vernünftig ist, bis zum Abschluss des Colleges wird jedes ihrer zwei Kinder 90 000 Dollar Schulden angesammelt haben). Hier kommen also zwei sehr verträgliche, gewissenhafte, gesunde Persönlichkeiten zusammen, die ihre gute Kinderstube nicht vergessen, wenn es schwierig wird, und die auch nach 32 Jahren Ehe immer noch froh miteinander sind. Die beiden Kinder sind in den Zwanzigern und leben nicht mehr zu Hause, was die Eltern nach anfänglichem Abschiedsschmerz zu einem neuen Aufschwung im Beruf, aber auch zur Kultivierung eines neuen gemeinsamen Hobbys genutzt haben: sie haben tauchen gelernt und unternehmen einmal im Jahr zusammen eine Tauchreise. Es gibt also Hoffnung für alle, die noch nicht so weit sind!

Kapitel 7

Living-Apart-Together
oder Wie sich berufliche Mobilität mit Familie realisieren lässt

Von Claudia Quaiser-Pohl

«Mobilität» – dieser Schlüsselbegriff unserer Zeit/der Postmoderne – hat natürlich auch seinen Einfluss auf Familien. Nach einer psychologischen Systematik heutzutage existierender Familienformen[1] ist die Frage, ob die Partner zusammenleben, sogar ein wesentliches Bestimmungsstück moderner Paarbeziehungen. Wie nicht anders zu erwarten, findet man aber gerade bei der Variante derjenigen, die nicht ständig zusammenleben, ganz selten Kinder vor. So war es zumindest noch in den neunziger Jahren.

Sprach man zu Beginn des Zeitalters der Industrialisierung von Stadt- beziehungsweise Landflucht und meinte damit den Wegzug relativ weniger Personen von dem Ort des Aufwachsens aus beruflichen Gründen, so ist berufliche Mobilität inzwischen zur wesentlichen Voraussetzung für erfolgreiche Berufskarrieren avanciert. Und dies gilt in Deutschland ganz besonders im Hochschulbereich. Kaum einem Wissenschaftler beziehungsweise einer Wissenschaftlerin gelingt es, die gesamte Laufbahn vom Studium bis zur Professur an ein und derselben Universität zu verbringen. Das wird durch das Qualifikationssystem an deutschen Hochschulen sogar eher verhindert. So waren noch bis vor kurzem sogenannte «Hausberufungen», also die Berufung eines Professors oder einer Professorin, die bereits an dieser Universität angestellt war und sich auch dort habilitiert hatte, völlig unmöglich. Durch die Einführung der Juniorprofessur in Verbindung mit dem sogenannten «tenure track» besteht diese Möglichkeit nunmehr zumindest prinzipiell. Man kann direkt nach der Promotion, die man schon immer an der Universität abschließen konnte, an der man seinen ersten Studienabschluss erworben hatte, eine Juniorprofessur bekommen, die dann in eine «richtige» Professur umgewandelt werden kann. Ein mehrfacher Wechsel der Hochschule ist aber dennoch eher an der Tagesordnung. Ich selbst habe beispielsweise in Marburg und Bonn studiert, in Düsseldorf promoviert, mich in Magdeburg habilitiert, danach ein Jahr lang eine Professur in Trier vertreten, um schließlich auf eine Professur an die Universität Siegen berufen zu werden. Und dass dort die Endstation meiner beruflichen Karriere sein wird, ist aufgrund der aktuellen Umbrüche in der deutschen Hochschullandschaft auch eher unwahrscheinlich. In der gesamten Zeit parallel zunächst nur die Partnerschaft, später neben dieser auch noch das Familienleben mit zunächst einem, dann zwei Kindern zu «organisieren» ist mir zwar gelungen, es war aber zum Teil recht schwierig und permanent mit massiven Balanceakten verbunden.

Natürlich bestand für die meistens männlichen Professoren früherer Generationen schon dieselbe Notwendigkeit zur Mobilität. Allerdings wurden sie, wenn sie überhaupt Kinder hatten, in der Regel von einer Professoren-Gattin unterstützt, die ihnen nicht nur im Hinblick auf die Kinderbetreuung den Rücken frei hielt, sondern die auch jederzeit für einen weiteren Karriereschritt ihres Gatten bereitwillig mit der ganzen Familie umzog.[2] Viele taten dies sogar mehrere Male, und die Frage, ob der ständige Verlust des gesamten sozialen Umfeldes für die Kinder nicht schädlich sein könnte, haben sich viele wohl schon damals gestellt.

Im Zuge des allgemeinen Rollenwandels und der zunehmenden Gleichstellung von Frauen und Männern im Berufsleben fällt es aber auch männlichen Wissenschaftlern inzwischen immer schwerer, ihre Partnerinnen, die mittlerweile häufig eigene berufliche Karriereambitionen haben – nicht immer, aber manchmal auch im wissenschaftlichen Bereich (vgl. Kapitel 8) – von der Notwendigkeit eines gemeinsamen Umzugs zu überzeugen. Nur einige wenige deutsche Universitäten haben dieses Problem erkannt und bieten ihren zukünftigen Professoren im Rahmen der Berufungsverhandlungen auch eine Anstellung für die Partnerin oder den Partner an. In den USA dagegen, wo sich *dual-career couples* häufiger finden, sind derartige Bemühungen schon selbstverständlich.

Inzwischen gibt es auch in Deutschland ein Programm, das Hochschulen finanziell unterstützt, die solche Maßnahmen durchführen (Näheres dazu siehe Kapitel 8).

Deshalb kommt es heutzutage nicht selten vor, dass zu berufende Professoren, Frauen wie Männer, einen Ruf ablehnen, weil ihre Familien nicht mit ihnen an den jeweiligen Hochschulort ziehen möchten. Die Mehrheit der Männer wählt dann aber doch die Alternative und pendelt kurz- oder langfristig, manchmal über Jahre hinweg zwischen Dienstort und Wohnort hin und her. Und so bekommt man zum Teil haarsträubende Geschichten von WegbegleiterInnen und LeidensgenossInnen zu hören, wenn man, wie ich, regelmäßig in Übergangsunterkünften wie Uni-Gästehäusern übernachtet.

Während die Männer meistens pendeln, verbleiben Frauen mit Karriereambitionen entweder zusammen mit ihren Kindern am Wohnort, oder sie ziehen bei durch die Karriere notwendig werdenden Ortsveränderungen mit Kind und Kegel um und lassen ihren Partner hin- und herfahren. Auch für diese Konstellation gibt es inzwischen eine Reihe von Beispielen, auch einige der in diesem Buch zu Wort kommenden Frauen haben es so gemacht. Bei mir war und ist es bis heute anders. Ich bin zu verschiedenen Orten gependelt, während mein Mann und unser Kind beziehungsweise unsere beiden Kinder am langjährigen gemeinsamen Wohnort blieben, unterstützt durch wechselnde Au-pair-Mädchen. Der Hauptgrund dafür waren die Befristungen der Stellen und die Bemühung um Konstanz im Sozialgefüge, denn wer will schon alle zwei, drei Jahre die Familie aus allen sozialen Beziehungen herausreißen und mühsam neue Kontakte knüpfen müssen oder aber ständig die Kinderbetreuungsinstitutionen wechseln. Außerdem kann ein entsprechender beruflicher Wechsel des Partners nur selten realisiert werden. Günstigstenfalls arbeitet der Partner nicht in einem Angestellten- oder Beamtenverhältnis, sondern ist in irgendeiner Form selbstständig; aber selbst dann sind große Schwierigkeiten zu überwinden.

Schon in der frühen Phase meines Pendelns mit Kind, als ich für die familiären Hintergründe anderer berufstätiger Frauen natürlich ganz besonders sensibel war, erfuhr ich auch von anderen Versuchen, das Problem zu lösen. Eine Kollegin aus den Erziehungswissenschaften, die ich damals auf einer Tagung kennen lernte und die wie ich eine Stelle als wissenschaftliche Assistentin hatte, erzählt mir etwa, ihre beiden Kinder, beide noch im Säuglingsalter, würden an den Tagen, an denen sie beruflich an ihrem mehrere hundert Kilometer entfernten Dienstort sei, ausschließlich vom Vater betreut. Dieser sei ebenfalls Wissenschaftler, aber schon älter und habe sein Karriereziel quasi schon erreicht. Sie selbst habe ihre Stelle angetreten, als ihr jüngster Sohn drei Monate alt gewesen sei, und es funktioniere gut, denn die Kinder seien ja von Anfang an an diese Aufteilung gewöhnt. Ich habe damals die Leichtigkeit und Selbstverständlichkeit, mit der die Kollegin mir über ihr «Modell» berichtete, sehr bewundert. Denn mir, die ich noch in der Stillzeit mit meinem ersten Sohn war, erschien das regelmäßige Pendeln damals als eine ziemliche Hürde. Leider konnte ich mich mit dieser Kollegin danach nicht mehr über ihre Erfahrungen unterhalten, weiß aber, dass sie seit längerem eine Professur inne hat, ihre Karriere also erfolgreich verlaufen ist.

Dem eventuellen Anspruch, auch noch diverse Mutter-Kind-Aktivitäten wie den regelmäßigen Besuch einer Krabbelgruppe oder die elterliche Partizipation an der Kita-Arbeit zu leisten, kann man unter diesen Bedingungen allerdings kaum gerecht werden. All das wird in Deutschland ja eigentlich von den der Norm entsprechenden Vollzeitmüttern erwartet, zumindest wenn ihre Kinder im Kleinkindalter sind. Ohne größere Sanktionen für die Kinder gelingt dies jedoch nur, wenn der am Familienwohnort verbleibende, auch berufstätige Partner diese Aufgaben übernehmen kann, was wohl nur selten der Fall ist. Auch während der Zeit meiner Professurvertretung in Trier, als sich Übernachtungen im Hotel und tägliche Heimfahrten zumindest abwechselten, war diese Form des elterlichen Engagements nur bedingt möglich. Und da mein jüngerer Sohn damals erst ein Jahr alt war, konnte ich von Glück reden, ein Au-pair-Mädchen gefunden zu haben, das sich beim Besuch der Krabbelgruppe und des Mutter-Kind-Turnens mit mir abwechselte. Als ich noch zwischen Bonn und

Magdeburg pendelte und mein älterer Sohn in diesem Alter war, musste dieser auf solche Unterstützung fast gänzlich verzichten. Mein Mann, der damals tageweise zu Hause war, ging zwar mit ihm zum Kinderturnen, aber eine Krabbelgruppe gemeinsam mit zwölf anderen Müttern und ihren Säuglingen besuchen zu müssen, wollte ich ihm nicht zumuten. Beim zweiten, fast sechs Jahre später geborenen Kind war dann alles etwas anders. Ich empfand es als großen Vorteil, meine Habilitation bereits abgeschlossen und deshalb mehr Ruhe zu haben. Außerdem konnte ich als erfahrene Mutter den Anfeindungen anderer Mütter besser Stand halten, mir aber auch mehr Zeit für derartige kindbezogene Aktivitäten gönnen. Dabei kam mir auch die Erfahrung zugute, dass die Reaktionen meiner beiden Kinder in bestimmen Situationen von anderen Personen in ganz unterschiedlicher Weise mit meiner Berufstätigkeit in Zusammenhang gebracht wurden. Die Probleme meines älteren Sohnes beim Übergang in den Kindergarten und seine etwas stärkere Trennungsangst wurden von den Erzieherinnen natürlich auf meine tageweise berufsbedingte Abwesenheit zurückgeführt, was ich damals auch nicht für ausgeschlossen hielt. Etwas verblüfft habe ich aber reagiert, als einige Jahre später das Fehlen jeglicher Trennungsangst bei meinem jüngeren Sohn in derselben Situation von einer anderen Mutter so interpretiert wurde: «Dein Kleiner ist an so was ja schon gewöhnt, weil er von Anfang an auch von anderen Personen betreut worden ist.» Die Trennungsangst ihres eigenen Kindes hielt sie dagegen für eine völlig normale Reaktion. Man darf sich als berufstätige Mutter also nicht gleich jeden Schuh anziehen.

Seit einem Jahr habe ich nun eine Professur an der Universität Siegen, ca. 90 km von meinem Wohnort Bonn entfernt. Auch diesmal stand wieder die Frage an, ob wir mit der ganzen Familie umziehen. Wir haben sie so beantwortet, dass wir, der Kinder wegen, vorübergehend noch in Bonn wohnen bleiben, ich also wieder pendele, diesmal aber täglich. Nach den langen Jahren des Pendelns von Bonn nach Magdeburg kommt mir diese Konstellation schon fast paradiesisch vor. Ich kann prinzipiell jeden Abend nach Hause kommen, übernachte nur ab und zu mal an meinem Dienstort, dann aber im Hotel. Und wenn ich morgens Haus, Mann und Kinder verlasse, weiß ich, dass ich sie in absehbarer Zeit wieder sehen werde. Fast vorbei sind dadurch die Ängste vor einem plötzlichen Unfall oder einer Erkrankung eines Kindes, worauf man in Anbetracht der dazwischenliegenden viereinhalb Bahnstunden natürlich nie selbst rechtzeitig hätte reagieren können. Vorbei sind auch die Zeiten, in denen das tägliche Gute-Nacht-Sagen zumindest tageweise über das Telefon stattfinden musste und die Wochenenden für private Unternehmungen ganz besonders intensiv zu nutzen waren, weil man sich ja unter der Woche nicht am Wohnort aufhielt. Auch hat sich mein gesundheitliches Befinden seitdem stark verbessert, ich habe beispielsweise weniger Infekte – in meinen Fernpendelzeiten war ich selten länger als zwei Wochen am Stück gesund – und auch meine Schlafprobleme haben nachgelassen; zu Hause schläft es sich einfach viel besser. Die täglichen Fahrten, auch wenn man dafür lange Fahrzeiten von 2 bis 3 Stunden auf sich nehmen muss, erscheinen mir deshalb als eine gute Alternative für Frauen in der universitären Laufbahn, die Kinder haben.

Natürlich hat auch das Fernpendeln eine Reihe von Vorteilen, kann man doch an den Auswärtstagen beliebig lange ohne Unterbrechung bis in die Nachtstunden hinein arbeiten, ohne zum Beispiel auf die Schließzeiten der Kita Rücksicht nehmen zu müssen. So manche Publikation lässt sich unter diesen Umständen besser fertig stellen. Auch die durch lange Bahnstrecken gegebene Möglichkeit, in Ruhe zu lesen und auch mal mehrere Zeitschriftenartikel oder Bücher an einem Tag zu bewältigen, fehlt einem irgendwie, wenn das Langstreckenpendeln auf einmal nicht mehr nötig ist. Nicht ohne Grund wird von wissenschaftlichen Dual-Career-Paaren häufig die Frage diskutiert, wer es denn eigentlich leichter hat, derjenige, der pendelt, oder derjenige, der sich vor Ort um Haushalt und Kinder kümmert. In Diskussionen kristallisiert sich dann häufig heraus, dass sich eigentlich beide benachteiligt fühlen. Manche Paare lösen das Problem so, dass sie ihren Wohnort in die Mitte zwischen beiden Dienstorten verlegen, wie es meine Koautorin getan hat – ein Weg für *dual-career couples*, den Zwang zu beruflicher Mobilität familienfreundlicher zu gestalten. Oder man regelt es einfach so wie mein Mann und ich, dass der reisefreudigere Partner pendelt.

Die gestiegene Notwendigkeit beruflicher Mobilität hat nicht nur in Zusammenhang mit der universitären Laufbahn dazu geführt, dass viele Menschen, meistens allerdings Singles oder Paare ohne Kinder, regelmäßig vom Wohnort zum Arbeitsort pendeln und sich mit den damit verbundenen Folgen im persönlichen und familiären Bereich auseinandersetzen müssen. Je nach Häufigkeit der Fahrten und der Länge der zurückgelegten Strecken und dem Motiv für das Pendeln werden diese Menschen als «Fernpendler», «Umzugsmobile», «Shuttles», «Varimobile» oder «Fernbeziehungen» bezeichnet[3] (siehe auch Kapitel 6).

Von den Schwierigkeiten, berufliche Mobilität, Karriere und Familie zu verbinden, berichtete uns auch Inez, die 1966 in einer Kleinstadt im Sauerland geboren wurde. Nach dem Abitur 1985 begann sie an der Universität Marburg ein Psychologiestudium, das sie 1992 mit dem Diplom abschloss. Danach arbeitete sie fünf Jahre lang als wissenschaftliche Mitarbeiterin in einem großen Hochbegabtenprojekt an der Uni Marburg. Nach weiteren zwei Jahren promovierte sie und ging im Jahr 2000 an die Universität Köln. Dort leitete sie ein Projekt, in dem es um die Früherkennung des Aufmerksamkeitsdefizit-Hyperaktivitäts-Syndroms (ADHS) im Kindergarten ging. Zusammen mit einer Kollegin entwickelte sie ein Trainingsprogramm für Eltern und Erzieherinnen. In Köln begann sie auch eine Ausbildung zur Kinder- und Jugendlichentherapeutin, die im nächsten Jahr mit der Approbation abgeschlossen sein wird. Seit dem Weggang von der Uni Köln aus beruflichen und privaten Gründen im Jahr 2004 betreibt Inez nun eine eigene Praxis in ihrem Wohnort, einer Kleinstadt im Sauerland, in der sie psychologisch und psychotherapeutisch arbeitet. Nachdem die berufliche Perspektive für sie sehr lange offen war und «nicht ganz klar war, wo denn die Reise hingehen soll», will sie nun im therapeutischen Bereich in Verbindung mit diversen Dozenten- und Lehrtätigkeiten weiter arbeiten. Einige Zeit lang hat sie auch die Fortsetzung der Hochschullaufbahn in Form einer Habilitation angestrebt. Sie ist jetzt aber sehr glücklich, sich zur beruflichen Selbstständigkeit entschlossen zu haben.

Bereits vor ihrem Studium hat Inez ein zwölfwöchiges Praktikum in einer psychosomatischen Klinik absolviert, wo sie allerdings mit Erwachsenen gearbeitet habe, um zu prüfen, ob sie das auch könne. Dieses Praktikum hat sie in der Wahl ihres Studienfaches bestärkt. Zur Promotion ist es dagegen mehr oder weniger zufällig gekommen. Eigentlich hatte sie diesen Plan während des Studiums nicht gehegt, dann aber die Möglichkeit erhalten, acht Monate lang in einem Forschungsprojekt zur Hochbegabung zu arbeiten. Der Leiter des Projekts hat sie schließlich gefragt, ob sie nicht die Promotion anstreben wolle, was sie sich bis dahin nicht wirklich zugetraut hatte. Natürlich hat auch die Tatsache, dass sie zu diesem Zeitpunkt bereits Kinder hatte, dabei eine Rolle gespielt, denn man versuche ja, das eine gut mit dem anderen zu verbinden. Ihr Sohn wurde direkt nach dem Vordiplom geboren, was auch so beabsichtigt gewesen sei. «Ich habe gedacht, im Studium besteht noch die Möglichkeit, es sich ganz gut einzuteilen. Mein Mann ist damals beruflich noch relativ flexibel gewesen, so dass es ein guter Zeitpunkt für uns beide war. Auch im Nachhinein habe ich diese Entscheidung nie bereut. Als dann das erste Kind geboren war und ich dies auch ganz gut mit dem Studium vereinbaren konnte, ist aber auch schnell der Wunsch nach einem zweiten Kind aufgekommen. Dieses ist dann genau elf Tage vor meiner ersten Diplomprüfung gekommen. Das war natürlich sehr schwierig und ist eigentlich auch nicht so gedacht gewesen. Aber nach dem Motto ‹Augen zu und durch› hat es geklappt.»

Nach dem Studium hatte Inez also zwei kleine Kinder und suchte eine Stelle, bei der für sie auch wieder eine freie Zeiteinteilung möglich war und sie etwas flexibler arbeiten konnte. In dieser Phase hat sie das Angebot von der Uni bekommen, das mit der Aussicht verbunden war, Kinder und Berufstätigkeit ganz gut miteinander vereinbaren zu können. Und da ihr Mann in der Nähe von Marburg eine Stelle und die Familie dort ihren Lebensmittelpunkt hatte, sei sie, was ihre Stelle betraf, auf Marburg angewiesen gewesen. «Berufliche Mobilität ist in meiner damaligen Situation absolut nicht in Frage gekommen.»

Inez' Mann ist Diplom-Geologe und hat in diesem Beruf auch sieben Jahre lang im Bereich Sanierung von Altlasten in einer Firma in der Nähe von Marburg gearbeitet. Er hat nie Ambitionen gehabt, beruflich noch weiter zu kommen und beispielsweise zu promovieren. Mittlerweile arbeitet er als Betriebsleiter in einer Dreherei im Sauerland, die ein Zulieferbetrieb für die Autoindustrie ist und Inez' Eltern gehört. «Mein Mann hatte seine langjährige Stelle verloren. Die Entscheidung, in den Betrieb meiner Eltern zu gehen, ist auch davon geprägt gewesen, dass die Familie finanziell versorgt werden musste. Obwohl ich ja immer gearbeitet habe, bin ich leider nie in der Lage gewesen, die Familie versorgen zu können. Es hat zwar mal einen Vorstoß gegeben, als ich versucht habe, an der Uni Marburg eine ganze Stelle zu bekommen. Das hat dann aus verschiedenen Gründen aber nicht geklappt.»

Inez' Stelle an der Universität ist erst um ein Jahr, dann um zwei Jahre verlängert worden, anschließend hat sie noch eine Dreijahresstelle gehabt. Damals hat sie sich auch vorstellen können, über die Promotion hinaus eine Professur anzustreben. Vor allem die Lehre hat ihr immer sehr viel Freude bereitet. So hat sie ein Habilitationsvorhaben initiiert, allerdings nicht mehr in Marburg, sondern an der Universität Köln. Zum einen wollte sie sich mehr mit angewandten Themen beschäftigen. Außerdem wollte sie mehr in der Nähe ihres Wohnortes arbeiten, da die Pendelei in den Jahren 1998 bis 2000 doch sehr anstrengend gewesen war. Da sie aber nur eine halbe und zudem befristete Stelle im Projekt hatte, plante sie eigentlich, die Habilitation im Rahmen eines Stipendiums durchzuführen. Sie bewarb sich also um ein spezielles Frauen- beziehungsweise Mütterstipendium, denn in dieser Zeit wurden Habilitationen in Nordrhein-Westfalen sehr gut und mit attraktiver Dotierung gefördert. Dieses Stipendium hätte ihr die Möglichkeit gegeben, so zu arbeiten, wie sie es wollte, denn Drittmittel einzuwerben oder eigene Projekt auf die Beine zu stellen wäre für sie sehr schwierig gewesen. Aus verschiedenen Gründen wurde Inez das beantragte Stipendium allerdings nicht bewilligt. Das zweite Problem war, dass sie zum Teil 40 bis 50 Stunden pro Woche für ein Gehalt von 19,25 Stunden arbeiten musste. «Irgendwann habe ich dann die Konsequenzen gezogen und gesagt, dass ich unter solchen Bedingungen dort nicht weiter arbeiten kann.»

Inez hat drei Kinder, einen 17-jährigen Sohn, eine 14-jährige und eine 11-jährige Tochter. Als die Entscheidung für oder gegen ein drittes Kind anstand, seien sie und ihr Mann damals ein Wochenende zusammen ohne die Kinder verreist, um sich darüber Klarheit zu verschaffen, ob sie noch ein weiteres Kind wollten, und sie hätten sich dagegen entschieden. Wie sich nachträglich herausstellte, war sie zu diesem Zeitpunkt aber schon schwanger. «Das war zuerst ein Schock, und ich habe dann auch die ganzen neun Monate dazu gebraucht, um mich emotional und psychisch darauf einzustellen. Denn damals habe ich gedacht: Das wirft dich jetzt total zurück, du wolltest das doch nicht und hattest dich schon dagegen entschieden.» In der Familie würden sie heute ganz offen damit umgehen und zu der zweiten Tochter immer sagen: «Du wolltest unbedingt noch auf die Welt, und hast die letzte Chance genutzt, bevor es nicht mehr möglich war.»

Ihr Mann habe dann eigentlich auch noch das vierte und fünfte Kind angestrebt, während es für Inez mit dreien «absolut gut» gewesen sei, in erster Linie nicht wegen der Kinder selbst, sondern wegen der Schwangerschaften. «Die Schwangerschaften habe ich als schrecklich und sehr belastend empfunden, weil ich, wie viele Karrierefrauen, nicht gerne die Kontrolle verliere und sie als Zeiten erlebt habe, in denen ich nicht alles im Griff hatte. Ich habe es dreimal gemacht, aber dann ist auch genug gewesen, und nachdem ich beim dritten Kind abgestillt hatte, habe ich mich sterilisieren lassen. Das ist sehr wichtig für mich gewesen, dass ich mich habe sterilisieren lassen, und nicht etwa mein Mann, weil ich genau gewusst habe, dass ich selbst keine weitere Schwangerschaft mehr wollte.»

Nach den Reaktionen ihres Umfeldes auf die Schwangerschaften gefragt, erzählt Inez, dass sie beim ersten Kind noch abhängig von ihren Eltern gewesen sei, die ihr Studium finanziert hätten.

«Und für die ist das ein ziemlicher Hammer gewesen, weil ich damals mit 21 Jahren ja noch sehr jung und gerade im 5. Semester war. Meine Eltern, vor allem meine Mutter, haben das so empfunden, als ob mein Leben jetzt zu Ende sei.» Sie selbst habe aber eigentlich eher das Gefühl gehabt, «es fange gerade erst so richtig an». Es sei damals noch gar nicht klar gewesen, ob ihr Mann und sie überhaupt zusammenbleiben würden, denn so lange hätten sie sich noch nicht gekannt. «Ich habe die Entscheidung für ein Kind nicht von der Entscheidung für die Partnerschaft abhängig gemacht. Ich wollte ein Kind, und mein Partner auch, aber ob wir zusammenbleiben würden mit dem Kind, mussten wir erst noch prüfen. Deshalb hat sich die Frage der Heirat für mich zuerst auch gar nicht gestellt.»

Inez' Freundeskreis hat sich durch die Kinder ziemlich verändert. «Ich habe nun vor allem Kontakt zu gleich gesinnten Frauen gehabt, die auch Studium und Kinder vereinbaren mussten. In Marburg hat es davon relativ viele gegeben. Mit einer Freundin von damals, die unter ganz ähnlichen Umständen schwanger geworden war wie ich, besteht bis heute noch eine relativ enge Beziehung. Wir Mütter haben uns großartig gegenseitig unterstützt, indem etwa die eine das Kind der anderen betreut hat, wenn diese für Prüfungen zu lernen hatte, oder wir uns die Babys zwischen den Lehrveranstaltungen gegenseitig übergeben haben. Gemeinsam mit einer Freundin habe ich mir damals einen Zwillingskinderwagen gekauft, in dem wir beide unsere Kinder abwechselnd um die Universitätsgebäude herumgeschoben haben, während die jeweils andere gerade eine Lehrveranstaltung besuchte. Das ist in Marburg wirklich toll gewesen, an meinem jetzigen Wohnort gibt es so etwas gar nicht. Da haben die Mütter immer die Oma im Hintergrund.»

Zu welchem Zeitpunkt nach der Geburt der Kinder sie ihre berufliche Laufbahn jeweils fortgesetzt habe, will ich wissen. «Eigentlich habe ich immer direkt weitergemacht», kommt die Antwort. «Nach dem zweiten Kind habe ich ja meine Diplomprüfungen abgelegt, ein halbes Jahr nach dem Diplom dann die Stelle angetreten. Ganz extrem ist es beim dritten Kind gewesen. Zum einen habe ich einen sehr starken Druck verspürt, meinen Vertrag zu erfüllen, zum anderen wollte ich aber auch für mich selbst an der Promotion ‹dranbleiben›. Irgendwie habe ich Angst gehabt, wenn ich zu lange ausscheide und mir beispielsweise ein Jahr Auszeit nehme, dann könnte eine Fortsetzung der Berufstätigkeit nicht mehr möglich sein. Aus heutiger Sicht muss ich sagen, dass das auch realistisch gewesen ist.»

Als sie dann die Stelle in Köln hatte und im Sauerland wohnte, ist Inez zweimal in der Woche hingefahren und von morgens bis abends geblieben. «Morgens um 6 Uhr bin ich aus dem Haus gegangen, habe bis abends spät gearbeitet und bin erst gegen 22 Uhr wieder heimgekehrt. Diese beiden Tage waren für den Job reserviert, an ihnen war ich von jeder Familientätigkeit komplett freigestellt. Die familiären Aufgaben haben dann die Kinderfrau und mein Mann übernommen: Mein Mann hat sich an diesen beiden Tagen darum gekümmert, dass die Kinder zur Schule oder in den Kindergarten kamen. Und ich habe meinen Kölner Job praktisch an diesen beiden Tagen abgewickelt und an den restlichen Tagen zu Hause gearbeitet. Schwierig wurde es immer, wenn weitere Termine an anderen Tagen oder an den Wochenenden (z. B. Kongresse) dazukamen oder unvorhergesehene Dinge (z. B. Staus) die Übergabe der Kinder verzögerten.»

Haben die Reaktionen des Umfeldes auf ihre Berufstätigkeit Inez beeinflusst? «Ja, natürlich», meint sie, «weil man ja auch zweifelt, ob das alles so gut und richtig ist.» Und wenn dann Krisen kämen, wenn es Probleme mit den Kindern gebe, würden Außenstehende schnell kommentieren: «Das ist natürlich nur so, weil du arbeitest.» Zum Beispiel wurden die Schwierigkeiten, die ihr Sohn in der Schule gehabt hat, direkt darauf zurückgeführt. «In solchen Fällen ist es ganz wichtig für mich gewesen, dass gerade mein Mann mir den Rücken freigehalten und gesagt hat: ‹Das kommt auch in Familien vor, in denen die Mutter nicht arbeitet, das hat damit gar nichts zu tun.›» Es habe eigentlich auch nie Vorwürfe von seiner Seite gegeben, ganz im Gegenteil, er habe immer alles getan, um ihr die Berufstätigkeit zu ermöglichen. «Auch meine beruflichen Erfolge haben ihm sehr gefallen, auf meine Promotion ist er beispielsweise sehr stolz gewesen. Und wenn ich einmal einen großen Vortrag gehalten habe, dann ist er manchmal mitgefahren und hat es genossen.»

Es hat aber auch schwierige Situationen geben. Etwa, als die erste Tochter, Leonie, geboren wurde und deren dreieinhalb Jahre alter Bruder Jonas gerade in den Kindergarten gekommen war. Inez lernte damals für ihr Diplom, stillte zwischendurch Leonie, während Jonas in der Ganztagsbetreuung war. «Er hat es total doof gefunden, dass seine Schwester, die ja ganz neu war, zu Hause bleiben durfte und er den ganzen Tag in den Kindergarten gehen musste – es gab ja auch Kinder, die nur den halben Tag gingen.» Jonas hat sich dann regelrecht geweigert, in den Kindergarten zu gehen. Schon beim Aufstehen hat er gesagt: «Ich gehe heute nicht, ich bin krank.» Wirklich schwierig aber wurde es, als er sich im Kindergarten weigerte, Mittagschlaf zu halten, und zehnmal in einer Stunde zur Toilette gehen musste. «Die Erzieherinnen waren damals sehr aufgeregt, weil sie befürchteten, das Kind sei verhaltensauffällig und mache ihnen womöglich noch in die Hose. Sie mussten ja auch jeden Morgen das Theater miterleben, wenn ich Jonas brachte. Er schrie dann zum Beispiel: ‹Mama, geh nicht, lass mich hier nicht alleine.› Deshalb meinten sie, der Junge fühle sich bei ihnen nicht wohl und es müsse etwas passieren.» Ohne dass Inez davon wusste, zogen sie die Erziehungsberatungsstelle hinzu. «Es kam also ein Psychologe in die Einrichtung und hat die Erzieherinnen beraten. Das war für mich eine ziemlich belastende Situation. Mein Mann und ich haben mit dem Psychologen lange gesprochen und gemeinsam überlegt, wie wir die Übergabe einfacher gestalten könnten und wie sich die Erzieherinnen verhalten sollten. Aber ich habe damals gedacht: ‹Wenn es jetzt hart auf hart kommt, musst du das mit der Uni erstmal lassen und dich um deine Kinder kümmern.›»

Eine andere schwierige Phase war die Zeit kurz nach dem Umzug ins Sauerland. «Damals haben wir als Eltern, Gott sei Dank, schon fest im Sattel gesessen. Unsere Tochter ist damals zur Übermittagsbetreuung in den Kindergarten gegangen, der unserem Haus gegenüberlag. Leonie und auch die Erzieherinnen konnten vom Fenster der Einrichtung aus sehen, ob ich zu Hause war. Ich habe damals an meiner Dissertation gearbeitet, den ganzen Tag geschrieben und auch noch die kleine Tochter gehabt, die damals erst zwei Jahre alt war und von einer Tagesmutter betreut wurde. Außerdem bin ich in dieser Zeit an zwei Tagen in der Woche nach Marburg gefahren. Den Erzieherinnen war jedoch ganz schlecht zu vermitteln, was ich zu Hause tat – warum das Kind ganztags im Kindergarten bleiben sollte, statt mittags nach Hause zu gehen und nachmittags wieder gebracht zu werden. Aber meine Erfahrung war eben, dass für meine Kinder das Durchhalten einer Betreuungsform – etwa jeden Tag von 8 bis 16 Uhr in einer Einrichtung – besser war als ein andauernder Wechsel. Bei einer solchen Lösung hat es nie größere Probleme etwa dahingehend gegeben, dass die Kinder nicht in der Einrichtung bleiben wollten. Aber das haben die Erzieherinnen nicht begriffen und mich auch mehrfach darauf angesprochen: ‹Sie sind ja immer zu Hause, dann können Sie das arme Kind ja auch mal abholen.›»

Schwierig seien solche Situationen zum einen gewesen, meint Inez, weil man ihre Kompetenz als Mutter angezweifelt habe, indem beispielsweise die Erziehungsberatungsstelle eingeschaltet wurde. Zum anderen habe man ihr dadurch ein schlechtes Gewissen einreden wollen und sich gefragt, ob ihre Berufstätigkeit den Kindern guttue. «Gerade wenn es den Kindern mal nicht so gut gegangen ist, haben die entsprechenden Institutionen und Erzieherinnen das sofort auf meine Berufstätigkeit zurückgeführt. Ob man es dennoch schafft, hängt viel davon ab, wie zufrieden man mit seinem Beruf ist und ob man das alles überhaupt auf sich nehmen will.»

Der Moment jedoch, an dem wirklich ernsthafte Schwierigkeiten auftraten, ist dann gleichzeitig auch der Wendepunkt gewesen, an dem sich Inez entschlossen hat, die über zehn Jahre lang angestrebte wissenschaftliche Laufbahn «an den Nagel zu hängen». «Das hatte natürlich auch mit meinem Mann zu tun, der meinte, dass es so nicht mehr weiter gehe und ich mich entscheiden müsse. Wir würden das nicht länger unter einen Hut kriegen

– Köln und die hohe Arbeitsbelastung, das wenige Geld, die viele Fahrerei und gleichzeitig die Aussicht, dass sich das in den nächsten Jahren nicht ändern werde. Auch die Kinder haben ganz klar gefordert, dass ich meine berufliche Tätigkeit mehr abgrenzen solle. Wenn dann Anrufe aus Köln kamen, haben die Kinder zum Beispiel den Hörer abgenommen und gleich wieder aufgelegt oder wahrheitswidrig gesagt: ‹Mama ist nicht da.› Sie haben auch ganz klar geäußert: ‹Das wollen wir jetzt nicht mehr, du musst irgendwas ändern.›»

Insgesamt finden es ihre Kinder aber gut, dass ihre Mutter berufstätig ist, und sie zeigen ihr dies auch. So hat ihr Sohn nach der 10. Schulklasse eine Abschlussrede gehalten, in der er sich mit den Worten «Wie meine Mutter immer sagt ...» auf sie bezogen hat. Sie sei sehr stolz gewesen, dass er dies «nach außen getragen habe».

Inez hätte es als ideal empfunden, wenn ihr Mann und sie sich alle Aufgaben je zur Hälfte hätten teilen können, wenn jeder letztendlich eine Halbtagsstelle gehabt und den jeweils anderen bei Hausarbeit und Kinderbetreuung hätte unterstützen können. «Das ist aber aufgrund des Berufs nicht gegangen. Mein Mann hatte die Wahl, entweder ganz oder gar nicht zu arbeiten. In seiner Firma hat es keine Teilzeitmodelle gegeben, und auch meine Arbeitsbedingungen sind letztendlich immer so gewesen, dass ich mit meinen 19,25 Stunden nie ausgekommen bin.»

Deswegen haben sie auf informelle Betreuung zurückgegriffen. Im ersten Studienjahr wohnten sie in einer Hausgemeinschaft mit Freunden zusammen, die regelmäßig Betreuungsaufgaben für sie übernommen hätten. Auch später haben sie immer jemanden gebraucht, der zeitweise aushelfen konnte, denn die institutionelle Betreuung hat nie ausgereicht. In Spitzenzeiten, mit drei Kindern, haben sie den ganztägigen Kindergarten, eine Kinderfrau und ein Au-pair-Mädchen gehabt. «Wir haben immer so ziemlich alles ausgeschöpft, weil es anders gar nicht möglich gewesen wäre. Ich habe dafür auch immer relativ viel Geld ausgegeben, weil ich eine qualifizierte Betreuung sehr wichtig finde. Im Grunde genommen ist das Geld, das ich verdient habe, immer für diese Dienste draufgegangen; aber das ist es mir auch Wert gewesen.»

Hausarbeit und Kinderbetreuung waren bei ihnen immer miteinander verbunden. «Wer die Kinder betreute, machte auch die Hausarbeit, wobei sich auch da Spezialisierungen herauskristallisiert haben. Mein Mann zum Beispiel macht, solange wir zusammenleben, also seit 20 Jahren, immer die Wäsche. Er kann das auch viel besser und ist da viel konsequenter als ich. Er füllt jeden Tag zwei Maschinen und steckt die Wäsche danach in den Trockner, während ich sie später weiter verarbeite. Daran beteiligen sich inzwischen auch die Kinder, die schon mal Handtücher falten oder Socken sortieren und ihre Sachen in die Schränke legen.»

Mindestens eine Mahlzeit am Tag nehmen Inez und ihre Familie gemeinsam ein, weil das wichtig für das Familienleben sei. «Früher haben wir uns mit dem Kochen abgewechselt. Mein Mann kann sehr gut kochen, viel besser als ich, und er beschwert sich auch öfter, dass es ihm nicht schmeckt, wenn ich koche, umso häufiger muss er eben ran. Inzwischen kochen die Kinder auch. Das neueste Modell, das wir seit einigen Wochen praktizieren, besteht darin, dass immer ein anderer für das Kochen zuständig ist. Das fängt schon beim Einkaufen an. Jeder bereitet eben das zu, was er kann. Zum Beispiel hat meine Tochter gestern die Aufgabe gehabt, Pizza für alle zu machen; mein Sohn muss bereits komplexere Gerichte zubereiten. Und die Mikrowelle können alle bedienen.»

Von ihrem einstigen Wunsch, Professorin zu werden, ist die Lehrtätigkeit übrig geblieben. «Ich habe mich irgendwann gefragt, warum ich eigentlich Professorin werden wollte, und zwei Antworten darauf gefunden: zum einen der Aspekt der Selbstbestimmung und zum anderen die Lehrtätigkeit. Und da habe ich gedacht, die Lehrtätigkeit kannst du auch anders haben.» Inzwischen ist Inez Lehrbeauftragte an einem Institut in Österreich, für das sie mehrtägige Workshops zum Thema Therapie und Elternberatung bei ADHS durchführt. «Diese Tätigkeit wird sehr gut bezahlt, und auch das Drumherum wie Hotel, Spesen usw. ist gut. Inzwischen finden die Veranstaltungen dreimal im Jahr statt, in Wien, Salzburg und Linz, und ich verbinde das immer mit einem kleinen Kurzurlaub, um mir auf die Weise Zeit für mich selbst zu nehmen.»

Die Vereinbarkeit von Beruf und Kindern erleichtert hat Inez das Gefühl, dass das, was sie macht und wie sie es macht, genau das Richtige für sie ist. Das habe sie eigentlich schon vom ersten Moment ihrer Mutterschaft an, als sie ihr erstes Kind in den Armen gehalten habe, gespürt. «Ich habe von Anfang an gewusst, was für meine Kinder gut und richtig ist, habe einen guten Kontakt zu ihnen, bin eng an ihnen dran und weiß, was ich ihnen zumuten kann und wo die Grenzen sind. So hat es auch Situationen gegeben, in denen ich zum Beispiel gesagt habe: ‹Ich fahre heute nicht nach Köln, ich muss jetzt für mein Kind da sein.› Diese Überzeugung ist das Wichtigste für mich, denn ständig im Zweifel zu sein, ob das richtig ist, was ich tue, würde mich davon abhalten, die wichtigen Dinge zu tun.» Man müsse auch den Kindern oder überhaupt der Familie vermitteln, «dass das genauso passt». Am Anfang habe sie natürlich auch Zweifel gehabt, aber je länger sie dabei sei, umso sicherer sei sie in der Sache geworden. Und inzwischen würden sogar ihre Eltern und Schwiegereltern, die am Anfang sehr skeptisch gewesen seien, sagen: «Wie die Inez das gemacht hat, das war richtig klasse.»

Kapitel 8

Zwei Karrieren in einer Familie – Über *dual-career couples* und Familienstress

Von Barbara Reichle

«Ach, Sie sind auch Wissenschaftlerin? Gratuliere, das ist ein gutes Modell. Dann können Sie und Ihr Mann sich ja wechselseitig auf die Publikationen schreiben. Jack Egsink macht das immer mit seiner zweiten Frau. Kennen Sie sie? Nein? Na sehen Sie. Doch im Citation Index steht sie ziemlich gut da. Aber ich denke, in Wirklichkeit ist sie ein bisschen dumm.»

Wahrscheinlich bin ich auch ein bisschen dumm. Denn als ich diesen Rat bekam, war ich seit zwei Jahren verheiratet, Doktorandin in derselben Arbeitsgruppe wie mein Mann und hatte es einfach nur genossen, mit meinem Mann zusammenarbeiten zu können. Dafür hatte ich mein Graduiertenstudium in den USA aufgegeben und war nach Deutschland zurückgekehrt. Wenn ich überhaupt einen Plan für die Zukunft hatte, dann sah dieser die Fortführung unserer Zusammenarbeit vor, und hoffentlich bald auch ein paar gemeinsame Kinder. Dass ich mir damit den ständigen Verdacht einhandeln könnte, meine Arbeiten nicht selbst angefertigt zu haben, sondern bloß von den Arbeiten meines Mannes zu profitieren, war mir bis dahin nicht in den Sinn gekommen.

Nach dieser Einsicht muss ich wohl ziemlich dumm ausgesehen haben. Denn als könnte er meine Gedanken lesen, begründete der englische Kollege seinen Verdacht: «Mit den vier Kindern hatte sie ja sicher genug zu tun; da kann man doch nicht auch noch Artikel schreiben und auf Tagungen gehen!»

Bis zu diesem Zeitpunkt hatte ich unser gemeinsames Modell optimal gefunden und mich damit ziemlich sicher gefühlt. Mein Mann hatte mir von einem unserer Lehrer berichtet, dessen

Frau ebenfalls Hochschullehrerin war. Sie sei lange unzufrieden gewesen, weil er so wenig Freizeit gehabt habe. Eines Tages habe er ihr darauf entgegnet, sie hätte vielleicht besser einen Bergmann mit geregelten Arbeitszeiten heiraten sollen. Danach stellte sie die Klagen ein, teilte die langen Arbeitszeiten mit ihm und schlug auch eine Hochschullehrerlaufbahn ein. Die beiden waren das erste Dual-Career-Paar, das ich kennen lernte. Sie wirkten immer sehr erfüllt und zufrieden auf mich, vorbildlich. Nur die Kinderlosigkeit wollte ich nicht nachmachen und dachte mir in meiner Naivität, das dürfte ja nicht allzu schwer sein. Später stellte ich fest, dass sie anscheinend nie zusammen publiziert hatten. Ich nahm das unhinterfragt hin. Erst nach der Begebenheit mit dem englischen Kollegen fiel mir diese Beobachtung wieder ein, und es tauchten die ersten Fragezeichen auf.

Welche Möglichkeiten gibt es? Definiert sind Doppelkarrierepaare als «Paare, in denen beide Partner eine hohe Bildung und Berufsorientierung besitzen sowie eine eigenständige Berufslaufbahn verfolgen» – es müssen also nicht immer Wissenschaftlerinnen und Wissenschaftler sein. Im Unterschied dazu bedeutet «Zwei-Verdiener-Paar», dass beide Partner ein Einkommen haben, welches sie jedoch nicht aus einer anspruchsvollen Karrieretätigkeit beziehen müssen.[1]

Der in diesem Kontext ebenfalls häufig verwendete Begriff «Doppelverdiener» hat aufgrund der Hetzpolitik des Naziregimes und seiner meist irreführenden Bedeutung eine negative Konnotation. Zur Erinnerung ein historisches Beispiel: Die Karlsruher Violinistin und Komponistin Margarethe Schweikert, eine sehr ernsthafte und produktive Künstlerin und Pädagogin, fiel nach ihrer Heirat mit dem Komponisten Hermann Voigt unter das Berufsverbot der Nationalsozialisten und durfte nur noch ehrenamtlich tätig sein.[2] Die Kampagne wurde zu Beginn der dreißiger Jahre mit Plakaten mit dem Schlachtruf «Entlasst die Doppelverdiener! Stellt dafür Arbeitslose ein!»[3] und dem Slogan «Die deutsche Frau entlässt sich selbst!» geführt und hatte bald die gewünschten Effekte auf die Arbeitslosenzahlen.

Auswirkungen hatte die NS-Kampagne gegen das «Doppelverdienertum» vielleicht auch auf die Einstellungen gegenüber arbeitenden Müttern, denn was während der Notzeiten des Zweiten Weltkrieges durchaus überlebensnotwendig war, war nach Kriegsende auf einmal nicht mehr salonfähig. Wer etwas auf sich hielt, schaute in der Wirtschaftswunderzeit eher mitleidig auf die armen Frauen, die arbeiten mussten. Ich habe noch in den achtziger Jahren von meinen älteren Nachbarinnen gehört, dass sie es ja nicht *nötig* gehabt hätten, arbeiten zu gehen, und schon gar nicht mit Kindern (neben der Ideologie hat sicher auch der Stolz auf die eigene gute Partie eine Rolle gespielt). Vielleicht hat unser Rabenmutterkomplex auch hier ein paar Wurzeln?

Es gibt aber noch andere Gründe, den Begriff «Doppelverdiener» nur mit Bedacht zu verwenden: In den meisten Fällen trifft er nicht die Realität, sondern stellt eine Überschätzung des Verdienstes dar, was oft zu unangemessenen Emotionen führt, am häufigsten zu Neid: Wirkliches Doppelverdienen kommt sehr selten vor, zumindest bei Paaren.[4] Nicht nur verdient die Frau meistens weniger; auch die Besteuerung eines Paares mit zwei Erwerbstätigen ist durch die Splittingregelung höher und der für zwei Erwerbstätigkeiten erforderliche Aufwand führt bei einem Paar in der Regel dazu, dass es wesentlich mehr finanzielle Mittel für Dienstleistungen, Haushaltserleichterungen, Beförderung, Berufskleidung etc. aufwenden muss als ein Alleinverdienerpaar (es sei denn, die «Doppelverdiener» sind Vierfacharbeiter, fahren mit dem Rad zur Arbeit, schlafen nicht und erledigen auch zu Hause alles selbst): Wenn ein Paar zwei Einkommen erzielt, verfährt nicht nur einer 36 Stunden und 300 Euro im Monat, sondern zwei. Für die Zeit, die die zweite erwerbstätige Person nicht zu Hause zur Verfügung steht, braucht man ein Heinzelmännchen, das den Haushalt versorgt, nach den Kindern schaut und mindestens 400 Euro kostet. Wenn beide Eltern gleich viel verdienen, bleiben aufgrund der Splittingreglung bei der Einkommensbesteuerung netto nur 63 Prozent, jeweils bezogen auf das Nettoeinkommen des ersten Verdieners.[5] Man zahlt monatlich 200 Euro in die eigene Kranken- und Pflegeversicherung, um Zeit zu sparen, kauft man teurer ein und besorgt sich Haushaltsgeräte, braucht zweimal Berufsbekleidung und allerhand Hilfe von Handwerkern. Doppelkarrierepaare haben also erhebliche zeitliche Kosten und nicht unbedingt einen entsprechenden materiellen Nutzen. «Man macht das nicht wegen des Geldes», sagten alle von mir Befragten.

Welche Varianten gibt es? Erstens kann man in verschiedenen Professionen tätig sein oder in der gleichen. Die erste Art scheint häufiger vorzukommen. Ein Beispiel ist meine Interviewpartnerin Isabelle, Mutter zweier Töchter, Schulleiterin in Frankreich, die mit einem Informatiker verheiratet ist, der sich nach dem Erklimmen der Karriereleiter bei einem internationalen Computerkonzern selbstständig gemacht hat und eine gut gehende kleine Firma betreibt. Den anderen Pol repräsentiert die schon in früheren Kapiteln erwähnte Rhona, Full Professor in den Vereinigten Staaten, die mit ihrem früheren Studienkollegen Mark zwei Kinder hat. Mark und Rhona sind auf den Tag gleich alt und haben exakt die gleiche Ausbildung. Er arbeitet als Associate Professor in einem Forschungsinstitut an verschiedenen großen Projekten. Sie leben in einem Ballungszentrum, wo es auf engem Raum viele Universitäten und Forschungseinrichtungen gibt. Ihr Haus haben sie mit Bedacht in der unmittelbaren Umgebung von Rhonas Universität gekauft: «Wir haben uns ganz bewusst sehr nah an meiner Arbeitsstätte angesiedelt. Das war uns sehr wichtig. Natürlich sind die Häuser in Uninähe sehr teuer. Weiter weg hätten wir uns für weniger Geld ein größeres Haus und Grundstück leisten können. Aber die Entscheidung war richtig; die kurze Distanz zwischen Haus und Büro stellte sich als extrem hilfreich heraus. Sie hat uns immens viel Zeit gespart. Durch den kurzen Weg habe ich viel Zeit für meine Arbeit gewonnen, die ich andernfalls im Stau verplempert hätte. Es war auch praktisch, in der Nähe zu sein, wenn die Kinder mal schnell von der Schule abgeholt werden mussten. Oder wenn sie zu einer Freizeitaktivität gebracht werden mussten. Ich konnte immer einfach und zuverlässig hinkommen. Und wenn man weiß, dass man in weniger als zehn Minuten bei den Kindern sein kann, gibt einem das auch Sicherheit.»

Dann gibt es Statusunterschiede – Heide ist habilitierte Projektmitarbeiterin auf einer befristeten Mittelbaustelle, ihr Mann Professor, sie haben vier Kinder zusammen. Statusgleichheit herrscht bei Cornelia und ihrem Mann, ein Kind, beide Ordinarien in verschiedenen Fächern und an verschiedenen Orten – allerdings erst seit dem Abitur des Kindes.

Damit sind wir bei einem weiteren Unterschied, dem Arbeitsort. Es scheint einfacher zu sein, an verschiedenen Orten Arbeit zu finden als am gleichen. Eine extreme Variante dieser Konstellation repräsentiert Clara, zwei Kinder, die vom Auswärtigen Amt in Lateinamerika, Zentralafrika und Westeuropa eingesetzt wurde, und die schließlich ihren Mann in Lateinamerika ließ, nachdem er als Ingenieur seine Firma bereits auf zwei Kontinenten aufgebaut hatte. An einem Ort arbeiten Mary und ihr Mann, ein Kind, beide sind Professoren an derselben Universität im Osten der USA, aber in verschiedenen Fächern.

Profession, Status und Ort sind also Merkmale, in denen sich die Partner in Doppelkarrierepaaren gleichen oder unterscheiden können. Daraus ergeben sich acht theoretisch mögliche Kombinationen, aber natürlich haben nicht alle Ausprägungen dieselbe Auftretenswahrscheinlichkeit: Zwar wird es viele Partner geben, die sich im gleichen Studienfach kennen gelernt haben und danach auch in der gleichen Profession tätig sind. Dass es für diese beiden dann aber auch noch am gleichen Ort zwei Stellen gibt, wird eher selten vorkommen. Also werden Partner mit gleicher Profession eher an verschiedenen Orten Stellen finden, oder auf verschiedenen Statusebenen. Noch unwahrscheinlicher ist es, dass man an ein und derselben Institution beschäftigt wird. So wurde mein Onkel in den siebziger Jahren in den USA ein Fall für das «Nepotismus-Verdikt», nachdem er eine Kollegin aus derselben Firma geheiratet hatte. Einer von beiden musste seine gute Position aufgeben und sich einen anderen Arbeitgeber suchen. Vorbei waren die Zeiten gemeinsamer Fahrten zum Büro und gemeinsamen Lösens betrieblicher Probleme. Inzwischen gibt es rechtliche Vorkehrungen gegen Diskriminierung, die greifen sollten, wenn eine Institution einen Partner nicht einstellt, weil er mit einem Mitglied der Institution liiert ist. Offiziell ist das Nepotismus-Verdikt also abgeschafft. Praktisch wird es aber jedem Arbeitgeber möglich sein, eine rechtsfeste Begründung für ein Verbot der Anstellung verwandter Personen zu finden. Ein Beispiel aus dem Jahr 2005: Als der Mann meiner Interviewpartnerin Heide im Rahmen von Berufungsverhandlungen seine familiäre Situation thematisierte, erklärte die Dekanin der berufenden Fakultät es für ausgeschlossen, dass er seine habilitierte Frau und Kollegin auf Projektmitteln finanziert mitbringt und eventuell später eine frei werdende Assistenzstelle mit ihr besetzt: Ein Ehepaar in einem Institut würde eine problematische Machtkonzentration bedeuten.

Folglich findet man kaum Kollegenpaare, die innerhalb einer Institution angestellt sind. Bei fünf von den zehn Doppelkarrierepaaren, mit denen ich über dieses Thema gesprochen habe, sind beide Partner in der gleichen Profession – alle haben sich während des Studiums kennen gelernt und miteinander eine Familie gegründet. Nur drei dieser Paare hatten das Glück, im gleichen Fach, am gleichen Ort und im gleichen Institut zu arbeiten. Dies war aber immer nur so lange möglich, wie die Frauen einen niedrigeren Status hatten. So haben mein Mann und ich im gleichen Fach am gleichen Institut unser Diplom abgeschlossen, promoviert und habilitiert. Danach wurde das Hausberufungsverbot – ursprünglich auch zur Vermeidung nepotistischer Begünstigungen – erlassen: Zu häufig hatten einflussreiche Professoren ihre Schüler in freiwerdende Professorenstellen bugsiert. Daraus entstanden zwar mitunter hervorragende Kooperationsprojekte über die Generationen, vor allem aber Seilschaften, die ihre Macht nicht immer zum Besten der Institution eingesetzt haben. Also wurde der Aufstieg an der auszubildenden Hochschule untersagt, und man musste sich nach der Habilitation um eine Professur an einer anderen Hochschule bewerben.

Während der Diplom- und zu Beginn der Dissertationsphase hatten mein Mann und ich noch ein gemeinsames Thema. Kurz nach unserer Heirat begann ich darüber nachzudenken, ob es riskant sein könnte, am gleichen Thema zu arbeiten – nicht zuletzt ausgelöst von dem freundlichen Ratschlag des englischen Kollegen. Ich suchte Beispiele von Kollegenpaaren, die zusammen an einem Thema arbeiten, und fand nicht einmal eine Handvoll, fast alle an verschiedenen Orten und/oder in verschiedenen Positionen. Schließlich kam es aus anderen Gründen zu einem Themenwechsel. Danach habe ich zwar noch eine Weile parallel an beiden Themen gearbeitet und auch gemeinsam mit meinem Mann publiziert, inzwischen ist diese Zweigleisigkeit aber aus Zeitgründen kaum noch realisierbar. Manchmal erlebe ich diese Entwicklung als einen Verlust, jedoch hätten wir niemals mit dem gleichen Thema als Paar im gleichen Fach am gleichen Ort und an der gleichen Hochschule die Chance auf zwei Professuren gehabt. Möglich gewesen wäre bestenfalls die Treppenkonstellation auf zwei Ebenen, Professor und Mitarbeiterin, dann aber mit dem Hautgout der nepotistischen Begünstigung.

Also vertiefte ich mich in meiner Dissertation in das neue Thema, bekam unsere beiden Kinder und war dabei drei Jahre zwar ohne eigenes Einkommen, aber kontinuierlich und, soweit die Kinderbetreuung es zuließ, mit der wissenschaftlichen Arbeit beschäftigt. Drei weitere Jahre hatte ich ein Promotionsstipendium, womit ich mir eine bezahlte Halbtagskinderbetreuung für die Zeit vor dem Kindergartenalter leisten konnte. Ich habe mich in dieser Zeit oft gegrämt, weil es unendlich langsam voranging mit meiner Dissertationsuntersuchung. Aber bei jeder kinderbedingten Auszeit (und davon gab es etliche) war ich froh darüber, nicht unter dem Anforderungsdruck einer akademischen Stelle zu stehen, zumal ich bei meinem Mann hautnah miterleben konnte, dass die akademische Arbeit nicht immer gemütlich ist.

Das zweite Paar aus meiner Stichprobe, dem es gelungen ist, im gleichen Fach am gleichen Ort und in der gleichen Institution wirken zu können, ist inzwischen emeritiert. Carolyn und Philipp zogen im Jahr 1963 nach dem Studium nach Berkeley, als Philip eine Stelle bekam. Er stieg bald zum Full Professor auf. Carolyn hat zwar von Anfang an in den gemeinsamen Forschungsprojekten mitgearbeitet, in den ersten 17 Jahren aber ohne Stelle. Sie war *primary caretaker* für die drei Kinder, die alle im Abstand von zwei Jahren voneinander geboren waren. Auch sie wollte nicht durch eine Stelle unter Druck geraten, wenn die Kinder sie brauchten. Erst 1980, als die Kinder alt genug waren, begann sie offiziell und bezahlt auf einer Forschungsstelle zu arbeiten. Wegen ihrer Verdienste wurde sie 19 Jahre später zum Adjunct Professor ernannt, was nicht nur eine Ehre bedeutet, sondern auch Ressourcen, die an den oft grausam profitorientierten US-amerikanischen Universitäten sehr knapp gehalten werden. Ressourcen bedeutet in diesem Fall, dass man seine Dienstpost über die Poststelle der Universität verschicken darf, ein Postfach und einen Raum bekommt, wenn man Glück hat mit Schreibtisch und Fenster. Man darf telefonieren, Dissertationen und Masterarbeiten mitbetreuen, den Computer ans Campusnetz anschließen und wird in die Liste der Fakultätsmitglieder aufgenommen. Ein Salär ist selten. Dennoch waren die beiden meist zufrieden – man muss die verschiedenen Bedürfnisse in eine Balance bringen und Prioritäten setzen. Aus über 40 Jahren gemeinsamer Arbeit ist ein Lebenswerk entstanden, was in dieser Tiefe und Breite ohne den Synergieeffekt eines konstant über Jahrzehnte intensiv und gemeinsam an einem Thema arbeitenden Paares kaum möglich gewesen wäre.

Das dritte Paar im gleichen Fach am gleichen Ort ist jünger, hat zwei Kinder, stammt aus Deutschland, lebt und arbeitet aber nach jahrelangem Pendlerdasein an einer Hochschule in den USA, er als Full Professor, sie als Research Associate Professor teils von der Hochschule und teils aus Drittmitteln finanziert. Sie sind ein Beispiel für die Praxis des Spousal Hiring, die in den USA zunehmend eingesetzt wird, um hoch qualifizierte Personen gewinnen zu können, und die von Spaßvögeln mitunter mit dem aus der Werbung bekannten Slogan «Buy one, get one free» charakterisiert wird. Natürlich hat der Spaß einen ernsten Unterton: Derjenige, meist diejenige, die nichts kostet, könnte weniger wert sein. Daraus können Selbstwertprobleme entstehen, wenn der mitziehende Partner auf einer niedrigeren Karrierestufe steht. Der mitziehende Partner ist meistens jünger und weiblich. Proportional gesehen ist das Problem des *wissenschaftlichen* Doppelkarrierepaars ein Frauenproblem, da es in der Wissenschaft mehr Männer als Frauen gibt und Frauen häufiger ältere Männer und solche mit mindestens dem gleichen oder einem höheren Status heiraten. In einer Untersuchung aus den USA hatten 62% der verheirateten Frauen, aber nur 19% der verheirateten Männer eine/n promovierten Ehepartner/in. Durch den Altersvorsprung ist es häufiger der Mann, der den ersten entscheidenden Karriereschritt tut, die Frau geht mit und verschlechtert sich dadurch nicht selten.[6] In Deutschland stellt sich das Problem ähnlich, hier sind knapp 30% aller Partnerschaften von akademisch gebildeten Männern und 46% aller Partnerschaften von akademisch gebildeten Frauen reine Akademikerpartnerschaften. Der Anteil dieser Partnerschaften an allen zusammenlebenden Paaren in Deutschland beträgt 6%, bei den jüngeren Paaren sind es bereits 9%.

Inzwischen gibt es auch in Deutschland erste Versuche eines «Spousal Hiring»: Der Stifterverband für die Deutsche Wissenschaft hat mit der Claussen-Simon-Stiftung ein Programm «Doppelkarrierepaare» aufgelegt, mit dem die beruflichen Chancen für den jeweiligen Partner verbessert werden sollen. In den Jahren 2005 bis 2007 sollen jeweils drei Personen gefördert werden, also insgesamt neun, und zwar Partner von Wissenschaftlern, die aus dem Ausland gewonnen werden sollen oder die einen Ruf ins Ausland erhalten haben – also eine rare Spezies. Es werden Mittel bereitgestellt, um den qualifizierten Partner des Wissenschaftlers für einen Zeitraum von maximal sechs Jahren zu beschäftigen, je nach Qualifikationsniveau als wissenschaftliche Mitarbeiterinnen oder Mitarbeiter, Junior- oder Stiftungsprofessoren. Allerdings wird von der Universität oder Forschungseinrichtung einiges verlangt (was vermutlich auch erzieherisch motiviert ist): Sie muss den Antrag stellen, die eigene Gesamtkonzeption hinsichtlich der Förderung von Doppelkarrierepaaren darlegen, möglichst auch bereits bestehende derartige Maßnahmen. Der Fachbereich, der den zu fördernden Partner aufnimmt, muss eine Stellungnahme abgeben, aus der ersichtlich wird, dass man die Integration der neuen Person in die lokalen Lehr- und Forschungsgebiete gut geplant hat. Schließlich muss die Hochschule die Hälfte der Stellenkosten selbst aufbringen. Alle Anträge und

Bewerbungen der zu Fördernden werden von externen Gutachtern geprüft.

Bis Herbst 2006 sind wie geplant fünf Bewilligungen ausgesprochen worden, vier davon an Frauen, allesamt Mittelbaustellen, nicht zuletzt deshalb, weil Professuren nicht ohne eine Ausschreibung vergeben werden können. Vorgelegen hatten doppelt so viele Anträge. Ablehnungen gab es sowohl wegen negativer Gutachten über die Qualifikation der zu fördernden Partner oder Partnerinnen, als auch wegen unzureichender Maßnahmen seitens der Universitäten[7] – was angesichts des anspruchsvollen Bedingungskatalogs der Stiftung nicht verwundert. Wenn man die Situation an unseren Hochschulen kennt, ist das schon viel verlangt, aber natürlich richtig und nötig. Erwartet wird die Umsetzung einer Förderungsstrategie für Doppelkarrierepaare mit folgenden Maßnahmen: «Strategien zur aktiven Rekrutierung von Paaren, finanzielle Anreize durch die Hochschulleitung, interfakultäre Verabredungen zur Kostenteilung bei der Aufnahme von Partnern, Möglichkeiten zur Aufteilung von Stellen, Kooperationen mit benachbarten Hochschulen, Serviceeinrichtungen zur Arbeitsvermittlung und Betreuung von Partnern, die außerhalb der Universität tätig sind, Angebote zur Kinderbetreuung, Nachweise über bereits erfolgte Einstellungen von Partnern an der Universität, Beschlüsse von Rektorat oder Präsidium zur Förderung von Doppelkarrierepaaren.»

Damit ist schon aufgezeigt, woran Bedarf besteht, natürlich nicht nur für die seltenen Exemplare von Wissenschaftlerpaaren, die aus dem Ausland berufen werden oder einen Ruf ins Ausland haben. Institutionen sollten sich generell auf solche Paare einstellen und Ressourcen an der Institution und im Umfeld bereit stellen, die auf die Bedürfnisse von Doppelkarrierepaaren mit Kindern zugeschnitten sind – nicht nur ein Zimmer mit Schreibtisch, Telefon und Rechner, sondern auch Kinderbetreuung und Integrationshilfen im neuen Fach und Institut. Davor und dabei sollte auch ein Einstellungswandel initiiert werden. Doppelkarrierepaare müssen wohlwollender und differenzierter gesehen werden, nicht generell als Trittbrettfahrer (natürlich gibt es die auch), sondern als eine Bereicherung des Spektrums und eine Möglichkeit, ungewöhnliche Synergieeffekte zu erzielen.

Denn oft arbeiten Doppelkarrierepaare im gleichen Fach mehr als zwei einzelne Fachmitglieder, weil sie auch in ihrer Freizeit miteinander über die Arbeit sprechen und dann das eine oder andere Problem lösen. Das größte Problem dieser Paare ist ihre chronische Zeitnot, bei ihnen finden sich die Zeitnöte der Mütter in anspruchsvollen Berufen in verdoppelter Form, inklusive der Zeitschneiderei auf Kosten der Partnerschaft. Also ist es ein Segen, wenn man mittels der Arbeit die Erfahrung machen kann, fruchtbar und konstruktiv etwas Gemeinsames zu produzieren, sei es eine wissenschaftliche Untersuchung, ein gemeinsam geschriebener Artikel oder auch ein gemeinsamer Kongressbesuch (was bei jüngeren Kindern aufwändig ist, weil dann beide Eltern gleichzeitig weg sind und eine Großmutter oder Kinderfrau über Tage engagiert werden muss). Einer der großen Vorteile von Doppelkarrierepaaren kann also die gemeinsame Arbeit sein. Davon profitiert nicht nur die Arbeit, sondern auch die Partnerschaft – eine Art Multitasking mit gleichzeitiger Erfüllung von Arbeitsanforderungen und Partnerschaftsbedürfnissen.

Ein weiterer Vorteil liegt im gegenseitigen Verständnis für den Beruf des anderen sowie möglicher Hilfen in diesem Beruf. Dies gilt natürlich nur für die Fälle, in denen beide Partner in der gleichen Profession tätig sind. Catherine (Wissenschaftlerin) beispielsweise sagt, ihr Mann (der eine eigene Firma betreibt) habe romantische Vorstellungen von dem, was sie an der Universität den ganzen Tag täte, und Isabelle (Schulleiterin) sagt von sich und ihrem Mann (Firmeninhaber), dass sie beide nicht so genau voneinander wissen, was der andere in seinem Beruf tut und dass dies manchmal in Respektlosigkeit münde. Zwei Wissenschaftler können sich hingegen mit Verständnis und gegenseitiger Hilfe unterstützen, wenn sie sich die Zeit nehmen, sich dem anderen mitzuteilen – das reicht von der Installation eines neuen Computerprogramms über das Kommentieren eines wichtigen Briefentwurfs bis zur Akzeptanz nächtlicher Arbeitszeiten und dem Trost bei Sorgen, die kein normaler Mensch ohne viele Erklärungen versteht. Soziologen nennen das soziales und emotionales Kapital.[8]

Der ständige Kampf mit dem engen Zeitkorsett wird bei den meisten mittels permanentem Prioritätensetzen bewältigt. Alle meine Befragten berichten, dass sie die Prioritäten allgemein auf die Kinder und den Beruf gesetzt hätten. Man kann das aber offensichtlich unterschiedlich umsetzen: Carolyn, Heide und ich haben eine Art Drei-Phasen-Modell praktiziert, indem wir in der Kinderphase die beruflichen Aktivitäten reduziert haben, zeitweilig gar keine Stellen inne hatten oder Stipendien und Stellen auf der mittleren Ebene. Ich selbst habe meine Vollzeitstelle und Professur erst angetreten, als die Kinder 17 und 12 Jahre alt waren. Die Qualifikationsschritte haben länger gebraucht als bei den jeweiligen Partnern oder Kinderlosen, die Professur kam spät.

Catherine, Clara, Cornelia, Isabelle und Rhona sind von vornherein voll in den Beruf eingestiegen, haben aber durch geschicktes Timing und Unterstützung durch Partner, Familie, Personal und Vorgesetzte versucht, die Belastungen zu verteilen – so berichtet Rhona: «Ich habe versucht, die Kinder im Frühsommer zu bekommen. Dann hätte man bestenfalls drei Monate bis zum Beginn der Vorlesungszeit gehabt. Aber mein erstes Kind kam Anfang September, am ersten Tag der Vorlesungszeit. Das zweite kam Ende Juli, fünf Wochen vor Beginn der Vorlesungszeit. Damals gab es bei uns keinen Mutterschutz (inzwischen gibt es ein Familienschutzgesetz und man kann sechs Wochen bezahlt aussetzen). Ich habe nach der Geburt des ersten Kindes nur an einem Termin gefehlt, nach der Geburt des zweiten an keinem einzigen. Ausgesetzt habe ich nie. Ich habe Vollzeit gearbeitet und wurde Vollzeit bezahlt, allerdings hatte ich im ersten Semester mit dem ersten Kind nur einen Kurs zu unterrichten, einmal in der Woche drei Stunden. Zu den vielen Sprechstunden mit den Studierenden konnte ich mein Baby mitbringen, es schlief meist in meinem Büro. Am Tag meines Kurses blieb mein Mann zu Hause und kümmerte sich um das Baby. Ich stillte es vor und nach dem Kurs und pumpte Milch ab, damit er bei Bedarf füttern konnte. Mein

Abteilungsleiter war sehr unterstützend und teilte mir nur wenige Verantwortlichkeiten zu.»[9]

Aber auch dann, wenn die Frauen Vollzeit gearbeitet haben, haben sie den Kindern wo immer möglich höchste Priorität eingeräumt: «Ich wollte immer bei den Schulereignissen der Kinder dabei sein. Deshalb habe ich alle Zeit zum Arbeiten genutzt, um solche Abwesenheiten auszugleichen – Nächte und Wochenenden, damit ich mich dann bei Bedarf frei machen konnte. Ich habe in jeder freien Minute gearbeitet, aber die Bedürfnisse der Kinder hatten Vorrang. Ich habe gelernt, mit meinem schlechten Gewissen klar zu kommen, wenn ich arbeiten musste und mein Kind nicht unterhalten konnte. Meine Kinder lernten Selbstgenügsamkeit und Unabhängigkeit.» Hier haben sich die Prioritäten der Berufs- und Kinderphasen offensichtlich in sehr kleinen Zeiträumen abgewechselt und nicht in großen, mehrjährigen.

Dennoch haben auch hier die Qualifikationsschritte teilweise länger gedauert: «Ich hatte das Glück, dass man mir ein zusätzliches Jahr Bewährungszeit zugestand. Damit hatte ich etwas Zeit gewonnen, um meine Forschung und Projektanträge weiter zu bringen, die ich für die Evaluation und Anstellungsentscheidung vorweisen musste. In diesem Bereich war ich etwas zurückgefallen. Eine offizielle Regelung für eine Beurlaubung gab es damals nicht. Aber weil ich alle meine Lehrverpflichtungen erfüllt hatte, war der Dekan mit dieser Verlängerung einverstanden, damit ich den Rückstand in meiner Forschung wieder aufholen konnte.»[10] Wesentlich länger waren die Zeiträume bei Cornelia. Zwar hat sie vom Diplom bis zur Promotion nur vier Jahre gebraucht, was für die damalige Zeit kurz war. Sechs Jahre nach ihrer Promotion hat sie ihr Kind bekommen, zwölf Jahre später habilitiert, wiederum fünf Jahre später den ersten Ruf bekommen, zwei Jahre später die erste Professur angetreten. Zwar hatte sie schon früh eine feste Stelle im akademischen Mittelbau, dafür aber auch ein hohes Lehrdeputat und viele administrative Verpflichtungen. Und einen jüngeren Mann, dem sie geraten hat, sich in seiner akademischen Karriere zu beeilen, «mit Bedacht», wie sie sagt, denn in seinem Fach waren die Chancen auf eine befriedigende, sichere Stelle unterhalb der Professur äußerst gering. Also hat er sie mit ihrer Unterstützung «rechts überholt» und schon die erste Professur angetreten, als sie sich gerade habilitiert hat.

Diese Verteilung von Kinderbetreuung und Erwerbsarbeit zwischen den Partnern ist auffällig, weil sie bei den jüngeren Amerikanerinnen so nicht vorkommt. Außer Carolyn haben alle drei Amerikanerinnen Vollzeit gearbeitet und sich sehr bemüht, die Leistungsanforderungen für die Festanstellung in der Zeit zu erfüllen. Ihre Männer haben sie dabei so gut wie möglich unterstützt, keiner hat seine Karriere schneller absolviert; Rhonas Mann ist mit einem etwas niedrigeren Status und weniger Arbeitsplatzsicherheit zufrieden und Catherines Mann hat in den Anfangsjahren seine Firma aus dem eigenen Wohnhaus betrieben. Zwar lassen sich die Kinderbetreuungsleistungen der einzelnen Partner im Nachhinein nicht mehr so ganz zuverlässig quantifizieren, aber es entsteht schon der Eindruck, dass die deutschen Frauen mehr Zeit mit den Kindern verbracht haben als die Männer (und als die amerikanischen Paare) und ihre Qualifikationsschritte auch deshalb länger gedauert haben. Was jedoch alle befragten Frauen eint: Wenn es brennt, sind es die Frauen, die sich schneller in der Verantwortung für die Kinder fühlen, die Organisation des familiären Alltags und der kindlichen Erziehung ist primär ihre Aufgabe, vor allem der informellen. Elternabende in der Schule werden auch von Vätern besucht, bei der Schulwahl wird mit entschieden. Aber kein Vater sucht nach einem Klavierlehrer, einem Sportverein oder einem Kinderhort, einem Sommercamp oder einem Malkurs, bestenfalls beteiligt er sich an der Diskussion oder Auswahl. Isabelles Mann hat immerhin regelmäßig die Töchter zum Tennis gefahren, allerdings sagt Isabelle heute, dass er sie dabei zu sehr unter Leistungsdruck gesetzt habe.

Die Ursachen für dieses verstärkte Engagement der Frauen um die Kinder sind sicher vielfältig. Die Frauen sind vermutlich protektiver, machen sich schneller Sorgen um die Kinder, haben anspruchsvollere Vorstellungen von Erziehung und Betreuung und greifen häufiger aktiv in die Erziehung der Kinder ein. Dies gilt aber eher generell. Speziell bei den Doppelkarrierepaaren ist interessant, dass man einer Konkurrenz mit dem Partner aus dem Weg gehen kann, indem man sich mit einer niedrigeren Position und einem größeren Anteil an Kinderbetreuungsaufgaben einrichtet, entweder dauerhaft oder aber so lange, bis die Kinder nicht mehr so viel Betreuung brauchen. Es scheint so, als hätten sich alle der befragten Paare in dieser Hinsicht arrangiert, manche nach längeren konfliktreichen Phasen, andere weitgehend ohne, alle aber inzwischen zufrieden stellend. Die «Lebenslüge», die einer der wenigen Forscher in diesem Feld vermutet, wenn Doppelkarrierepaare etwaige Konkurrenzimpulse nicht thematisieren, scheint also um die Lebensmitte herum kein heißes Thema (mehr) zu sein.[11]

Wie sieht es im Freizeitbereich aus? Allen Befragten gemein ist, dass sie in diesem Bereich massiv Zeit sparen – weniger noch, wenn die Kinder klein sind und man etwas mit ihnen unternimmt, zunehmend mehr, wenn die Kinder beginnen, ihre eigenen Wege zu gehen. Mein neunzehnjähriger Sohn hat in einer Diskussion um seine anstehende Berufswahl angekündigt, dass er auf gar keinen Fall so einen Job machen wolle wie seine beiden Eltern. Ständig abends noch am Schreibtisch zu sitzen und trotzdem immer zu wenig Zeit zu haben, sei nichts für ihn. Er hat inzwischen Familien kennen gelernt, in denen die Eltern abends gemütlich mit ihren Kindern vor dem Fernseher sitzen. Wir haben kein Fernsehgerät – nicht, weil wir etwas gegen Fernsehen hätten, sondern weil wir keine Zeit dafür haben, da uns anderes wichtiger ist. Auf dem Weg zur Arbeit oder bei Küchenarbeiten kann ich Radio hören, Tagesinformationen beziehe ich effizienter aus der Zeitung, denn dort kann ich Auswahl und Tempo selbst bestimmen.

Immerhin gibt es bei allen Befragten zwischen zwei und fünf Wochen im Jahr Urlaub, so lange die Kinder nicht erwachsen sind, auch Familienurlaube, je nach Urlaubsbudget kürzer (USA) oder länger (Deutschland); die Selbständigen können nicht so lange von ihren Firmen weg wie die Wissenschaftler von ihren Hochschulen. Alle Wissenschaftlerpaare verbinden Urlaub und Tagungs- oder Forschungsreisen, meine Familie hat ihr gemeinsames Forschungsfreisemester im Ausland genossen – beides Beispiele dafür, dass es nicht immer ganz einfach ist, die Freizeit von der Arbeit zu trennen. Am Ende sind dann die Kolleginnen und Kollegen Freunde geworden, und damit sind wir wieder auf der erfreulichen Seite.

Dieses Beziehungsnetz, das die Doppelkarrierepaare miteinander teilen, gehört ebenfalls zum «sozialen Kapital».[12] Verheiratete Frauen und Männer werden unproblematischer in das Beziehungsnetz des anderen Partners integriert, interessanterweise hat man gefunden, dass eher die Frauen in die Beziehungsnetze der Männer integriert werden als umgekehrt. Solche Beziehungsnetze können in verschiedener Hinsicht hilfreich sein.

Ebenfalls als soziales Kapitel kann man die wechselseitige Unterstützung im Alltag klassifizieren. Tatsächlich sind alle Männer der befragten Frauen überdurchschnittlich patent in Haushaltsdingen und entsprechen damit den Befunden der Aufgabenverteilungsforschung, die häufiger gezeigt hat, dass der Haushaltsbeitrag des Mannes umso höher ist, je mehr Stunden seine Frau in der Woche erwerbstätig ist.[13] Bis zur Gleichverteilung geht es jedoch meistens nicht, sondern bei den Haushaltsarbeiten bleibt in der Regel ein höherer Aufwand bei der Frau. Dieser scheint nur reduzierbar zu sein, wenn man Qualitätseinbußen in Kauf nimmt. Mehrere relativ egalitär verteilende Frauen äußern ein dezidiert abgesenktes Anspruchsniveau an die Haushaltskultur: «Früher war mir die Alltagskultur sehr wichtig. Ich habe Stunden damit verbracht, einzukaufen und wunderbar zu kochen, zu servieren und zu dekorieren. Wenn man aber so ein Niveau aufrechterhalten möchte, muss man's immer selbst machen. Also habe ich mich an höchst originelle oder auch pragmatische Gerichte wie Salami mit Thunfisch und Kartoffeln gewöhnt. Sauber, aufgeräumt und einigermaßen essbar, damit versuche ich zufrieden zu sein, und dankbar, wenn dafür Haushalt und Kochen nicht immer an mir hängen bleiben. Andere Männer schaffen ja nicht mal das.» Es liegt natürlich auf der Hand, dass diese Strategie langfristig zu einem gewissen Verfall der Kultur führen wird. Es sei denn, die Entwicklung nimmt eine Wende und der kreative Koch mutiert eines Tages zum Gourmet und Hobbykoch. Oder die Kinder. Noch ist also nicht alles verloren.

Diese Strategie des reduzierten Anspruchsniveaus findet sich auch bei den Ansprüchen an die Versorgung der Kinder: «Dann waren sie halt mal nicht wie aus dem Ei gepellt, wenn der Papa an der Reihe war. Er ließ sie ihre Kleidung selbst aussuchen, das war manchmal ziemlich originell. Wahrscheinlich wurde im Kindergarten drüber geredet, das muss einem dann aber egal sein. Hauptsache, er hat seinen Teil übernommen.»

Es muss aber nicht immer egalitär sein, sondern es gibt auch die Aufgabenverteilung nach Kompetenzen: Wenn es richtig gut gekocht sein soll, ist Catherine zuständig, dafür werkelt ihr Mann in Haus und Garten. Er hat sogar einen eigenen Tennisplatz angelegt, um die Fahrten der Kinder zum Tennisplatz zu reduzieren. Was jedenfalls nicht vorkommt, ist die Konstellation, dass er vor dem Fernseher sitzt und sie in der Küche steht – auch hier ist kein Fernsehgerät im Haushalt.

Last but not least konstatieren Soziologen bei Doppelkarrierepaaren ein ökonomisches Kapital in Form von finanzieller Sicherheit. Spätestens ab der Lebensmitte dürfte dies zutreffen, wenn das Paar dann noch ein Doppelkarrierepaar ist, das heißt, sich nicht getrennt hat oder aus der Karriere ausgestiegen ist. Früh in finanzieller Sicherheit waren Clara im Auswärtigen Dienst und Isabelle im Schuldienst, aber beide mit Partnern, die durch ihre Selbstständigkeit auch ein gewisses Risiko eingegangen waren – auch dies eine häufige Kombination: Wenn ein Partner finanziell abgesichert ist, kann der andere eher etwas wagen. Im akademischen Bereich kommt diese Sicherheit mit der unbefristeten Stelle relativ spät, in den USA ab Mitte Dreißig, in Deutschland eher erst im vierten Lebensjahrzehnt. Aber dann hat sie etwas Beruhigendes, und das sage ich dem jungen Mann, dem es vor der vielen Arbeit graut.

Kapitel 9

Welche Rolle spielen die gesellschaftlichen Rahmenbedingungen? – Ein Blick über unsere Grenzen oder gar nicht mal so weit

Von Claudia Quaiser-Pohl

Die Schwierigkeiten von berufstätigen Müttern scheinen zwar grundsätzlich überall und vor allem in den modernen Industrieländern dieselben zu sein. Ein Blick über unsere Grenzen zeigt jedoch, dass es auch Unterschiede gibt. So nimmt Deutschland, was den Anteil an Frauen in Spitzenpositionen betrifft, im europäischen Vergleich eine Schlusslichtposition ein. Ende der neunziger Jahre gab es nur in den Niederlanden und Irland noch weniger weibliche Professorinnen als in Deutschland.[1] Spitzenreiter war damals Finnland, das mit 45 % fast eine Gleichstellung der Geschlechter im universitären Bereich aufweisen konnte. Aber selbst in südeuropäischen Ländern wie Italien (26 %) und Griechenland (21 %) ist der Professorinnenanteil doppelt so hoch wie in Deutschland (11 %); in Portugal (36 %) und Spanien (35 %) sogar um ein Dreifaches höher. Dies erstaunt vor allem vor dem Hintergrund des deutlich egalitäreren Rollenverständnisses deutscher Männer und Frauen im interkulturellen Vergleich,[2] besonders im Hinblick auf die stärker katholisch geprägten südeuropäischen Länder.

Auch bei der Entwicklung der Geburtenziffern lassen sich länderspezifische Besonderheiten beobachten, die für das uns interessierende Thema nicht unbedeutend sind. Sinkende Geburtenraten und immer ältere Mütter gibt es in allen europäischen Ländern. Dieses Absinken fiel aber nicht gleich stark aus und verlief nicht überall parallel. Während der Babyknick in Deutschland und Österreich bereits Ende der sechziger Jahre direkt nach dem Aufkommen der Pille einsetzte, begann er in Spanien und Italien erst ein halbes bis ein ganzes Jahrzehnt später, in den osteuropäischen Ländern wie Kroatien, Ungarn, Serbien, Estland, Lettland, Polen und Litauen sogar erst nach deren politischer Wende. Betrug die Geburtenrate in Polen 1990 noch 2,3 und in Ungarn noch 1,8, fiel sie bis 2000 in beiden Ländern auf unter 1,4[3] zurück und ist seit 2003 mit 1,3 genauso niedrig wie in Deutschland. Gleichzeitig stieg in diesen Ländern das Durchschnittsalter der Erstgebärenden.

Parallele Trends sind auch bei der Frauenerwerbsquote (Anteil der Frauen an allen Beschäftigten von 15–65 Jahren) im internationalen Vergleich zu verzeichnen. Dabei ist in Ländern mit hoher Frauenerwerbsquote in der Regel die Kinderzahl höher. So liegt zwar der Anteil arbeitender Mütter in Westdeutschland mit 45 % viel niedriger als beispielsweise in den skandinavischen Ländern, wo 67 % aller Frauen arbeiten. Die Geburtenziffern fallen in diesen Ländern mit 1,6 in Schweden und 1,7 in Dänemark, Norwegen und Finnland aber erheblich höher aus als in Deutschland (1,3). In Spanien und Italien dagegen arbeiten 60 % der Frauen, die Geburtenrate ist hier, wie in anderen südeuropäischen Ländern (z. B. Griechenland oder Slowenien) mit 1,2 europaweit die niedrigste.[4]

Einen wesentlichen Einfluss auf die geringe Müttererwerbstätigkeit in Westdeutschland hat vermutlich das in den meisten unserer europäischen Nachbarländer unbekannte Rabenmutter-Phänomen (vgl. Kapitel 1). Wie uns das Beispiel von Elisabeth zeigt (vgl. Kapitel 2), scheint die Bundesrepublik bereits in den siebziger Jahren diesbezüglich eine Sonderrolle eingenommen zu haben. Die völlige Ablehnung mütterlicher Berufstätigkeit, die Elisabeth am eigenen Leibe erfahren musste, war ihr aus ihrem Heimatland Österreich gänzlich unbekannt.

Auswirkungen solcher in Bezug auf die Berufstätigkeit von Müttern gesellschaftlich einseitig geprägten Einstellungen bekam auch Insa zu spüren.

Insa wurde 1947 in Bremen geboren und wuchs in Kassel auf. Nach dem Abitur verbrachte sie einige Zeit in Paris und wechselte dann zusammen mit einer amerikanischen Austauschschülerin, die eine Zeitlang in ihrer Familie gelebt hatte, zum Studium nach Bonn. Im Hinblick auf das Studienfach hat sie zunächst zwischen

Psychologie und Soziologie geschwankt, sich dann erstmal für Soziologie eingeschrieben und zusätzlich eine Art Studium Generale mit den Fächern Kunstgeschichte, Germanistik und Psychologie betrieben. Schließlich entschied sie sich ganz für Psychologie. Insa machte 1972 ihr Examen, überlegte, ein Medizinstudium anzuschließen, entschied sich dann aber doch, erst einmal «richtig zu arbeiten», da sie nicht nur an in Lehrbüchern dargestelltem menschlichen Verhalten interessiert war. Ihre spätere «Doktormutter» hat sie allerdings damals gefragt, ob sie nicht promovieren wolle. Insa hat sich jedoch zunächst für die Praxis entschieden und ist bei einer bekannten Gutachterin für Sorgerechtsverfahren und Erziehungsberatung in einer Beratungsstelle in der Eifel angestellt worden. Dort war sie vor allem für die diagnostischen Untersuchungen mit Kindern zuständig, führte aber auch Beratungsgespräche mit Eltern und Jugendlichen und konnte so in Anbetracht der großen Fallzahlen in relativ kurzer Zeit viel Erfahrung im klinischen Bereich sammeln. Nebenbei begann sie Ausbildungen in Gesprächs- und Verhaltenstherapie, unterrichtete in einem Kinderkrankenhaus, fing ein weiteres Studium an der PH mit dem Ziel einer möglichen Qualifikation für Schulpsychologie an und war beim deutschen Entwicklungsdienst tätig, wo sie bei einer Untersuchung über die Auswahl von EntwicklungshelferInnen mitwirkte und verschiedene Entwicklungsländer bereiste. Im Grunde befand sie sich also vier Jahre lang in einer Art psychosozialem Moratorium. Als sie dann vor der Wahl stand, sich für die Leitung einer Erziehungsberatungsstelle zu bewerben oder ein Angebot von der Universität anzunehmen, bei der es um die Wiederaufnahme der Bonner Längsschnittstudie (BOLSA) ging, zögerte sie zunächst, entschied sich dann aber für die Forschungsarbeit mit alten Menschen. Nachdem Insa entgegen ihrer Erwartung anfangs nur eine wissenschaftliche Hilfskraftstelle im Projekt innehatte, was ein gewisses Missverhältnis zur faktischen Vollzeitstelle darstellte, erhielt sie schließlich eine sogenannte Verwaltungsstelle einer Assistentenstelle. Damit war sie in der Abteilung Entwicklungspsychologie und Pädagogische Psychologie am Bonner Institut eingebunden, wo sie mit ihren Erfahrungen in der klinischen Arbeit mit Kindern und Jugendlichen in der Lehre vorrangig für den Bereich kindlicher Entwicklung und entwicklungspsychologischer Methodik tätig war. Bezüglich der Promotion war jedoch verabredet, mit den Daten der BOLSA eine Arbeit über «Verwitwung im Alter» zu schreiben. Dies sei letztendlich mit dem Datenmaterial der BOLSA nicht so gut möglich gewesen, weshalb sie die Fragestellung auf die Bedeutung des Familienstandes ausweitete. Mit dieser eher «soziologisch» eingeschätzten Fragestellung wich sie deutlich von den Vorstellungen einer adäquaten psychologischen Forschung ab. Insa hat sich damals mehrfach überlegt, ob sie denn überhaupt eine Chance mit ihrer Dissertation habe, aber dann doch weitergemacht, obwohl es eine sehr einsame Zeit gewesen sei. Die Ende 1979 fertig gestellte Arbeit hat jedoch bei ihrer Doktormutter ganz unerwartet eine sehr positive Resonanz gefunden und nach dem Anfang 1980 abgeschlossenen Promotionsverfahren fühlte sie sich geschätzt und gefördert.

Die Realisierung des Kinderwunsches und Reaktionen darauf

Insa hatte eigentlich immer Kinder haben wollen, es war ihr aber auch wichtig gewesen, «nicht in eine Partnerschaft reinzuschliddern», in der sie mit der Erziehung der Kinder möglicherweise ziemlich allein gestanden hätte. Ihr Partner dagegen war nach einer früheren Phase grundsätzlicher Bedenken, ob man in diese Welt überhaupt Kinder gebären könne, auf jeden Fall für die Realisierung der Elternschaft in ihrer gemeinsamen Partnerschaft. Die Geburt des Sohns Jonas war dann insofern gezieltes Timing, als ihrem Mann und ihr bewusst war, dass, wenn sie Kinder haben wollten, dies auch in absehbarer Zeit zu geschehen hätte. Insa war damals 34.

Dass es grundsätzlich nicht bei einem Kind bleiben sollte, habe eher vage im Raum gestanden, meint Insa. «Ich habe erst einmal schauen wollen, ob das überhaupt alles klappen würde. Auch habe ich nicht direkt im Anschluss gleich ein zweites Kind haben wollen. Das wäre mir irgendwie zu viel gewesen und auch das Argument, dann habe man alles in einem Aufwasch, hat mir nie eingeleuchtet. Ich habe selbst erst mal wieder auf die Beine kommen müssen und mich dann auch wieder gezielt für ein weiteres Kind entscheiden wollen.»

Als Insa dann also mit dem ersten Kind schwanger war und dies auch an der Uni mitteilte, merkte sie, dass diese Botschaft deutliche Irritationen bei ihrer Umwelt auslöste, so als ob sie sich damit irgendwie «weg entschieden» hätte. Als sie zu Beginn der Schwangerschaft wegen konstanter Blutungen mit Verdacht auf eine Bauchhöhlenschwangerschaft und sofort notwendiger Operation direkt vom Schreibtisch weg in die Frauenklinik fahren musste, hatte sie das Gefühl, sich damit als von nun an unzuverlässig erwiesen zu haben. Die weitere Krankschreibung trotz intakter Schwangerschaft hat sie letztlich selbst abgebrochen, damit ihr nicht alle Felle davonschwämmen, wenn sie nicht bewiese, dass sie als Schwangere (und spätere Mutter) zuverlässig sei. Blutungen habe sie weiterhin gehabt, diese hätten aber irgendwann nach dem dritten Monat aufgehört. «Ich habe dann das ganze Wintersemester lang meine Veranstaltungen durchgeführt, auch alle anderen Aufgaben ordnungsgemäß erledigt, bin quasi – wie immer – präsent gewesen, nur eben mit immer dicker werdendem Bauch. Erst dann konnte ich sicher sein, meiner Umwelt am Arbeitsplatz meine ernsthafte berufliche Orientierung bewiesen zu haben.»

Da der Sohn Jonas im Mai geboren wurde, brauchte sie im Sommersemester durch den ganz regulären Mutterschutz keine Lehrveranstaltungen durchzuführen. Da es aber immer noch um das Projekt der Bonner Längsschnittstudie gegangen sei, habe sich Insa praktisch bis zur Entbindung darum gekümmert. Dies war dann Anlass für eine Episode, die ihre Chefin später immer wieder zum Besten gegeben hat. Sie habe Insa mit dem dicken Bauch gesehen und gefragt: «Ja, wann ist es denn eigentlich so weit?». Und da ihr vom Gynäkologen damals im Prinzip drei mögliche Geburtstermine errechnet worden waren, habe Insa geantwortet: «Ein Termin ist auch heute.» Daraufhin habe die Chefin doch etwas beunruhigt gesagt, sie «solle doch dran denken, rechtzeitig nach Hause zu gehen». Und als Insa zwei Wochen nach der Entbindung wegen eines dringenden Treffens mit DiplomandInnen mit Kind und Tragetasche ins Institut kam, sei später die Geschichte daraus geworden, sie sei «direkt aus dem Krankenhaus mit dem Kind wieder ins Institut gekommen». Diese Einschätzung sei aber an der von ihr selbst empfundenen Wirklichkeit, eine berufsorientierte Mutter mit einem Säugling zu sein, völlig vorbeigegangen. Insa fühlte sich in dieser Zeit eher sehr belastet, und es sei eine fürchterliche «Jonglierei» für sie gewesen. Da ihr Partner und sie gleichzeitig ein gemeinsames Hausprojekt mit Freunden betrieben, wohnten sie noch ein Jahr lang mit dem Kind bei den Schwiegereltern im Souterrain auf 30 m^2 Wohnfläche, was alles noch schwieriger gemacht habe. «Aber ich habe so einen Druck gespürt, beweisen zu müssen, dass ich das alles meistern konnte, und habe versucht, mir nichts anmerken lassen.» Nachdem sie sich somit während und nach der Schwangerschaft als weiterhin arbeitsfähig und berufswillig gezeigt hatte, bekam sie im Institut auf dieser Ebene viel Zustimmung. Auf der Ebene der konkret praktischen Nöte sei es dagegen mit dem Verständnis immer schwierig gewesen.

Auch im Kollegenkreis sind die Probleme einer Kollegin mit Kind(ern) letztlich im wahrsten Sinne des Wortes «kein Thema» gewesen. Nur ganz selten hat sie deshalb ihren Sohn bzw. später beide Kinder mit zur Uni genommen. Zwar wurden die Kinder gelegentlich als entwicklungspsychologisches «Anschauungsmaterial» oder mittels Film- oder Tonaufnahmen in der Lehre eingesetzt. «Aber ich habe immer vermieden, den Eindruck zu erwecken, bei häuslichen Engpässen die Kinder an meinen Arbeitsplatz mitzubringen.» Wie sie das bewerkstelligt habe, beispielsweise im Krankheitsfall oder in den freien Zeiten der Betreuungseinrichtungen, sei nie Gegenstand kollegialen Interesses gewesen. «Es gab ja auch keine anderen Kolleginnen mit Kindern und entsprechenden Folgeproblemen. Und da ich mein Muttersein nie offensiv eingebracht habe, außer bei irgendwelchen informellen Treffen, bin ich in meiner Mutterrolle eben auch nicht sonderlich aufgefallen.»

Insas Eltern hatten auf die Schwangerschaft ihrer Tochter zunächst eher irritiert reagiert, zumal sie von der Priorität ihrer beruflichen Orientierung ausgegangen seien und sich nicht vorstellen konnten, dass Insa einen möglichen Kinderwunsch realisieren würde. Insas Mutter ist zwar selbst über längere Etappen berufstätig gewesen und hat das auch immer richtig gefunden. Aber ihrer Meinung nach hätte Insa «nur» Lehrerin oder Apothekerin werden, also einen richtigen «Frauenberuf» ergreifen sollen, in dem man Beruf und Familie gut unter einen Hut bekäme und eben nur halbtags zu arbeiten brauche. Die Tatsache, dass Insa mit dem Kind voll weiterarbeitete, hätten ihre Eltern und Schwiegereltern somit zwar zur Kenntnis genommen, sie seien andererseits aber insgeheim wohl eher skeptisch gewesen, «wie das denn gehen könne». Als Insa dann mit 39 Jahren ihr zweites Kind, die Tochter Jolande, bekam, wurde sie mit noch mehr Befremdlichkeit in ihrer sozialen Umwelt konfrontiert und mit der Frage, ob das denn nun unbedingt noch hätte sein müssen. «Gerade meine Mutter hat das in Anbetracht meines Alters und meiner unvermindert gegebenen beruflichen Orientierung überhaupt nicht verstanden. Aber auch hier hat sich die Situation entspannt, als das Kind dann da war.»

Die Elternzeitregelungen in den einzelnen Ländern und deren unterschiedliche Nutzung beeinflussen ebenfalls die Möglichkeit für Mütter, beruflich Karriere zu machen. So ist beispielsweise bei uns der Anteil an Vätern, die sich nach der Geburt ihrer Kinder vorübergehend ganz oder zum Teil beurlauben lassen, trotz der seit einigen Jahren sehr flexiblen Elternzeitmöglichkeiten (z. B. gleichzeitige Teilzeitbeschäftigung beider Elternteile) mit 1 bis 2 Prozent immer noch verschwindend gering. Das verwundert nicht, wenn man weiß, dass sich Väter, die sich für die Erziehung engagieren, bei uns häufig diskriminiert fühlen, besonders wenn das Kind, um das sie sich kümmern, nicht ihren Namen trägt.

So berichtet zum Beispiel Insa, die mit ihrem Partner und dem Vater ihrer Kinder in einer nichtehelichen Beziehung lebt, dass es manchmal schwierig gewesen sei, dass sie nicht verheiratet waren. Das betraf Reisen, die ihr Partner mit den Kindern unternahm. «Es ist uns irgendwann bewusst geworden, dass es ja vielleicht Schwierigkeiten geben könne, wenn mein Partner mit einem kleinen Jungen unterwegs war, der nicht denselben Nachnamen trug.» Auch wurde Insas Mann bei offiziellen Anlässen wie Kinderarztbesuchen natürlich immer mit dem Nachnamen der Kinder angeredet, was letztlich zumeist Anlass für Gelächter in der Familie gab.

Die Anzahl der sich an der Kinderbetreuung aktiv beteiligenden Väter zu erhöhen ist deshalb Ziel einer seit Januar 2007 geltenden Elterngeldregelung nach skandinavischem Vorbild. Danach kommen Familien nur dann in den vollen Genuss staatlicher Zahlungen, wenn der andere Partner, in der Regel der Mann, zwei Monate Elternzeit nimmt. Bestimmte Elternzeitregelungen und eine gute finanzielle Unterstützung für Familien scheinen aber weder ein Garant zu sein für hohe Geburtenziffern noch für die Möglichkeit der Mütter, beruflich Karriere zu machen. Ein Blick über die Grenzen zeigt erneut, dass in den USA gerade wegen der fehlenden staatlichen Unterstützungen für Familien viele Mütter relativ bald nach der Geburt ihres Kindes wieder arbeiten gehen. Damit verhindern sie jedoch, wenn auch unbeabsichtigt, einen längeren beruflichen Ausstieg, der für ihre berufliche Karriere eher hemmend wäre. Und in Neuseeland, wo es bis 2002 überhaupt keine Lohnfortzahlungen im Falle einer Schwangerschaft, geschweige denn so etwas wie Eltern- oder Erziehungsgeld gegeben hat, bekommen Frauen ihre Kinder zwar auch ziemlich spät; die Geburtenrate liegt aber mit 1,9 relativ hoch. Eine generell positivere Einstellung zu Familie und Kindern und günstigere Rahmenbedingungen für die Familiengründung wie bessere Wohnverhältnisse scheinen dort den Abwärtstrend der Geburtenziffer verhindert zu haben.[5]

Wie die Forschung zum Übergang zur Elternschaft zeigt, kann die Zeit nach der Geburt von Kindern von jungen Eltern und damit auch die Realisierung mütterlicher Berufstätigkeit erheblich leichter bewältigt werden, wenn diese auf ein gutes soziales Netzwerk von Verwandten, vor allem auf Großeltern, Nachbarn und Freunde zurückgreifen können. Auch in dieser Hinsicht unterscheiden sich jedoch Länder und sogar Landesteile. Vor allem in Westdeutschland haben die sozialen Netzwerke, einer Studie des Max-Planck-Instituts für demographische Forschung in Rostock zufolge,[6] einen großen Einfluss auf die Entscheidung von Paaren für oder gegen Kinder. Wenn die Mutter einer Frau, die vor dieser Entscheidung steht, am selben Ort wohnt, liegt die Wahrscheinlichkeit, dass sich diese Frau für das erste Kind entscheidet, um etwa 30% höher. In Ländern mit einem ganz anderen kulturellen Hintergrund, wie zum Beispiel in Indien, Südkorea oder dem Südjemen,[7] ist die soziale Unterstützung junger Familien durch Verwandte aufgrund der oft religiös geprägten kulturellen Wertvorstellungen selbstverständlich. Dies hat zur Folge, dass die Geburtenziffern in diesen Ländern hoch sind, interessanterweise aber zum Teil auch der Anteil an Frauen und Müttern in beruflichen Spitzenpositionen.

Von den Vorteilen eines guten sozialen Netzwerkes berichtet auch Petra, die wir schon in Kapitel 3 kennen gelernt haben. Mit ihren drei Kindern konnte und kann sie auf die Unterstützung ihrer am Wohnort lebenden Eltern bauen und schätzt diese sehr. Ihre Eltern haben ihr zum Beispiel im Haushalt geholfen und häufig konnten die drei Kinder ihre Großeltern besuchen. Jetzt, nachdem die Kinder älter sind, berichtet Petra, würden sie von den Großeltern «viel herumgefahren», z. B. zum Ballett und zum Tennis. Dadurch werde ihr viel Arbeit abgenommen. Ansonsten habe sie sich auch manchmal mit Nachbarn organisiert, die Kinder im selben Alter gehabt hätten, vor allem damals, als die Familie noch in einer Reihenhaussiedlung wohnte. Seitdem sie in einer Gegend mit vielen älteren Leuten wohnten, sei das allerdings nicht mehr möglich.

Nach der Unterstützung durch andere Personen gefragt, berichtet Inez, eine weitere Interviewpartnerin, die ihre Kinder schon sehr früh während des Studiums bekommen hat (vgl. Kapitel 9), dass ihre Schwiegereltern da sehr involviert gewesen seien. Ihr Sohn sei in der Anfangszeit sehr häufig bei ihnen gewesen, etwa wenn Inez für Klausuren lernen musste. «Dann war es auch mal möglich, unseren Sohn für zwei, drei Wochen zu den Schwiegereltern zu geben, die im Sauerland wohnten. Das war zwar immer ein ziemlicher Aufwand, hat mir und meinem Mann aber gerade beim ersten Kind die Möglichkeit eröffnet, mal wieder ‹durchzuschnaufen›. In dieser Zeit haben wir auch wieder einmal gemeinsam etwas unternommen, sind z. B. ins Kino gegangen. Als wir dann mehr Kinder hatten und der Hin- und Hertransport nicht mehr so ohne weiteres möglich war, ist mein Schwiegervater, der Rentner war, auch sehr häufig zu uns nach Marburg gekommen. Er hat eine Weile bei uns gewohnt, auch Arbeiten im Haushalt erledigt und uns dadurch in Zeiten, in denen es wirklich ‹sehr eng war›, sehr entlastet.»

Sylwia, uns ebenfalls aus Kapitel 3 bekannt, musste dagegen bedingt durch ihre Migration nach Deutschland und die damit verbundene Tatsache, dass ihre eigene Familie nicht in Deutschland lebt, auf die Unterstützung durch Verwandte fast gänzlich verzichten. In den ersten Monaten nach der Geburt sei ihre Mutter zweimal für einen längeren Besuch gekommen und habe sie unterstützt.

Allerdings ist es Sylwia weniger schwer gefallen als manchen unserer westdeutschen Interviewpartnerinnen, ihr Kind schon ab einem Alter von einem Jahr in einer Kita betreuen zu lassen. Sie selbst ist ja in Polen aufgewachsen, einem Land, das über ein gutes staatliches Kinderbetreuungsangebot verfügte. Überhaupt werden von Personen aus ehemals sozialistischen und damit weniger individualistisch geprägten Ländern beziehungsweise Landesteilen die Vorteile einer außerfamiliären Kinderbetreuung ganz anders gesehen als zum Beispiel von westdeutschen Eltern. So lag im sozialistischen System der DDR dem flächendeckenden Kinderbetreuungsangebot ideologisch nicht nur eine pronatalistische Politik zugrunde, das heißt die volkswirtschaftlich kalkulierte Absicht, Mütter möglichst schnell wieder in den Arbeitsmarkt einzugliedern. Staatliche Kinderbetreuung hatte auch pädagogische Ziele, und die Erzieherinnen wurden vergleichsweise gut ausgebildet. Bis heute werden deshalb von Ostdeutschen – so habe ich es in meiner Magdeburger Zeit in vielen Gesprächen erlebt – die Vorteile einer Krippen-, Kindergarten- oder Hortbetreuung vornehmlich in der Förderung der Entwicklung der Kinder gesehen – vor allem, aber nicht nur im Bereich der sozialen Entwicklung. Auf eine solche Förderung zu verzichten und dieses Angebot nicht in Anspruch zu nehmen, käme deshalb kaum einer ostdeutschen Mutter in den Sinn, selbst wenn sie wie viele Frauen in Ostdeutschland arbeitslos ist. In Westdeutschland dagegen wird der pädagogische Auftrag dieser Einrichtungen im Vergleich zur Erziehungsaufgabe der Eltern relativ gering eingeschätzt. Aus der Sicht vieler Westdeutscher ermöglichen Ganztagseinrichtungen wie Kitas oder Horte es vor allem karriereorientierten «Rabenmüttern», weiterhin ihrer Berufstätigkeit nachzugehen und ihnen die Aufgabe der Kinderbetreuung abzunehmen, die, zumindest wenn die Kinder noch klein sind, eigentlich ausschließlich von den Müttern geleistet werden sollte.

So berichtet zum Beispiel Sylwia, ihr hauptsächliches soziales Umfeld bestünde aus Müttern, die ähnlich anspruchsvolle Berufe hätten und so wie sie in Elternzeit seien oder bereits wieder arbeiteten und ihre Kinder deshalb in die Kita schickten. «Es gibt aber auch Mütter in meiner Nachbarschaft, die nicht einmal ihre dreijährigen Kinder in den Kindergarten schicken, sondern sie lieber selber zu Hause oder durch Großmütter betreuen lassen. Diese Mütter haben aber ohnehin keine großen beruflichen Ambitionen.» Eine solche Einstellung ist Sylwia jedoch ganz fremd, weil sie merkt, wie sehr ihr Sohn von der Kita profitiert, wie sehr ein Kind andere Kinder braucht und wie schwierig es für die Mutter ist, den ganzen Tag nur mit dem Kind zusammen zu sein. «Denn ich bin zwar nicht die einzige, aber die wichtigste Bezugsperson für mein Kind, da mein Mann viel abwesend ist. Ansonsten gibt es keine weiteren Personen, denen ich das Kind länger als ein paar Stunden anvertrauen kann. Leider haben wir in Münster, wo wir erst mit der Geburt des Kindes hingezogen sind, noch wenige Freunde» – aber die ersten verlässlichen Beziehungen – mit Nachbarn und mit Kolleginnen vor Ort – seien bereits geknüpft. Auch was die Kinderbetreuung betrifft, ist Sylwia dabei, sich ein soziales Netzwerk aufzubauen. So würde eine Nachbarin ab und zu mal auf das Kind aufpassen. Diese habe auch zugesagt, das Kind zu betreuen, wenn Sylwia wieder voll berufstätig ist.

Solche Probleme haben Frauen und Mütter in Ostdeutschland wegen des immer noch besseren Kinderbetreuungsangebots in der

Regel nicht, was dazu führt, dass sie generell eine positivere Einstellung zum Kinderkriegen haben und ihre Kinder immer noch früher bekommen als Frauen in Westdeutschland, obwohl sich auch hier ein Wandel abzeichnet. Eine von ihnen ist Kirsten.

Kirsten wurde 1963 in Leipzig geboren. Nach drei Jahren zog sie mit ihrer Mutter nach Ost-Berlin und verbrachte auch ihre gesamte Schulzeit in Berlin. Eigentlich wollte sie Medizin studieren und Psychiaterin werden, wurde aber, wie das in der DDR manchmal vorkam, «umgelenkt» und studierte deshalb von 1983 bis 1988 in Leipzig Biologie. Nach anfänglichen Schwierigkeiten fand sie schnell ihre Interessensschwerpunkte im Bereich der Neurobiologie. Mit Abschluss des Studiums im September 1988 ging sie dann nach Magdeburg ans Institut für Neurobiologie und Psychophysiologie (IFN). Dass sie promovieren wollte, stand für Kirsten schon direkt nach dem Diplom fest, dass sie in die Forschung gehen wollte, bereits vor dem Studium. «Das hat mit meiner Erziehung zu tun», sagt sie; ihre Mutter sei Ärztin, ihr Vater Psychologieprofessor, und da habe sie sich eben schon früh mit wissenschaftlichen Themen auseinandergesetzt.

Kirsten hat 1995 an der Universität Halle zum Dr. rer. nat. promoviert. Thema ihrer Dissertation war ein tierexperimenelles Modell für Hyperaktivitätsstörungen bei Kindern. In der Zeit davor arbeitete sie, weil nicht immer Geld für eine Promotionsstelle zur Verfügung stand, auf verschiedenen Projektstellen zu inhaltlich unterschiedlichen Themen. Von 1995 bis 1997 hatte sie im Rahmen der Arbeitsgruppe Psychophysiologie am IFN noch verschiedene Projektstellen inne, bis sie dann Ende 1997 eine Habilitationsstelle an der Otto-von-Guericke-Universität antrat. Sie sei dann ziemlich schnell in die Neurowissenschaften eingestiegen, weil ihr Betreuer sie für die Bild gebenden Verfahren begeistert habe. Dort hat sie auch zum ersten Mal Lehrveranstaltungen für Psychologiestudenten durchgeführt. Seit 2004 ist sie an der Universität Göttingen am Institut für Medizinische Psychologie und Soziologie tätig. Kurz- oder langfristig möchte sie ihre Habilitation abschließen, was sie in der Zeit am Institut für Psychologie in Magdeburg aus verschiedenen Gründen nicht geschafft hat. Ihr Wunsch ist es, einmal eine eigene kleine Arbeitsgruppe zu leiten.

Kirsten hat schon immer Kinder gewollt. Ein Leben ohne Kinder habe sie sich nicht vorstellen können. So sind ihre beiden Söhne, Florian und Sebastian, dann auch 1989 und 1993, während ihrer Promotionszeit, im geplanten Drei-Jahres-Abstand geboren worden. Bei der Geburt des ersten Kindes war sie 25 und noch nicht promoviert. Gezieltes Timing im Hinblick auf die berufliche Karriere habe dabei keine Rolle gespielt, die Kinder seien schon eher karrierehinderlich gewesen. «Ich habe den damit verbundenen Karriereknick aber in Kauf genommen und zum Glück einen Chef gehabt, der das toleriert hat.» Die Entscheidung für das erste Kind hätten sie und ihr früherer Mann gemeinsam getroffen; für das zweite Kind habe sie selbst sich «zuallererst entschieden». Ihre wissenschaftliche Karriere sei bei der Entscheidung für Kinder also nicht entscheidend gewesen, durch ihre berufliche Laufbahn habe sich ihr Kinderwunsch auch nicht verändert. Sie habe schon immer mindestens zwei Kinder haben wollen. Auf die Frage, ob ihre berufliche Laufbahn ohne Kinder anders verlaufen wäre, meint Kirsten: «Wahrscheinlich weniger lustig und weniger schön, aber vielleicht geradliniger». Ein weiterer Kinderwunsch besteht nicht mehr. Sie sei zu alt und außerdem wolle sie jetzt ihre Freiheit genießen und mehr Zeit für sich selbst und ihren Beruf haben.

Die Reaktionen ihres Umfeldes auf ihre erste Schwangerschaft waren durchweg positiv. Ihre Mutter freute sich, Verwandte und Freunde ebenfalls, wenn sich manche auch gefragt hätten, wie es mit ihr beruflich weitergehen solle. Lediglich ihr Vater habe gemeint: «Ich dachte, du wolltest promovieren?» Beim zweiten Kind habe es dann schon mehr Skeptiker gegeben, schon allein wegen der schlechteren Arbeitsmarktlage kurz nach der Wende. Kirsten setzte nach der Geburt beider Kinder relativ bald ihre Berufstätigkeit fort. Für den ersten Sohn nahm sie das in der DDR übliche Babyjahr, beim zweiten begann sie schon nach einem halben Jahr wieder zu arbeiten, zunächst allerdings in Teilzeit. Auf die Frage, wie ihr Umfeld auf die Entscheidung reagiert habe, mit Kindern weiterzuarbeiten, antwortet Kirsten, die meisten hätten es als selbstverständlich angesehen. «Dies lag zum einen daran, dass berufstätige Mütter in der DDR Normalität gewesen sind. Aber ich war auch für meine große Liebe zu meiner Arbeit bekannt.» Kirsten hat sich durch diese Reaktionen eher unterstützt gefühlt und sie als sehr wohltuend empfunden.

Bewusst hat sich Kirsten gegen die zu DDR-Zeiten übliche Betreuung in einer Kinderkrippe entschieden. Erstens sei sie der Meinung gewesen, dass die lange Betreuung in den großen Gruppen für «so kleine Kerle noch zu viel» ist. Ein weiterer Grund seien ihre zu erwartenden Fehlzeiten im Krankheitsfall der Kinder gewesen. «Deshalb habe ich in den ersten drei Lebensjahren die Betreuung durch eine Pflegemutter vorgezogen, bei der die Kinder auch mal mit einem dicken Schnupfen sein konnten.» Ab einem Alter von drei Jahren besuchten die Kinder einen Ganztagskindergarten und von der Einschulung bis zur 3. Klasse gingen sie nachmittags in einen Schulhort. In dieser Zeit wurden sie sechs bis acht Stunden am Tag in Institutionen betreut.

Die Aufgabenverteilung zwischen ihrem Ehemann und ihr sei eher traditionell gewesen. Den Großteil der Haushaltsarbeit habe sie erledigt. Ihr Mann, der als Arzt lange und auch am Wochenende Dienst hatte, half ihr aber, wenn er Zeit dazu hatte; es gab jedoch keine feste Arbeitsteilung. «Mein Mann hat sich aber nie verweigert und ist auch schon mal nachts für die Kinder aufgestanden. Zunächst sind wir beide mit dieser Aufgabenverteilung zufrieden gewesen, nach etwa neun Monaten hat bei mir aber die Unzufriedenheit zugenommen. Auch hat mich das schlechte Gewissen geplagt, weil ich in der Regel erst abends um fünf nach Hause gekommen bin. Mein Mann hat damals gewollt, dass ich mehr für die Kinder da bin.» Das habe sich negativ auf die Partnerschaft ausgewirkt und sei ein Grund für die spätere Trennung gewesen. Nach der Trennung von ihrem Mann lebte Kirsten eine Weile mit den Kindern alleine. In dieser Zeit engagierte sie studentische Babysitter, die an zwei Abenden in der Woche für vier bis fünf Stunden zu Hause auf die Kinder aufpassten. Ansonsten habe sie eigentlich fast alles alleine gemacht. Jetzt, nachdem sie Rentnerinnen seien, würden auch die Großmütter öfter mal einspringen.

Da beide, wie in der DDR üblich, in Vollzeit berufstätig waren, haben sie vorher dazu leider keine Zeit gehabt. Inzwischen lebt Kirsten mit einem neuen Partner zusammen, den sie schon seit der Schulzeit kennt und mit dem sie auch beruflich zusammenarbeitet.

Die Vereinbarkeit sei ihr insgesamt schon schwer gefallen, meint Kirsten, vor allem wegen des doppelten schlechten Gewissens, den Kindern und ihren Chefs gegenüber. «Positiv aber ist gewesen, dass meine Chefs mich in dieser Hinsicht immer unterstützt haben. Natürlich habe ich in dieser Zeit wenig Schlaf bekommen, ich bin eigentlich ständig kaputt und müde gewesen. Mit der Zeit habe ich mich aber daran gewöhnt. Zu kurz gekommen sind vor allem die Kontakte zu Freunden. Dazu habe ich kaum noch Zeit gehabt.» Die Trennung von ihrem Mann habe ihr zusätzlich noch ein schlechtes Gewissen bereitet. «Ich habe bis heute das Gefühl, den Kindern irgendwie den Vater weggenommen zu haben.» Durch die Kinder hat sich Kirstens Grundeinstellung zu Kindern und Beruf aber auch verändert, sich gleichsam umgekehrt. Vorher habe sie immer gesagt, sie wolle Wissenschaftlerin sein und Kinder haben. Seit die Kinder da sind, weiß sie, dass sie Kinder haben und Wissenschaftlerin sein will, denn sie findet das Leben mit Kindern ungemein bereichernd und schön.

Für Kirsten war also die Kinderbetreuung ein relativ geringes Problem. Zusätzliche Hilfe benötigte sie lediglich für die Stunden, die sie als Wissenschaftlerin über die normale Arbeitszeit von 7 bis 17 Uhr nicht zu Hause sein konnte, und in Ausnahmefällen, wenn die Kinder krank waren oder wenn sie am Wochenende einmal beruflich unterwegs war. Ein gutes soziales Netzwerk ist für junge Familien also dann wichtig, wenn das öffentliche Kinderbetreuungsangebot nicht ausreicht, wie in vielen, aber nicht in allen westeuropäischen Ländern (Gegenbeispiele sind Frankreich und Belgien). So zeigte sich in der bereits genannten Studie des Rostocker Max-Planck-Instituts auch, dass der Kinderwunsch ostdeutscher Paare und dessen Realisierung stärker vom aktuellen Betreuungsangebot als von ihrem sozialen Netzwerk beeinflusst wird. Bis heute ist das Verhältnis von Betreuungsplatz pro Kind, egal ob bei der Krippe für die unter Dreijährigen, Hort für die Schulkinder oder normaler Kindergarten, in Ostdeutschland günstiger als in Westdeutschland (siehe Kapitel 4). Der zunehmende Abbau des Kinderbetreuungsangebots in den neuen Bundesländern verunsichert aber auch dort Paare mit kleinen Kindern zunehmend.

Eine ebenso wichtige Rolle bei der Möglichkeit, als Mutter berufstätig zu sein und Karriere zu machen, spielen die Struktur des Bildungssystems in einem Land und die diesem zugrunde liegende Ideologie. So ist in Ländern, in denen die Kinderbetreuungseinrichtungen primär als Bildungsinstitutionen angesehen werden (wie z. B. in Frankreich), deren Angebot flächendeckender. Außerdem hat eine Frau, wenn sie ihre Kinder schon früh solchen Institutionen anvertraut, mit weniger gesellschaftlichen Sanktionen zu rechnen. Beispielsweise ist in Frankreich mit der «école maternelle», der Vorschule für Drei- bis Sechsjährige, ein ebenso hoher Bildungsanspruch verbunden wie mit der für sechs Tage in der Woche installierten Ganztagsschule. Ich kann mich noch gut erinnern, wie ich im September 2002 mit meinem Mann und unserem damals fünfeinhalbjährigen Sohn in Frankreich Urlaub machte. Unser Sohn lernte einen in unserem Urlaubsort lebenden gleichaltrigen Franzosen kennen, der im Gegensatz zu ihm gerade eingeschult worden war. Die beiden spielten an den Abenden zusammen Tischfußball, häufig in Begleitung beider Elternpaare. Irgendwann kam die Frage von Seiten der Eltern des kleinen Franzosen auf, warum denn unser Sohn eigentlich noch Ferien habe. Wir erklärten ihnen, dass dieser erst im Jahr darauf eingeschult werden würde, worauf wir nur verständnislose Blicke ernteten. Und was denn mit der «école maternelle» sei? Auch hier mussten wir sie enttäuschen. Unser Sohn gehe zwar in einen Kindergarten, aber grundsätzlich nur halbtags und außerdem gebe es dort keine Anwesenheitspflicht. In der Fortsetzung des Gesprächs über die Schulsysteme beider Länder erfuhren die französischen Eltern dann weiter, dass es in Deutschland zumindest regulär keine Ganztagsschulen gibt (jedenfalls 2002 noch nicht), was sie ebenso in Erstaunen versetzte. Nach einigen weiteren eher schweigsamen Kickerrunden quittierte der französische Vater diese Informationen, die ihn doch sehr überrascht hatten, mit der Bemerkung: Jetzt wisse er, warum die Deutschen so gut Fußball spielen würden – sie könnten ja von klein an jeden Nachmittag trainieren.

Auch in den alten Bundesländern waren die Auffassungen darüber, wie Kinder betreut werden sollten, in den letzten Jahrzehnten stark durch gesellschaftliche Wertvorstellungen geprägt. Zum einen war das Bild der Familie in der Nachkriegszeit und in den fünfziger Jahren, aber auch noch während der langen Jahre der Regierung Kohl eng mit der Vorstellung einer sich für die Familie aufopfernden Hausfrau und Mutter verbunden, die die Versorgung und Erziehung der Kinder als ihre alleinige Aufgabe ansah. Selbst die Möglichkeit, sich im Zuge der Vorbereitung des Kindes auf die Einschulung in Form einer vormittäglichen Kindergartenbetreuung durch versiertes Fachpersonal unterstützen zu lassen, war deshalb lange Zeit nur besser verdienenden und gebildeten Familien vorbehalten. In einer Art Gegenbewegung lehnten aber breite, von der 68er-Generation und der Frauenbewegung geprägte akademische Kreise dieses individualisierte Familienmodell völlig ab. Sie sahen Kinderbetreuung in erster Linie als kollektive Aufgabe an und taten sich gezielt zu Wohn- und Lebensgemeinschaften zusammen, mit dem Ziel, ein in der bürgerlichen Kleinfamilie nicht gegebenes, für eine gute Kinderbetreuung aber notwendiges soziales Netzwerk zu schaffen. Als Alternative zu den staatlichen Kindergärten wurden Elterninitiativen wie beispielsweise die «Kinderläden» gegründet. Davon beeinflusst waren auch Insa und ihr Mann, als sie sich Ende der siebziger Jahre für ein Kind entschieden und zusammen mit befreundeten Paaren ein Modell für eine gemeinsame Kinderbetreuung konzipierten.

Die beiden Psychologen hatten sich beim Deutschen Entwicklungsdienst kennen gelernt, wo sie gemeinsam in einem Projekt arbeiteten. Sie zogen zusammen, zunächst in eine Wohngemeinschaft nach Köln, wenig später nach Leverkusen. Insa arbeitete weiter in Bonn, ihr Mann wechselte von einer Stelle in Düsseldorf auf eine Stelle in Köln. Er hatte noch in Düsseldorf eine psychoanalytische Ausbildung angefangen. Diese relativ aufwändige und auch teure Therapieausbildung ist dann die ganze Zeit parallel gelaufen, auch noch als 1982 das erste Kind, Sohn Jonas geboren wurde. In der Zeit um die Geburt des Kindes wechselte er die Stelle noch einmal innerhalb der Einrichtungen des Arbeitsgebers und übernahm den Aufbau und die Leitung einer therapeutischen Gemeinschaft im Kölner Raum. Es war alles gut geplant. Zusammen mit Freunden, die auch Kinder wollten, hatten sich Insa und ihr Partner ein ganz individuelles Modell für die Kinderbetreuung überlegt.

Da Anfang der achtziger Jahre für Kinder unter drei Jahren in Bonn mit Ausnahme einer Krippe für die Kinder von Studierenden kein Betreuungsangebot zur Verfügung stand und Insa und ihr Partner beide weiterhin voll berufstätig sein wollten, musste die Kinderbetreuung also irgendwie privat organisiert werden. Eine Rundumbetreuung durch eine Kinderfrau wäre nicht finanzierbar gewesen. Deshalb wollten zwei der befreundeten Familien – durchaus inspiriert durch die Kinderladen-Ideen der siebziger Jahre – gemeinsam eine Kinderfrau engagieren und zudem auch immer die Anwesenheit eines Elternteils gewährleisten. Dafür wollte man zusammen ein Haus kaufen, in dem beide Familien leben und die Kinder zusammen aufwachsen konnten. Die Suche war nicht einfach, da beide Familien auch keine großen finanziellen Mittel hatten. Ein Kind war schon geboren, und Insa war schwanger, als sie endlich ein geeignetes Haus fanden. Es war ein renovierungsbedürftiges Vorder- und Hinterhaus in Bonn.

Um das Modell realisieren zu können, musste jeder von ihnen aber auch beruflich so viel Freiraum haben, um sich mindestens einen Tag in der Woche frei machen zu können. Diese Überlegung hatte beim beruflichen Wechsel von Insas Mann in die therapeutische Gemeinschaft bereits eine Rolle gespielt. Mit zusätzlichen Diensten und Überstunden, Wochenendarbeit etc. bei ihm und mit der freieren Zeiteinteilung einer wissenschaftlichen Stelle bei ihr war es möglich, einen Tag in der Woche frei zu bekommen. Die faktische Durchführung des Modells war dann aber doch sehr viel schwieriger und verlief je nach Altersphase der Kinder unterschiedlich.

Kinderbetreuung Phase 1

Als Jonas geboren wurde, hatte Insa noch zwei Monate Mutterschutz und Urlaub; das Modell lief dann mit Semesterbeginn im Herbst 1982 an. Die Kinderbetreuung fand zunächst im teilweise renovierten Hause der anderen Familie statt. Allerdings brachte die Koordination der teilweise unterschiedlichen Interessen der beiden beteiligten Familien immer auch Schwierigkeiten mit sich. Da Insa in Vollzeit arbeitete, die andere Mutter aber nur halbtags, musste Insa noch eine Extralösung finden in Form einer Betreuung an zwei halben Tagen in der Wohnung der engagierten Kinderfrau. Etwas später kam dann noch ein weiterer Junge aus einer anderen Familie hinzu, so dass unter den dann drei gemeinsam betreuten Kindern ein Altersabstand von einem Dreivierteljahr bestand, was in diesem frühen Alter doch etwas ausmacht. Deswegen musste neben der Kinderfrau in jedem Fall immer noch eine zweite Person, eben ein Elternteil aus den drei Familien, mit dabei sein. Angesichts der unterschiedlichen Temperamente der Kinder und auch der letztlich nicht immer übereinstimmenden Erziehungsvorstellungen von Eltern und Kinderfrau wurde diese Form der Betreuung eine große Belastung. Dann orientierte sich die Kinderfrau ohnehin beruflich anders und sie mussten eine neue Lösung finden.

Kinderbetreuung Phase 2

Zunächst schied die hinzugekommene dritte Familie aus dem Modell aus. Bei der Suche nach einer neuen Kinderfrau stellte man dann fest, dass sich vor allem arbeitslose Sozialpädagoginnen für eine solche Tätigkeit interessierten. Diese nahmen aber natürlich eine Anstellung als Kinderfrau in einem Privathaushalt nur als zweite Wahl an. Überhaupt waren schon die Auswahl und die Bewerbungsgespräche mit den Kinderfrauen aufgrund der unterschiedlichen Vorstellungen und Sympathien der verschiedenen Beteiligten jedes Mal kein einfaches Unterfangen. Schließlich fand man eine diplomierte Pädagogin, die in den USA einen Masterabschluss in Family Relations erworben hatte, somit auch wissenschaftlich orientiert war, sich aber dennoch interessiert auf die Kinderbetreuung einlassen wollte. Diese Kinderfrau kam dann an drei Tagen ganztägig. Die Situation änderte sich aber recht bald wieder, als die andere Familie ein zweites Kind erwartete und nun die Frage einer weiteren Regelung anstand. Die Kinderfrau willigte schnell ein, es nach einem halben Jahr Erziehungsurlaub der anderen Mutter auch mit den drei Kindern in dieser Altersmischung zu versuchen.

Die pädagogisch sehr interessierte Kinderfrau unternahm zwar viele und auch schöne Dinge mit den Kindern, der Haushalt aber blieb dann oft am Ende des Tages als Schlachtfeld zurück. So sei das Nachhausekommen mitunter ziemlich erschöpfend gewesen, meint Insa. Die Kinder hätten einen angestrahlt, schön gespielt und seien stolz auf die verfertigten «Produkte», gleichzeitig aber bis über beide Ohren verschmutzt gewesen, und die Wäsche- und Spülberge hätten sich angehäuft. Eine zusätzliche Hilfe im Haushalt aber war aus finanziellen Gründen nicht möglich, und außerdem bestanden ideologische Vorbehalte nach dem Motto, den Dreck, den man mache, solle man auch selber wegmachen.

Insgesamt sei diese Zeit ziemlich anstrengend gewesen, sagt Insa heute, und sie wisse eigentlich nicht genau, wie das überhaupt funktioniert habe. «Denn darüber hinaus hatten wir auch als Paar immer den Anspruch, Zeit für uns rauszuschneiden. Außerdem haben wir fast keine Entlastung durch die Familie gehabt. Ab und zu sind meine Eltern aus Kassel gekommen, das ist dann auch immer schön gewesen.» Und obwohl sie die Entfernung von ihrer Familie ja immer gewollt habe, habe sie jetzt zum ersten Mal gemerkt, dass einigermaßen fit gebliebene Großeltern bei kleinen Kindern eine riesige Entlastung sein könnten. «Vor allem die Selbstverständlichkeit des Einspringens ist etwas, das man bei Leuten, die man bezahlt, einfach nicht hat und auch nicht erwarten darf.» Die gegenseitige Hilfe der beiden im renovierten Haus lebenden Familien funktionierte eher bei kleineren Babysitteranforderungen, ansonsten versuchte jede

Familie mit ihren eigenen Ressourcen über die Runden zu kommen.

Dieses Modell wurde praktiziert, bis Jonas drei Jahre alt war, und auch mit dem hinzugekommenen zweiten Kind der anderen Familie lief es einigermaßen gut. Anfangs, als nur die beiden Jungen da waren, fand die Betreuung in der Wohnung von Insas Familie statt. Später dann, als noch die mittlerweile halbjährige Tochter der anderen Mutter dazustieß, betreute die Kinderfrau alle drei Kinder abwechselnd eine Woche in der einen und eine Woche in der anderen Wohnung. Als die Kinderfrau aber schließlich ein berufliches Angebot bekam und kündigte, musste einmal mehr eine neue Lösung gefunden werden.

Kinderbetreuung Phase 3

Man suchte eine neue Kinderfrau, und es kam zu einem mühseligen Bewerbungsverfahren, bei dem schließlich wieder eine Sozialpädagogin ausgewählt wurde. Diese war relativ laut und unbekümmert, was den Kindern gut gefiel, den Erwachsenen allerdings weniger. Insgesamt gesehen hätten die Kinder, insbesondere die beiden Jungen, ein herzliches und liebevolles Verhältnis zu ihr gehabt und sich gut mit der Kinderfrau verstanden, so dass Insa eine überwiegend positive Bilanz dieses für die Erwachsenen teilweise doch sehr belastenden Beziehungsarrangements zieht. Letztlich seien aber alle Beteiligten nach diesen drei Jahren froh gewesen, dass die private Koordination endlich ein Ende hatte. Die Kinder der anderen Familie gingen von da an in ein «Kinderhaus». Das war eine Elterninitiative, bei der man einmal in der Woche auch selbst anwesend sein musste oder eine Woche lang für das Kochen zuständig war. Bei Elternversammlungen und Diskussionen um das pädagogische Konzept wurde man ebenfalls regelmäßig eingespannt. Insa und ihrem Mann sei damals aber vollkommen klar gewesen, dass sie nicht auch noch Zeit und Kraft hatten, in irgendwelchen Elterninitiativen mitzuarbeiten. So erkundigte sich Insa zwar auch nach einem Platz in der Kita direkt neben der Uni, bei der ähnliche Ansprüche bestanden hätten. Sie seien sich aber einig gewesen, dass eine Elterninitiative nur etwas für Paare sei, bei denen mindestens einer nur halbtags arbeite, aber nicht für sie und ihren Mann, der durch seine Arbeit in der therapeutischen Gemeinschaft, gerade durch Bereitschaftsdienste und Wochenenddienste, ebenfalls sehr eingespannt war.

In der eigentlich gewünschten Einrichtung kamen sie nur auf die Warteliste, so dass sie wieder eine Übergangslösung finden mussten. Die Wahl fiel auf eine Kita in einem sozialen Brennpunkt, wo Jonas als Kleinster Verwunderung bei den älteren Kindern auslöste, weil er schon «richtig sprechen» und alleine sorgfältig essen konnte und auch schon wusste, wie viel er essen wollte. Allerdings hatte die Kita nur bis vier Uhr geöffnet, weswegen Insa ihn höchstens an zwei oder drei Tagen selber rechtzeitig würde abholen können. Da auch ihr Mann das nicht einrichten konnte, musste für diese Aufgabe wieder jemand gefunden werden. Insa wollte das diesmal mit ein bisschen Hilfe im Haushalt kombinieren, was sich aber als schwierig erwies. Es gab damals noch keine Vermittlung für Kinderfrauen oder Babysitter in Bonn, und man habe das auf eigene Faust organisieren müssen.

Entlastung habe es dann erstmals gegeben, als Jonas ein Jahr später endlich einen Platz in der gewünschten Kita bekam. Diese lag räumlich günstiger und hatte vor allem länger geöffnet, nämlich bis 17.30 Uhr. Bezeichnenderweise sei die Gruppe der Kinder, die länger blieben, immer als «Notgruppe» bezeichnet worden. Es war eben die Notgruppe für die Kinder mit den «bösen Eltern» beziehungsweise «bösen Müttern», und die Kinder waren die «einsamen Häschen», die noch bei den Kindergärtnerinnen auf dem Schoß sitzen mussten, bis ihre Eltern sie hechelnd, «auf den letzten Drücker» abholten. Insgesamt sei das dann aber schon eine große Entlastung gewesen, zumal es eine Einrichtung mit letztlich freundlichen, engagierten Erzieherinnen war.

In dieser Zeit, als Jonas etwa vier Jahre alt war, fiel dann auch noch eine Fehlgeburt von Insa. Sie habe noch ein zweites Kind gewollt und der Abstand von vier Jahren sei eigentlich der gewünschte gewesen. Die Tochter Jolande wurde dann 1987 geboren; beide Kinder sind fünf Jahre auseinander.

Kinderbetreuung Phase 4

Mit Jolandes Geburt musste die Kinderbetreuung wieder neu geplant werden. Im Geburtsvorbereitungskurs trafen sie ein Paar, das Insas Mann von früher kannte, und man tauschte sich über die Möglichkeiten der Kinderbetreuung aus. Gemeinsam überlegte man, ob es nicht Sinn machen würde, sich eine Kinderfrau für zwei oder drei Kinder zu suchen und den Ort der Betreuung rotieren zu lassen, diesmal unter klareren Bedingungen. Angestrebt war auch, nur für die drei mittleren Wochentage eine Kinderfrau zu nehmen, die dafür aber relativ lange, von morgens 8 bis abends 18 Uhr, die Betreuung übernehmen würde. Montags und freitags sollten dann andere Lösungen gefunden werden. Das andere Paar hatte von einem solchem Modell zwar noch nie etwas gehört, war aber grundsätzlich interessiert. Noch bevor die Kinder geboren waren, wurde verabredet, es zumindest so zu versuchen. Das war allerdings insofern etwas schwierig, als Jolande etwa drei Monate älter war als das andere Kind, Insa nach dem Mutterschutz wieder direkt arbeitete und die andere Mutter ein halbes Jahr Erziehungsurlaub nehmen wollte.

Wieder brauchten sie übergangsweise eine Form der Betreuung und suchten erneut per Annonce nach einer Kinderfrau. Diesmal meldete sich eine Studentin, die eine Zeit lang mit dem Studium aussetzen und gerne etwas mit Kindern machen wollte, so dass eine Perspektive von einem halben Jahr realistisch war. Die Betreuungssituation ließ sich gut an, zumal Jolande ein ausgesprochen pflegeleichtes, freundliches Kind war. Die Kinderfrau kümmerte sich rührend um sie, nur die Probleme mit der Erledigung des Haushalts blieben ein eher sensibles Thema. Jonas sei weiter in den Kindergarten gegangen, in dem auch Jolande schon mit der Geburt angemeldet wurde. Es war zudem klar, dass Jonas nach der Einschulung dort auch weiter in den Hort gehen sollte. Dann würde man für beide Kinder nur einen Laufweg haben, was wiederum eine Entlastung bedeutete.

Ein erneut anstehender Wechsel der Kinderbetreuung für Jolande und das Kind der befreundeten Eltern fand nicht statt, weil man die «Kinderfrau» für einen Zeitraum von weiteren zwei Jahren gewinnen konnte. Alles in allem sei das auch gut gelaufen, trotz einer unterschiedlichen Einschätzung der «pädagogischen Arbeit» der jungen Frau. Insa habe überwiegend das Gefühl gehabt, den Kindern gehe es gut, und ihr sei es nicht so wichtig gewesen, ob darüber hinaus auch noch eine intensive Förderung der Kinder stattfand. Bis heute hält Insa ein solches Modell, solange es keine guten Krippen oder Ähnliches gibt, für relativ praktikabel. Für jemanden, der mit Kindern arbeiten wolle, könne ein solcher Job für eine bestimmte Zeit attraktiv sein, auch wenn er sicherlich seinen Preis hat. Man ist immer in einem fremden Haushalt, hat im Grunde keinen eigenen Arbeitsplatz und – anders als bei der Arbeit in einer Kita – wahrscheinlich immer auch ein Gefühl der Isolation, weil der Austausch mit den Eltern in der Regel ja nicht der zentrale Bestandteil der Tätigkeit ist. So komme es sehr auf die Auswahl der richtigen Person an: «Allein die Tatsache, dass jemand viele Geschwister hat oder mit Kindern schon immer gut ausgekommen ist, reiche nicht aus.» Eine Lösung mit einem Au-pair-Mädchen hätten Insa und ihr Mann nicht haben wollen, weil man diese Lösung im Bekanntenkreis häufig als schwierig erlebt habe und außerdem die eigene Wohnsituation keinen hinreichenden Raum dafür bot.

Als Jolande dann in den Kindergarten ging, besuchte Jonas den Hort, und Insa konnte die beiden fast immer gemeinsam abholen. Auch Jolande hat dann noch bis zum vierten Schuljahr den Hort besucht. Dadurch, dass beide Kinder altersmäßig so weit auseinander sind, hat Insa das Gefühl gehabt, insgesamt 15 Jahre lang in dieser Einrichtung ein und ausgegangen zu sein. Etwa zeitgleich mit Jolandes Geburt setzte Insa Mann seinen lange gehegten Plan um, sich selbstständig zu machen. Dadurch entstand zwar wieder eine kumulative Belastung, auch finanziell, aber mit der Geburt des zweiten Kindes sei ihnen klar gewesen, dass einer von ihnen beiden beruflich irgendwie flexibler werden musste. «Mein Mann hat immer einen Tag frei gehabt und mit einem anderen Paar, das auch ein Kind im selben Kindergarten und Hort hatte, haben wir uns so arrangiert, dass die Kinder im ersten Schuljahr nur an drei

Tagen in den Hort und an den anderen beiden Tagen mittags einmal zu der einen und einmal zu der anderen Familie gegangen sind. Zusammen mit den Kindern hat mein Mann dann immer gekocht und darüber auch ein kleines Kochbuch geschrieben. Er hat jetzt eben selbst bestimmen können, wann er anfing, wann er aufhörte und wann er zur Verfügung stand. «Das sei später dann noch sehr wichtig geworden, weil sich die Schulferien, insbesondere die Herbst- und Osterferien, oft nicht mit den Semesterferien deckten. Insa hatte dann oft «volles Semester», während die Familie dachte, es seien doch Ferien ... Als Lösung bot sich der Kauf eines Ferienhauses in Holland an. «Das hat sich zwar mehr oder weniger zufällig ergeben, wir haben es aber auch gemacht, um in den Ferien eine Ausweichmöglichkeit zu haben.» Denn für Insa war es schwierig, dass die Familie wenig Verständnis dafür zeigte, dass sie auch in den Ferien ihre Tage im Institut beziehungsweise an der Uni in Siegen verbringen musste. Ihr Mann habe seinen Freiraum so genutzt, sich sämtliche Schulferien frei zu nehmen und mit den Kindern zu verbringen. Insa fuhr dann am Wochenende mit der Bahn hinterher. Den Kindern und überhaupt dem ganzen Familienleben habe das sehr gut getan. «Es ist natürlich wieder eine sehr individuelle Lösung gewesen, aber ohne solche individuellen Lösungen kann das mit der doppelten Berufstätigkeit oft nicht funktionieren», meint Insa.

In der weiterführenden Schule ging Jonas dann zunächst in ein Silenzium, eine Art Hausaufgabenbetreuung in der Mittagszeit. Ab den höheren Klassen fanden Insa und ihr Mann eine Lösung, dass mittags eigentlich immer jemand zu Hause war. Insas Kinder sind inzwischen fast erwachsen; Jonas studiert VWL in München, Jolande hat gerade ihr Abitur gemacht und ist auf dem Sprung in ein Freiwilligenprojekt nach Malaysia. Das Fernweh und die Lust am Reisen sind etwas, was die ganze Familie bis heute sehr verbindet. Die gemeinsamen Reisen an mehr oder weniger exotische Orte sind bis heute ein ganz zentraler, oft fröhlich erinnerter Bestandteil der Familienkultur, so dass sich in der Gesamtschau die Zeiten von Anstrengung und Überforderung relativieren.

Kapitel 10

Wie Mütter Karriere machen: Erfolgswissen als «Tacit Knowledge»

Von Brigitte Rollett

Prolog

Im September 1997 kam es anlässlich der 13. Tagung für Entwicklungspsychologie in Wien zu einer denkwürdigen Veranstaltung außerhalb des offiziellen Programms: Die Gastgeberin, Frau Professor Dr. Brigitte Rollett, nahm sich trotz der zahllosen Verpflichtungen, die mit der Ausrichtung und Durchführung einer solchen Tagung verbunden sind, Zeit für ein persönliches Gespräch über die Familie. Seit einem Symposium mit dem Titel «Familie und Beruf» auf einer Vorgängertagung hatte sie sich gemerkt, dass ich Mutter zweier kleiner Kinder war (was als Gedächtnisleistung noch erstaunlicher wird, wenn man weiß, dass am Wiener Institut für Psychologie regelmäßig zwischen 6000 und 8000 Studierende versorgt werden). Brigitte Rollett ist nicht nur eine herausragende Wissenschaftlerin, sondern auch eine hervorragende Psychologin, nicht nur im klinischen Bereich, sondern auch im Coaching, mit guten Vorschlägen aus ihrem Erfahrungsschatz, die sie bereitwillig an jüngere Kolleginnen weitergibt. Also erlaubte ich mir die Frage, ob sie diesen Erfahrungsschatz nicht auch anderen Kolleginnen mit Kindern zugänglich machen wollte, und dachte dabei an die nächste Tagung. «Aber gerne», lächelte sie und schlug gleich den nächsten Tag vor, in der Mittagspause könne man sich in einem etwas versteckt gelegenen kleineren Raum treffen. Bis fünf vor zwölf trommelte ich noch Kolleginnen zusammen, und dann saßen wir zusammen und lauschten ihren Erzählungen und Tipps. Brigitte Rollett hat vier Kinder großgezogen und war eine Professorin der ersten Stunde. Sie hat in Graz studiert und in Osnabrück, Kassel und Bochum gelehrt, bevor sie 1979 auf ein Ordinariat nach Wien berufen wurde. Im Jahr 2003 wurde sie emeritiert. Dank ihres österreichischen Charmes gibt es bei ihren Berichten auch immer etwas zu schmunzeln. Mit diesem kleinen informellen Symposium hat sie einen wichtigen Anstoß gegeben, der sich dann bei weiteren informellen Treffen auf anderen Tagungen zur Idee verdichtete, aus diesem Erfahrungsschatz ein Buch zu entwickeln. Dass Brigitte Rollett ein Kapitel dazu beigesteuert hat, ist uns eine besondere Freude.

Barbara Reichle

Frauen haben im Laufe des 20. Jahrhunderts nicht nur den Zugang zum Studium erreicht, sondern auch die Möglichkeit, eine universitäre Karriere mit Aussicht auf Erfolg anzustreben. Nach wie vor handelt es sich aber um einen mühevollen Weg. Den gesetzlichen Regelungen zur Frauenförderung ist es zu verdanken, dass die Vorbehalte gegen die Beschäftigung von Wissenschaftlerinnen allgemein, solchen mit Kindern im Besonderen heute nicht mehr offen ausgesprochen werden. Unter der Decke sind sie aber immer noch wirksam, so dass Wissenschaftlerinnen gezwungen sind, sich gezielt mit ihnen auseinanderzusetzen.

Wie bei jeder Familie, in der beide Eltern berufstätig sind, spielt natürlich auch in einem Wissenschaftlerinnenhaushalt die kompetente Organisation des Familienalltags eine wichtige Rolle, um eine reibungslose Integration von Berufs- und Familienarbeit zu gestatten und, was besonders wichtig ist, die Belastung in Grenzen zu halten. Wie die Karrieren von Wissenschaftlerinnen zeigen, die es – mit oder ohne unterstützungswilligem Partner – geschafft haben, wissenschaftlichen Erfolg und Familiengründung miteinander zu verbinden, handelt es sich um ein durchaus lösbares Problem.[1]

Unverholen artikulierter Widerstand gegen Frauen in der Wissenschaft ist heute im Vergleich zu den fünfziger Jahren seltener geworden, obwohl es in Fächern mit einem niedrigen Frauenanteil noch immer zu entsprechenden Entgleisungen kommen kann, wie Ritsch-Marte und Ambros-Draxl in ihrem 1996 erschienenen engagierten Artikel «Dear Sir, ... Anmerkungen zum Physikerinnen-Dasein» berichten.[2] Probleme entstehen eher dadurch, dass gängige Vorurteile selbst in «frauenfreundlichen» Disziplinen wie beispielsweise der Psychologie unterschwellig eine Rolle spielen, und zwar nicht nur bei Entscheidungen über Stellenbesetzungen, sondern bereits im Vorfeld der Karriereförderung von Mitarbeiterinnen: So wird das «Erfolgswissen» (d. h. jene Informationen, die in einer bestimmten beruflichen Situation karriereförderlich sind) Mitarbeiterinnen von ihren Vorgesetzten oft nicht vermittelt. (Gelegentlich mag dahinter durchaus auch die Sorge stehen, eine verlässlich zuarbeitende Mitarbeiterin zu verlieren.) Dazu gehören etwa Hinweise, wie man sich erfolgreich um eine weiterführende Stelle bewirbt, wo man sich die für die angestrebte Position relevanten Informationen besorgen kann, wie man ein Forschungsprojekt beantragt und managt und eine eigene Arbeitsgruppe aufbaut, welche Themen im Mainstream liegen und daher gut in Zeitschriften mit einem hohen Impactfaktor untergebracht werden können, wer die Opinionleader im eigenen Fach beziehungsweise im eigenen Arbeitsschwerpunkt sind und wie man Zugang zu ihnen erhält und anderes mehr. Eine der Voraussetzungen für ein erfolgreiches Karrieremanagement ist es daher, gezielt einschlägige Informationen zu sammeln, wann immer man durch Zufall auf sie stößt. Dies ist vor allem für «familienbelastete» Frauen wichtig, da sie darauf angewiesen sind, ihre Karriere möglichst kompetent zu planen.

Karrierewissen als «Geheimwissen»

Bereits vor 20 Jahren stellten sich Sternberg und seine Forschergruppe die simple Frage, wodurch sich erfolgreiche von weniger erfolgreichen Wissenschaftlern im Fach Psychologie unterscheiden. Dies führte zu einem umfassenden Forschungsprogramm.[3] Das – damals unerwartete – Ergebnis war, dass ein Großteil des Erfolgswissens, das notwendig ist, damit Personen in einem bestimmten Tätigkeitsfeld Karriere machen können, nicht offiziell weitergegeben wird. Im Anschluss an Polanyi[4] bezeichnete Sternberg es daher als «Tacit Knowledge» (Geheimwissen). Erfolgswissen bleibt nicht nur deshalb geheim, weil die Personen, die über das entsprechende Wissen verfügen, der Meinung sind, dass es sich um «Selbstverständlichkeiten» handle, die ohnehin allgemein bekannt seien. Das Zurückhalten relevanter Informationen stellt vielmehr eine häufig eingesetzte, sehr wirksame Manipulationstaktik dar.

Wagner und Sternberg entwickelten aus diesem Grund einen Tacit-Knowledge-Test zur Unterstützung der wissenschaftlichen Karriereplanung im Fach Psychologie. Dazu wurden Experten zwölf karrierebezogene Entscheidungssituationen vorgelegt. In einer dieser Situationen wurde zum Beispiel danach gefragt, was eine Person tun sollte, die das Ziel hat, in ihrem Forschungsfeld eine Koryphäe zu werden und eine Lebenszeit-Professur zu erringen. Als Optionen wurden folgende Möglichkeiten angegeben, die hinsichtlich ihrer Brauchbarkeit zur Erreichung dieser Ziele zu bewerten waren: 1. Die Qualität ihrer Lehre zu verbessern. 2. Einen Antrag auf Forschungsmittel zu schreiben. 3. Ein Langzeit-Forschungsprojekt zu beginnen, das zu einem wichtigen theoretischen Artikel führt. 4. Sich darauf zu konzentrieren, mehr Studierende für die Mitarbeit an der eigenen Forschung zu rekrutieren. 5. An einer universitären Arbeitsgruppe zur Untersuchung der Beziehungen zwischen der Universität und der Gemeinde teilzunehmen. 6. Mehrere zusammenhängende kleine Forschungsprojekte durchzuführen, wobei jedes zu einem empirischen Artikel führt. Die Antworten besonders aktiver, erfolgreicher Professoren an den besten Universitäten wurden mit den Antworten von Professoren an niedriger bewerteten Universitäten verglichen. Es zeigte sich, dass nur die eindeutig forschungsbezogenen Optionen karriererelevant waren, ein in den achtziger Jahren höchst unerwartetes Ergebnis, da nach der offiziellen Ideologie vor allem Studierendenorientierung, Engagement in der Lehre und in der Praxis («Giving Psychology Away»-Bewegung) hoch bewertet wurden und daher als karriererelevant galten. Wagner und Sternberg entwickelten das Konzept weiter, indem sie zwischen Tacit

Knowledge bezüglich des *Selbstmanagements*, des *Managements anderer* und des *Tätigkeitsmanagements* im «lokalen» (durch den Arbeitsplatz definierten) sowie im «globalen» Arbeitsumfeld unterschieden.[5]

Da Akademikerinnen noch immer mit subtilen Benachteiligungen in ihrem Arbeitsfeld konfrontiert werden, kommt außer dem kompetenten Tätigkeitsmanagement dem Selbstmanagement und dem Management anderer in entscheidenden Situationen eine besondere Bedeutung zu. So ist es beispielsweise bei der Übernahme einer neuen Stelle wichtig, von Anfang an so zu agieren, dass man von der Kollegenschaft nicht nur als Wissenschaftlerin, sondern auch als Gruppenmitglied akzeptiert wird, was ein entsprechendes Wissen über die der jeweiligen Situation entsprechenden Formen der Selbstpräsentation und ein angemessenes Gruppenmanagement erfordert. Dazu ein Beispiel: Eine neu ernannte Professorin nahm zum ersten Mal am wöchentlichen Treffen der (nur männlichen) Professoren des Fachbereiches teil, bei dem auch Kaffee getrunken wurde. Mitten in einer angeregten Diskussion herrschte sie ein Kollege an: «Sehen Sie nicht, dass meine Tasse leer ist!» Wie soll frau auf so etwas reagieren? Akzeptiert sie den Befehl, dann ist sie unter Umständen auf Dauer auf eine «Dienstleistungsrolle» festgelegt; lehnt sie es ab, den Kollegen zu bedienen, wird sie womöglich als «zickig» abgestempelt. Ihre Lösung: Mit größter Freundlichkeit stellte sie dem Kollegen die Kanne hin und sagte: «Tut mir leid, ich habe nicht bemerkt, dass Sie die Kanne nicht erreichen können.» In der Folge unterblieben «Prestigekämpfe» auf diesem Niveau. Der nächste, eine wesentlich relevantere Frage betreffende Versuch, sie auf einen niedrigeren Gruppenstatus festzulegen, bestand in der Mitteilung, dass «in diesem Fachbereich Antrittsvorlesungen nicht üblich» seien – eine glatte Fehlinformation, wie sich schnell herausstellte. (Die Antrittsvorlesung fand natürlich statt.) Das letztere Beispiel zeigt einen besonders wichtigen Aspekt des Erfolgswissens auf: Informationen sollten grundsätzlich nicht ungeprüft übernommen und notwendigen Auseinandersetzung nicht aus dem Weg gegangen werden (was Frauen oft schwerfällt).

Bereits bei der Bewerbung um eine Position im Wissenschaftsbereich können unterschwellige Vorurteile gegen verheiratete Frauen allgemein und Frauen mit Kindern im Besonderen bei der Besetzungskommission Probleme aufwerfen. Es ist daher empfehlenswert, keinen «Lebenslauf» abzugeben, sondern nur einen «Beruflichen Werdegang». War die Bewerbung erfolgreich, kann die zufällig publik gewordene Tatsache, dass eine Familie existiert, paradoxerweise zu besonders positiven Kommentaren darüber führen, dass die neue Kollegin sich nicht nur als Wissenschaftlerin qualifiziert hat. Dabei ist allerdings einiges zu beachten, um nicht nachträglich in die Abwertungsfalle zu geraten: Bei familienbedingten Verhinderungen sollte man keinesfalls erwähnen, dass etwa der Babysitter ausgefallen sei, sondern nur von einem «wichtigen unvorhergesehenen Termin» sprechen, wie dies die männlichen Kollegen bei privaten Terminen schließlich auch tun.

Um eine weitere Kategorie von Vorurteilen, denen man besser gleich begegnen sollte, geht es, wenn der Ehemann im selben Fachgebiet arbeitet: Unreflektiert wird in einem solchen Fall oft angenommen, dass die Frau nur mit Hilfe ihres Partners zu Publikationen gekommen sei, beziehungsweise bei gemeinsamen Veröffentlichungen nur untergeordnete Arbeiten verrichtet hätte. Frauen sollten daher bei ihren Publikationen grundsätzlich ihren Geburtsnamen verwenden. Dies sind nur einige Beispiele, die Wissenschaftlerinnen, die schon länger «im Geschäft» sind, beliebig ergänzen können.

Die frühen Untersuchungen der Forschergruppe um Sternberg führten zu der Empfehlung, möglichst viel Zeit und Engagement in die Forschung zu investieren und Lehr- und Verwaltungsaufgaben, so weit es die Verhältnisse gestatten, zu reduzieren. Dies stellte in den achtziger Jahren eine echte «Geheiminformation» dar. Dass Tacit Knowledge, langfristig gesehen, nicht immer geheim bleibt, sondern in offizielle Anforderungsprofile eingehen kann, zeigt die jüngere Geschichte des Faches Psychologie: Bei wissenschaftlichen Stellenausschreibungen werden heute fast schon routinemäßig Publikationen in hochwertigen, peer-reviewten[6] internationalen Zeitschriften verlangt. Was aber nach wie vor eher ein «Geheimwissen» darstellt, ist die große Bedeutung, die dem nicht nur fachlichen, sondern auch freundschaftlichen Anschluss an eine internationale Forschergruppe im eigenen Arbeitsfeld und damit der «sozialen Beziehungspflege» zukommt. Derartige Kontaktpersonen sind vor allem in karrierebezogenen Entscheidungssituationen eine unschätzbare Hilfe. Trotz familienbedingter Überlastung sollte diese Form des *socializing* daher nicht zu kurz kommen.

Das kompetente Belastungsmanagement stellt einen der wichtigsten Aspekte bei der erfolgreichen Integration von Familie und wissenschaftlicher Karriere dar. Bei der Bewerbung auf eine neue Stelle sollte daher auch das zu erwartende Arbeitspensum geprüft werden: Halbtagsstellen, bei denen vorausgesetzt wird, dass man selbstverständlich ganztags arbeitet oder bloße «Zuarbeitungsstellen» ohne die Möglichkeit, dass dabei auch eigene Publikationen entstehen können, sollten tunlichst vermieden werden. Dasselbe gilt für Stellen mit einem sehr hohen Lehrdeputat. In der Praxis bedeutet dies nämlich, dass neben dem hohen Engagement in der Lehre ein ebenso großer Einsatz in der Forschung geleistet werden muss, um die nötigen Publikationen für eine weiterführende wissenschaftliche Karriere zu sichern. Für Familienmütter stellt dies daher de facto eine «Dreifachbelastung» dar. Aus diesem Grund sollte eine derartige Stelle nur in Ausnahmefällen (z. B. weil der Partner am selben Ort berufstätig ist) in Betracht gezogen werden.

Erfolgswissen beim Familienmanagement

Wenn es darum geht, beruflichen mit familiärem Erfolg so zu verbinden, dass auch die eigenen Bedürfnisse nicht zu kurz kommen, ist ein sehr spezifisches Erfolgswissen notwendig. Dazu gehören einerseits entwicklungspsychologische Kenntnisse darüber, was Kinder in einer bestimmten Altersstufe an Entwicklungsanregungen brauchen, andererseits Informationen über produktive Formen des Familienmanagements bei limitiertem Zeitbudget.

Eine grundlegende Entscheidung, die Wissenschaftlerinnen und ihre Partner in diesem Zusammenhang treffen müssen, betrifft bereits die Terminierung der Familiengründung. In den neuen Bundesländern ist es noch immer Tradition, dass studierende Frauen ihre Kinder eher noch während des Studiums bekommen, um in der Zeit der beruflichen Qualifikation stärker entlastet zu sein. Dieses Modell hat allerdings den Nachteil, dass Qualifikationskriterien, die heute immer mehr an Bedeutung gewinnen, wie rasches Studium und hervorragende Noten, schwieriger zu realisieren sind, da kostengünstige und zeitlich flexible Betreuungseinrichtungen für die Kinder selten sind. Aus diesem Grund ist die von den meisten Wissenschaftlerinnen bevorzugte späte Mutterschaft leichter mit den beruflichen Anforderungen zu verbinden, nicht zuletzt deshalb, weil die dann besseren finanziellen Ressourcen mehr Planungsfreiheit bieten.

Eine weitere Frage betrifft die Gestaltung der Babypause. Dass ein vollständiger Ausstieg aus dem Beruf während dieser Zeit für Frauen in anspruchsvollen Berufen risikoreich ist, da sie den Anschluss an die aktuelle Entwicklung in ihrem Berufsfeld verlieren, ist mittlerweile allgemeiner bekannt. Weniger bekannt ist die «Traditionalisierungsfalle»: Die ständige Anwesenheit zu Hause verführt Frauen nur zu leicht dazu, auf die bisher vom Partner geleistete Mitarbeit bei der Familienarbeit zu verzichten. Wie unsere eigenen Untersuchungen zeigten,[7] ist eine solche Entwicklung schwer wieder rückgängig zu machen, wenn sich der Partner einmal an den häuslichen Service gewöhnt hat. Es ist daher anzuraten, schon vor der Geburt des Kindes die organisatorischen Vorraussetzungen zu schaffen, um während der Babypause Gelegenheit und Zeit für die wissenschaftliche Arbeit zu haben: Mitarbeit in einem Forschungsprojekt, wobei vieles auch am häuslichen Arbeitsplatz erledigt werden kann, Übernahme eines Lehrauftrages oder, wenn das Baby gut entwickelt und daher «transportfähig» ist, unter Umständen auch die aktive Teilnahme an einem Fachkongress.

Allgemein gilt: Je mehr Mühe in die Erziehung im Säuglings- und Kleinkindalter investiert wird, desto leichter fällt es zunehmend, Beruf und Familie zu verbinden, da die Kinder gelernt haben, sich gut in den Familienalltag einzubringen. Ohne auf Einzelheiten einzugehen, was in dieser Kurzdarstellung nicht möglich ist, sollen einige Prinzipien erläutert werden, die das Management einer Familie mit Kind(ern) neben einer anspruchsvollen beruflichen Arbeit erleichtern. Der Aufbau einer «sicheren Bindung»[8] des Kindes zu den Eltern stellt eine besonders wichtige Voraussetzung dafür dar. Um eine vertrauensvolle Beziehung zwischen Mutter und Kind zu unterstützen, sollte die Mutter einen festen Zeitrahmen dafür reservieren: Bewährt hat es sich, etwa eine halbe Stunde pro Kind und Tag ausschließlich für das gemeinsame Spiel, später für gemeinsame Gespräche vorzusehen – und diese Zeit so in den eigenen Terminkalender einzutragen und ernst zu nehmen, als ob es sich um einen beruflichen Termin handle.

Im zweiten und dritten Lebensjahr kommt es im Interesse eines gut funktionierenden Familienalltags vor allem darauf an, die Neigung des Kindes zum «Selber-machen-Wollen»[9] auszunützen, um Schritt für Schritt seine Selbstständigkeit in vielen Bereichen (selbst spielen, essen und sich anziehen lernen, beim Aufräumen helfen usw.) zu fördern – was nicht nur für das Kind gut ist, sondern auch die Mutter langfristig entlastet. Häufig wird darauf verzichtet, weil es anfangs natürlich schneller geht, wenn man alles selbst erledigt.

Im Sinn einer kindzentrierten Selbstständigkeitserziehung ist es weiters wichtig, die sozialen Beziehungen des Kindes zu fördern, indem man früh damit beginnt, die Kontakte zu den Eltern der Kinder zu pflegen, mit denen der eigene Sprössling zu tun hat: Kindergarten und Schule sollten unbedingt nach dem Gesichtspunkt ausgewählt werden, dass eine kompetente, freundliche Förderung des Kindes gesichert ist. Nicht nur für das Kind, sondern auch für die Mutter ist eine stressfreie Kindergarten- und Schulsituation wesentlich. Sollte es sich herausstellen, dass – zum Beispiel weil die tüchtige Kindergärtnerin oder Klassenlehrerin die Arbeitsstelle gewechselt hat – plötzlich große soziale und andere Probleme auftreten, die sich nicht beheben lassen, sollte rasch eine neue Einrichtung gesucht werden, auch wenn das Kind vorerst dagegen sein sollte, da es fürchtet, seine Freunde und Freundinnen zu verlieren. Kinder haben noch keine Vorstellung davon, dass man seine Freunde auch einladen und besuchen kann, wenn man nicht mehr gemeinsam in derselben Einrichtung ist, und müssen daher beruhigt werden, dass sie ihnen selbstverständlich erhalten bleiben.

Ein besonderes Problem stellen berufsbedingte längere Abwesenheiten der Mutter dar. Sie sind für Kinder immer eine Belastung. Es ist daher wichtig, sie so schonend wie möglich zu gestalten. Dazu gehört eine dem Alter entsprechende Vorbereitung, so dass das Kind weiß, wann und aus welchem Grund die Mutter abreist und wann sie wiederkommt und die glaubwürdige Versicherung, dass die Mutter selbst auch traurig über die Trennung ist und sich schon auf das Wiedersehen freut. Ebenso wichtig ist der tägliche Anruf und schließlich das kleine Geschenk beim Wiederkommen, damit die Abwesenheit der Mutter für das Kind nicht nur ein negatives Ereignis darstellt. (Wie ich sowohl im Rahmen von Elternberatungen als auch aufgrund der Erfahrung mit meinen eigenen vier Kindern feststellen konnte, ist die Sorge mancher Pädagogen, dass die Kinder hierdurch «verwöhnt» und zu einem «Anspruchsdenken» erzogen würden, völlig unbegründet.)

Eine wesentliche Voraussetzung für ein gutes Gelingen des Familienmanagements sind die verschiedenen unbezahlten oder bezahlten Hilfskräfte, ohne die es aus zeitökonomischen Gründen nicht geht. Soweit sie Betreuungsfunktionen mit übernehmen sollen, müssen sie besonders sorgfältig ausgesucht werden: Ihr Erziehungsstil sollte dem eigenen möglichst entsprechen, sie sollten verlässlich und kompetent sein. Dies gilt sowohl für die ständige Mitbetreuerin/die Tagesmutter etc. als auch für die «Feuerwehrtruppe», die für unvorhergesehene Situationen zur Verfügung stehen muss. Bezüglich der Letzteren hat es sich bewährt, eine Liste von etwa zehn Personen vorrätig zu haben, um für alle Notfälle gerüstet zu sein. Die Mühe, die eine sorgfältige Auswahl aller «Unterstützungspersonen» macht, lohnt sich. Man sollte keinesfalls (z. B. aus Zeitmangel) die Erstbeste, sondern die beste Kraft engagieren, was einiges an Aufwand bedeutet. Erfahrungsgemäß findet man unter zwölf Personen, die sich vorstellen, höchstens zwei, die unter Umständen in Frage kommen. Schon beim Vorstellungstermin kann man dazu erste «Tests» machen. Relativ aussagekräftig ist beispielsweise folgender: Man lässt etwas scheinbar unabsichtlich fallen. Bückt sich die Kandidatin automatisch, kann angenommen werden, dass sie auch in Situationen, die die Kinder betreffen, rasch reagieren wird. Auf jeden Fall sollte zunächst ein Probenachmittag eingeplant werden, bevor man sich auf eine längere Probezeit einlässt (was besonders bei Kindern jenseits des Säuglingsalters wichtig ist, die neben der Pflege vermehrt Spielanregungen und erzieherische Anleitung bei der Bewältigung des Alltags brauchen). Relevante Beobachtungen sind etwa folgende: Beschäftigt sich die Betreffende wirklich mit dem Kind, wenn sie mit ihm allein ist, oder zieht sie es vor, zu telefonieren oder fernzusehen? Kommen beide gut miteinander aus, oder kommt es immer wieder zu Konflikten? Wird auf die Bedürfnisse des Kindes kompetent eingegangen, oder überlässt sie es sich selbst? Die ideale Betreuungsperson stellt nicht nur für das Kind eine erfreuliche Ergänzung der Familie dar, sondern auch für die Eltern. Dies ist von besonderer Bedeutung, wenn die Wissenschaftlerin Alleinerzieherin ist, da auf diese Weise eine «künstliche Großfamilie» entstehen kann, die dem Kind vielfältige soziale Beziehungen bietet.

Sicher stellt die Verbindung von Familie und wissenschaftlicher Karriere eine sehr anspruchsvolle Aufgabe dar; bei guter Planung und Freude an beiden Bereichen ist sie aber nicht nur leistbar, sondern verspricht ein in jeder Hinsicht erfülltes Leben.

Kapitel 11

Gibt es Erfolgsrezepte oder führen viele Wege zum Ziel?

Von Claudia Quaiser-Pohl und Barbara Reichle

Wie die vorangegangenen Kapitel gezeigt haben, sind die Erfahrungen von Frauen, die wissenschaftliche Karriere und Mutterschaft erfolgreich miteinander verbunden haben, durchaus unterschiedlich. Dennoch gibt es einige Dinge, über die sich die Mehrzahl der Befragten einig ist, etwa die Notwendigkeit eines unterstützenden Partners. Auch berichten die meisten von den Vorzügen einer effektiven Alltagsorganisation, in die neben dem Partner andere Personen und später auch die Kinder miteinbezogen sind. In anderen Punkten gibt es allerdings durchaus sehr unterschiedliche Auffassungen, beispielsweise zum optimalen Zeitpunkt der Geburt der Kinder.

Gezieltes Timing und berufliches «Dranbleiben»

Manche halten im Hinblick auf das Timing der Geburt der Kinder eine spätere, dem Karriereweg angepasste Mutterschaft für sinnvoll. Andere plädieren dafür, möglichst früh Kinder zu bekommen, um die mit einer größeren Flexibilität verbundene Studienzeit zu nutzen und in den entscheidenden Phasen der beruflichen Laufbahn «aus dem Gröbsten heraus» zu sein. Während es etwa Petra, Inez und Kirsten nach wie vor positiv finden, ihre Kinder früh bekommen zu haben, plädieren andere für einen späteren Zeitpunkt. So unterstreicht Elisabeth, sie habe ihren Mitarbeiterinnen immer geraten, sich erst dann ein Kind «anzuschaffen», wenn die Daten für die Dissertation vorliegen würden. Sie räumt aber auch ein, dass, obwohl sie sich persönlich nicht getraut hätte, ein Kind während des Studiums zu bekommen, sie dies auch nicht für unmöglich halte. «Es hat den Vorteil, dass man bei einer späteren Bewerbung beziehungsweise Einstellung schon Kinder hat. Bei Bewerbungen bin ich nämlich immer gefragt worden, ob ich Kinder haben wolle. Und auch heute befürchtet jeder bei einer jüngeren Kandidatin ohne Kinder, sie werde ein Kind bekommen und deswegen ausfallen.» Man dürfe dabei aber auch nicht außer Acht lassen, dass nicht jeder die Kraft habe, mit einem Kind ein Studium abzuschließen und auch noch zu promovieren. «Ich selbst habe mir das nicht zugetraut, obwohl ich einiges einstecken kann. In diesem Fall braucht man Eltern oder zumindest eine Mutter, die einen unterstützt, die also den Kindermädchen-Part übernehmen kann.» Wenn diese Möglichkeit besteht, sei dieser frühe Zeitpunkt möglicherweise sogar günstig. Im Hinblick auf das Engagement der dann meistens auch noch studierenden Väter ist Elisabeth allerdings eher skeptisch. Auf diese solle man sich lieber nicht verlassen, «das könnten die jungen Männer auch nicht leisten».

Wieder andere haben das Kinderkriegen noch gezielter an die beruflichen Qualifikationsphasen angepasst nach dem Motto: ein Kind nach dem Diplom, eins nach der Promotion und eins nach der Habilitation beziehungsweise nach der Berufung zur Professorin oder zumindest nach der Verbeamtung. Dies scheint gut und wichtig zu sein, wenn man beruflich nicht den Anschluss verlieren will – darin sind sich eigentlich alle einig.

So findet Kirsten, eine Wissenschaftlerin solle nach der Geburt eines Kindes auf keinen Fall drei Jahre zu Hause bleiben, sondern lieber den frühen Wiedereinstieg vorübergehend mit einer Teilzeitarbeit verbinden, um den Kontakt zur Uni nicht zu verlieren. Auch Elisabeth meint, sie könne die Alternative, eine Zeitlang nicht berufstätig zu sein, eigentlich nicht empfehlen, sie habe es selber ja auch nicht so gemacht. «Allerdings habe ich jüngere Kolleginnen gehabt, die ein bis eineinhalb Jahre ausgesetzt haben. Die Situation ist heutzutage auch eine andere, weil manche Stellen im Rahmen der Elternzeit gesichert sind. Ich kann das vorübergehende Ausscheiden schon verstehen, weil ich selbst erlebt habe, wie erschöpft man in dieser Phase ist. Strebt man eine wissenschaftliche Laufbahn an, sollte man aber nicht komplett aussetzen, vor allem nicht in der heutigen Zeit, wo man in diesem Fall auf keinerlei Rücksicht rechnen kann.» Deshalb empfiehlt sie, lediglich bestimmte dienstliche Verpflichtungen wie die Lehre vorübergehend einzustellen, sich aber weiter der Forschung, also der Promotion oder Ähnlichem zu widmen.

Schließlich gibt es noch einen weiteren guten Grund, die Kinder früher zu bekommen: Die Renten werden in den nächsten Jahrzehnten garantiert nicht steigen, und da mag es durchaus von Bedeutung sein, dass man mehr Anwartschaften ansammelt. Bleibt man beispielsweise mit zwei Kindern fünf Jahre zu Hause und zahlt dann noch 15 Jahre Rentenversicherung auf einer halben Wissenschaftlerstelle ein, ergibt das eine Monatsrente von nicht einmal 500 €, bei Erwerbsunfähigkeit knapp 700 €.

Viele berichteten uns davon, gewissermaßen direkt nach der Entbindung schon wieder gearbeitet zu haben, um «dranzubleiben» und sich und anderen ja keine Schwäche einzugestehen. Manche, darunter Eva, nahmen, als ihre Kinder im Säuglingsalter waren, neben merklichen Einschränkungen fundamentaler persönlicher Bedürfnisse wie Schlaf und Erholung auch noch haarsträubende Arbeitszeiten in Kauf. Oder sie überbrückten lange finanzielle Durststrecken, weil sie ihr gesamtes, ohnehin schon spärliches Teilzeitstellengehalt in die Finanzierung der Kinderbetreuung investieren mussten.

Die befragten amerikanischen Kolleginnen haben allesamt überhaupt nicht ausgesetzt, nicht nur, weil es vor 20 Jahren, als sie ihre Kinder bekommen haben, in den USA keine Mutterschutzregelung gab, sondern weil sie befürchten mussten, dass ihnen eine Auszeit spätestens bei der «Tenure»-Entscheidung über ihre Festanstellung und Beförderung angekreidet werden würde. Alle haben ihre Kinder früh bekommen, was aber auch dadurch erleichtert wurde, dass in den USA die Doktorarbeiten besser betreut und zügiger absolviert werden. «Viele haben mit dem ersten Kind gewartet bis sie ‹Tenure› (Festanstellung) hatten. Ich war aber nicht sehr früh dran – meine erste Qualifikationsstelle nach der Dissertation bekam ich mit 28, geheiratet habe ich erst mit 30. Deshalb wollte ich nicht so lange warten. Das war in den achtziger

Jahren, damals fand man es spät und riskant, wenn jemand mit 35 das erste Kind bekommen hat. Ich kann mich auch noch dran erinnern, dass ich gedacht habe, wenn ich die Festanstellung nicht bekomme, habe ich gar nichts, weder Kinder noch einen Job. Da habe ich mich entschieden, dass ich auf jeden Fall bis 35 meine Kinder haben wollte, mit oder ohne Festanstellung.» Also bekam Rhona ihr erstes Kind mit 31, drei Jahre nach ihrer ersten Anstellung auf eine Stelle als Assistant Professor, das zweite mit 35, zwei Monate nachdem ihr die Festanstellung und die Beförderung zum Associate Professor verliehen worden waren.

Eine passende Kinderbetreuung, das A und O

In Anbetracht des hierzulande relativ schlechten Angebots an institutioneller Kinderbetreuung scheint gerade in Deutschland ein an die jeweilige Lebensphase angepasstes Kinderbetreuungsmodell besonders wichtig zu sein. Dieses kann und muss jedoch sehr individuell sein und kann die unterschiedlichsten Formen annehmen. Viele westdeutsche Mütter wünschen sich zum Beispiel ein besseres Betreuungsangebot für die unter Dreijährigen, denn aufgrund dieses Mangels konnten die meisten diese Phase nur sehr schwer, manchmal sogar nur durch einen vorübergehenden Ausstieg aus dem Beruf überbrücken. Aber auch Kirsten plädiert trotz des guten Angebots an Krippen in Ostdeutschland für das in dieser Altersphase von ihr praktizierte «Pflegemuttermodell», bei dem die Kinderbetreuung in den ersten drei Lebensjahren nicht durch Institutionen, sondern durch eine Kinderfrau übernommen wurde. Man könne so Krankheitszeiten der Kinder einfach besser überbrücken und dadurch berufliche Einschränkungen weitestgehend vermeiden. Auch Clara, die nach den Geburten ihrer Kinder nicht pausiert hat, plädiert für dieses Modell, das sie an ihren verschiedenen Standorten in Afrika und Lateinamerika praktiziert hat: die Kinder blieben in ihrer vertrauten häuslichen Umgebung und die Betreuungsperson könne sich mehr dem einzelnen Kind widmen. Ein weiterer Vorteil kann darin liegen, dass die Kinderfrau auch Haushaltsarbeiten erledigen und so für weitere Entlastung sorgen kann. Wenn man allerdings nicht gerade in Lateinamerika oder Zentralafrika wohnt, ist dies das kostspieligste Modell.

Einige der Befragten halten Regelungen mit Au-pair-Mädchen oder Tagesmüttern für gut und haben diese praktiziert, während sich eine solche Lösung für andere eher nicht rentiert hat oder sie diese Betreuungsform aus verschiedenen Gründen nicht gewählt haben. Zur Lösung mit Hilfe eines Au-pair-Mädchens meint etwa Elisabeth, man müsse sich im Klaren sein, auf diese Weise praktisch eine zusätzliche Tochter zu haben, für die man auch Verantwortung trägt. «Ich persönlich habe immer Au-pair-Mädchen gehabt und dies als sehr hilfreich empfunden, aber auch die Tagesmutterregelung, die zu der Zeit, als meine Kinder klein waren, noch nicht so weit verbreitet war, finde ich sehr gut. So gibt beispielsweise meine Tochter, die halbtags berufstätig ist, ihre Kinder zwei Tage in der Woche zu einer Tagesmutter, was den Enkeln gut bekommt.»

Wichtig sei es auch zu wissen, dass die Zeit, die die Kinder mit ihren Eltern verbrächten, mehr Einfluss habe als die Zeit bei der Tagesmutter, es sei denn diese arbeite mit einem ausgeprägten pädagogischen Konzept, meint Inez. «Deshalb ist es wichtiger darauf zu achten, ob man mit der Betreuungsperson zurechtkommt, als auf das Vorhandensein eines Sendungsbewusstseins. Die Suche nach einer geeigneten Betreuungsperson darf ruhig nach dem Versuch-und-Irrtum-Prinzip verlaufen, man darf dabei erst einmal Fehler machen. Ein Wechsel ist für die Kinder nicht schädlich, wenn man dadurch eine langfristige, gut funktionierende Lösung findet. Lieber das Ganze längerfristig anlegen und die einmal gefundene gute Tagesmutter oder den guten Babysitter auch bei den jüngeren Kinder weiterbeschäftigen, nach dem Motto ‹Don't change a winning team›. Umgekehrt soll man eine Tagesmutter, von der man weiß, dass sie nach einem halben Jahr sowieso wieder berufstätig sein will, lieber gar nicht erst beschäftigen.» Und gerade in den Anfangszeiten dürfe man nicht erwarten, dass alles gleich problemlos funktioniere.

Besondere Klippen und Hürden

Bei noch so guter Planung und Organisation gibt es aber für beruflich erfolgreiche Frauen mit Kindern immer wieder Klippen zu umschiffen und Hürden zu überwinden. Eine besondere Anforderung bergen Erkrankungen der Kinder. Neben den wirklich schweren Krankheiten zählen dazu die «normalen» Erkrankungen, die Kinder immer wieder mal ereilen, wie Schnupfen, Husten, Magen-Darm-Infekte oder die sogenannten Kinderkrankheiten. Vor allem in Phasen, in denen besonders viel Zeit in den Beruf investiert werden muss, kommen diese sehr ungelegen. Als besonders schwierig erlebt hat Kirsten es, wenn eines ihrer Kinder mit 40 Grad Fieber im Bett lag und am nächsten Tag ein wichtiges Experiment anstand. Dann habe sie manchmal auch Kollegen um Hilfe gebeten. «In einer solchen Situation darf man auf keinen Fall verzweifeln», meint sie, «da hilft nur eine pragmatische Organisation und die Fähigkeit, auf neue Situationen schnell zu reagieren.»

Insa erzählte uns, sie habe immer das Gefühl gehabt, die Kinder dürften nicht krank werden, weil Krankheiten das Schlimmste überhaupt gewesen seien. «Mein Sohn Jonas ist schon öfter mal auf Klassenfahrten im Krankenhaus oder zumindest beim Arzt gelandet, weil er gefallen war oder zum Beispiel einen Tischtennisschläger ins Auge bekommen hatte. Letztendlich sind meine beiden Kinder aber auf eine gewisse Robustheit trainiert worden, um auch mit solchen Situationen fertig zu werden. Meine Tochter Jolande erzählt immer noch davon, ihre schlimmste Erfahrung sei es gewesen, ganz alleine mit Masern zu Hause gelassen worden zu sein, weil ich zwei Tage zu einer Tagung und mein Mann tagsüber arbeiten musste. Daran haben wohl auch die liebevolle Betreuung durch den größeren Bruder nach der Schule und die stündlichen Anrufe durch den Vater nichts geändert.»

Derartige Situationen müssen nicht nur von berufstätigen Müttern gemeistert werden, für diese sind sie aber besonders schwierig, weil ihr ohnehin schon fragiles Stützgerüst dadurch leicht ins Wanken gerät. Und weil Fehlzeiten in anspruchsvollen Berufen erhebliche Kosten verursachen können – wenn man weiß, dass

200 Studierende zur Vorlesung kommen, eine Staatsprüfung mit drei Prüfern und einem Prüfling wiederholt werden muss, eine Berufungsentscheidung über einen neuen Kollegen gefällt wird oder jeder Fehltag bei der Entscheidung über die Entfristung der eigenen Stelle zählt – dann sagt man nur im äußersten Notfall ab.

Eine weitere Hürde ist wohl die Schwierigkeit, dem sozialen Druck unter dem Deckmäntelchen des allseits verbreiteten Rabenmutterdenkens nicht standzuhalten. Hier hält Petra es für sehr wichtig, «darauf zu vertrauen, was einem wichtig ist und was man für Wünsche hat, und sich nicht von denjenigen irritieren zu lassen, die meinen, irgendetwas anderes dazu sagen zu müssen. Und wenn es der Zahnarzt ist, der meint, dass die Kinder ihre Zähne nicht gut genug putzen, weil die Mutter berufstätig ist.»

Außerdem dürfe man, so Inez, keinen zu hohen Anspruch an die eigene Mutterrolle haben. «Frauen, die beruflich Karriere machen, haben ja in der Regel schon einen hohen Anspruch an sich selbst und ihre beruflichen Leistungen, wollen immer zu den Besten zählen. Genau diese Einstellung darf man auf keinen Fall auch auf das Familienleben übertragen. Man muss nicht die beste Mutter, nicht auf jedem Elternfest dabei und im Elternrat tätig sein. Viel wichtiger sind der volle Einsatz und die ungeteilte Aufmerksamkeit, die man seinen Kindern und vor allem jedem einzelnen Kind in der begrenzten Zeit schenkt, in der man mit ihnen zusammen ist.»

Wie wichtig der Partner ist und was man von ihm erwarten darf

Auch von der Unabdingbarkeit eines geeigneten Partners berichteten uns viele. Kirsten findet, dass man einen Partner haben müsse, der das große berufliche Engagement von Anfang an akzeptiere oder den man zumindest davon überzeugen könne. Elisabeth antwortet ebenfalls auf die Frage, was ihr am meisten dabei geholfen habe, Karriere und Kinder zu verbinden, sie hätte es sicherlich nicht geschafft, wenn ihr Partner sie dabei nicht unterstützt hätte. Sie habe einige Mitarbeiterinnen gehabt, bei denen das auch so gewesen sei und die jetzt alle Mutter und berufstätig seien.

Sylwia empfiehlt, sich zwar schon frühzeitig den richtigen Partner zu suchen, dann aber erst spät Kinder zu bekommen. «Dann hat man ohne Kind genug Zeit für die Arbeit und für den Partner und kann beruflich zunächst ein großes Stück vorangekommen. Und beim Partner weiß man dann, woran man ist, bevor die Zeit kommt, in der man die elterlichen Freuden und Pflichten mit ihm teilen muss.» Der «richtige» Partner ist, so Sylwia, entweder einer, der Qualitäten als Versorger aufweist, bei dem man allerdings nicht so viel konkrete Unterstützung bei der Kinderbetreuung zu erwarten hat. «Geeignet ist aber auch ein Partner, der für Kinder im Beruf zurücktritt und sein Engagement direkt der Familie widmet, damit man selber ungehinderter vorankommt.»

Auch das Ausmaß der Einbeziehung des Partners in die Kinderbetreuung scheint von Fall zu Fall unterschiedlich gut realisierbar zu sein. So meint zum Beispiel Kirsten, dass die Aufgabenverteilung unter den Partnern so gewählt werden solle, dass beide damit zurechtkommen. Elisabeth hingegen ist der Auffassung, dass die Aufgabenverteilung vom Beruf des Partners abhängen müsse. Eine egalitäre Verteilung, so wie sie und ihr Mann sie praktiziert haben, sei nur dann möglich, wenn der Partner teilweise zu Hause arbeiten könne, wenn er etwa Richter, Selbstständiger oder Wissenschaftler sei. «Das Modell funktioniert nämlich nur dann, wenn auch er einen Teil der Arbeit in der Nacht oder am Wochenende erledigen kann. Ist der Partner dagegen beruflich in ein festes Zeitraster gepresst, halte ich es für völlig unsinnig, ihn zu drängen, sich mehr an der Kinderbetreuung zu beteiligen. Das führt nur dazu, dass beide unzufrieden werden und sich unter Umständen scheiden lassen. Man sollte da lieber realistisch sein und halt einplanen, dass ein komplettes Gehalt für die Kinderbetreuung eingesetzt werden muss.»

Bei den Dual-Career-Paaren haben sich alle Partner der von uns befragten Frauen als Multitalente erwiesen, die sich bei den Haushaltsarbeiten und der Kinderbetreuung engagiert haben – zwar nicht völlig egalitär und nicht immer entsprechend den Standards der perfekten Hausfrau und Mutter, aber überall so, dass es dankbar anerkannt wurde.

Das berufliche Umfeld

Hürden ergeben sich auch im Umgang mit Kollegen und Vorgesetzten, die kein Verständnis für ein derartiges Lebensmodell aufbringen können. Deshalb hat Elisabeth zum Beispiel zwar nie geleugnet, dass sie Mutter ist, sie hat aber auch nicht von sich aus darüber gesprochen. «Ich habe mich höchstens einmal nach den Kindern der Kollegen erkundigt, was ein sehr unverfängliches und bei den meisten ein sehr angenehmes Gesprächsthema gewesen ist. Und natürlich bin ich dann im Rahmen eines solchen Gesprächs auch auf die eigenen Kinder zu sprechen gekommen. Aber im Berufsleben habe ich das nie thematisiert.» Auch habe sie selbstverständlich nie gesagt, dass sie irgendetwas nicht machen könne, weil sie Kinder habe. «Es ärgert mich selber auch, wenn eine Mitarbeiterin mir gegenüber diese Ausrede gebraucht. Das gilt», so schränkt sie ein, «allerdings nicht für Terminverschiebungen, wenn eine Kollegin etwa zu einem bestimmten Termin kein Kindermädchen hat.»

Außerdem warnt Elisabeth davor, von den männlichen Kollegen zu erwarten, dass sie das Modell, das man lebt, für gut und erstrebenswert halten. «Das gilt auch für Kolleginnen, die selbst nicht Mutter sind. Man muss schon zufrieden sein, wenn sie tolerieren, dass man ein anderes Leben führt als sie selber. Ich empfehle in diesem Fall, sich in Gesprächen immer auf eine sachliche Ebene zu beschränken und alle privaten Angelegenheiten für sich zu behalten.» Man solle außerdem bei privaten Schwierigkeiten unter gar keinen Umständen Hilfe von Kollegen erwarten; das würde diese nur unangemessen überfordern. «Erweist sich das einmal als anders, so handelt es sich um eine großartige Ausnahme. Ich habe das aber nie erlebt», meint Elisabeth. Kirsten ist dagegen der Auffassung, dass man sich die nötige Unterstützung, die man braucht, einfordern und sich dementsprechend den richtigen Vorgesetzten beziehungsweise die richtige Vorgesetzte suchen soll – «und wenn er oder sie kein Verständnis hat, ist es besser, die Stelle zu wechseln». Regelrecht warnen würde Elisabeth junge Frauen davor, sich mit einem Vorgesetzten privat einzulassen, also eine Liebesbeziehung einzugehen. «Die meisten in meinem Bekanntenkreis sind dabei kläglich gescheitert.»

Zur Rolle der gesellschaftliche Rahmenbedingungen

Alle unsere Interviewpartnerinnen sind mit den gesellschaftlichen und politischen Rahmenbedingungen für die Vereinbarkeit von Familie und beruflicher Karriere für Frauen in Deutschland noch unzufrieden. So findet beispielsweise Elisabeth, dass die Maßnahmen zur Verbesserung der Vereinbarkeit von Familie und Beruf noch ganz am Anfang stehen und nicht wirklich durchdacht sind. Inez hält es für ganz wichtig, dass die jeweilige Konstellation eine Entscheidung der Frauen selbst ist. «Man kann zwar über Modelle reden und sich beispielsweise unsere Familienministerin ansehen und denken, diese hat das Problem zufrieden stellend gelöst. Meine persönliche Erfahrung aber ist, dass in der Regel leider immer noch die Männer das Geld verdienen und die Frauen oft nicht so gute Stellen bekommen wie die Männer, nicht so viel Geld verdienen wie die Männer, nicht die gleiche Karriere machen wie die Männer – und all das hauptsächlich deswegen, weil sie Frauen sind.» Kirsten wiederum meint, es habe sie schon immer gestört und störe sie auch heute noch, dass eine Wissenschaftlerin mit Kindern zwar im Großen und Ganzen toleriert werde und anerkannt sei, im wissenschaftlichen Alltag die Existenz von Kindern aber eigentlich nicht berücksichtigt werde.

Empfehlungen

Trotz vieler persönlicher Einschränkungen, die damit verbunden sind, stehen bei allen Befragten die Vorteile der Fortsetzung der beruflichen Laufbahn nach der Geburt von Kindern eindeutig im Vordergrund. So ist Elisabeth sich sicher, dass sie eine sehr unzufriedene Mutter gewesen wäre, wenn sie aus irgendwelchen Gründen nicht hätte berufstätig sein können und zu Hause bei den Kindern hätte bleiben müssen. «Das hätte sich sicherlich auch negativ auf meine Kinder ausgewirkt. Die mussten sich zwar damit abfinden, dass ich nicht immer ansprechbar gewesen bin. Ich kenne aber auch viele Fälle von nicht berufstätigen Müttern, gerade aus gut situierten Verhältnissen, die ihren Hobbys nachgehen, zum Beispiel viel auf dem Tennisplatz sind oder abends häufig ausgehen und für die Kinder auch nicht immer greifbar sind. Ich sehe da keinen Unterschied.» Petra schließlich meint, dass sie es immer wieder genau so machen würde, wie sie es gemacht hat.

Bestimmte Grundeinstellungen teilen alle Interviewten, und sie möchten sie Frauen, die ähnliches planen, mit auf den Weg geben. So zeichnen sich fast alle unsere Interviewpartnerinnen dadurch aus, dass sie von ihrer Sache sehr überzeugt sind und ihren Weg immer zielstrebig verfolgt haben. Als besondere Stärke, die ihr geholfen hat, Kinder und Karriere zu vereinbaren, nennt beispielsweise Petra ihren festen Willen und ihren inneren Wunsch, Kinder zu haben und gleichzeitig auch «kognitiv zu arbeiten». «Dem bin ich einfach gefolgt, auch wenn es eine ganze Weile gedauert hat, bis ich überhaupt ein Gefühl dafür hatte, dass beides zusammen möglich ist. Oft habe ich gezweifelt, ob mir der Spagat zwischen Beruf und Familie wirklich gelingen wird und ich in beiden Lebensbereichen gleichzeitig gut genug sein kann.» Petra warnt allerdings davor, einen Lebensbereich zu sehr zu vernachlässigen, wie das bei ihr mit der Partnerschaft der Fall gewesen sei. «Hier muss man darauf achten, dass man sich neben allen anderen Terminen auch für den Partner explizit Zeit nimmt, etwa in Form eines festen Abends in der Woche. Sonst ist es ganz schwer, neben Kindern und Karriere auch die Partnerschaft aufrecht zu erhalten.»

Kirsten ist der Ansicht, dass der starke innere Wunsch, beides haben zu wollen, Kinder und wissenschaftliche Karriere, die wichtigste Voraussetzung für das Gelingen dieses Vorhabens ist. Dies möchte sie anderen Wissenschaftlerinnen, die Kinder haben oder planen, Kinder zu bekommen, mit auf den Weg geben. Auch Inez wollte beides, selbstbewusste Kinder und ein zufrieden stellendes Berufsleben. Und jetzt habe sie viel Freude an ihren Kindern, die inzwischen bereits ihre eigenen Wege gehen und sich in Hinblick darauf, wie man sein Leben anpacken muss, um es selbst zu gestalten, auch ein Beispiel an ihrer Mutter nehmen.

Ebenso wie Petra, die anderen Frauen sagen möchte, «dass es irgendwie geht, dass es sich sehr lohnt und dass man nur sein Ziel nicht aus den Augen verlieren» solle, sieht Elisabeth vor allem ihre extrem hohe Frustrationstoleranz als ausschlaggebend für den Erfolg ihres Modells an. «Ich kann unglaublich viel einstecken und wenn ich ein Ziel auf einem Weg nicht erreiche, versuche ich es eben auf einem anderen.»

Inez meint, außer ihrem Organisationstalent und ihrem Durchhaltevermögen sei eine ihrer Stärken, dass sie die Gedanken an die Kinder und die Gedanken an die Arbeit wie auf Knopfdruck von einer Sekunde auf die andere abstellen könne. «Diese Fähigkeit ist für berufstätige Mütter besonders wichtig.» Ähnliches meint auch Rhona, die sagt, die wichtigsten Fähigkeiten seien Flexibilität, Prioritäten zu setzen und effizient mit der Zeit umzugehen.

Neben dem starken Willen, es zu schaffen, solle man sich, meint Kirsten, aber auch immer genügend Zeit für sich selbst zur Regeneration der eigenen Kräfte nehmen. «Außerdem muss man ausreichend flexibel sein und mit schwierigen Situationen souverän umgehen können, beispielsweise mit der Frage des Chefs, wann denn die nächste Publikation fertig ist.» Neben einer hohen Intensität der Betreuung in der Zeit, in der man mit seinen Kindern zusammen ist, seien dies die wesentlichen Bestandteile ihres Erfolgsrezeptes. «Die größte Gefahr sehe ich darin, dem Irrtum zu unterliegen, dass es einfach ist, Kinder und wissenschaftliche Karriere zu verbinden. Mit persönlichen Einschränkungen muss man auf jeden Fall rechnen.»

Damit diese Einschränkungen nicht dazu führen, dass das Abenteuer «Kinder – Küche – Konferenzen» weiter ein Dauerstressor bleibt, wünschen sich alle an diesem Buch Beteiligten eine Familienpolitik, die die anstehenden Aufgaben beherzt und mit vollem Einsatz anpackt. Die Aufgaben sind klar.

Anmerkungen

Kapitel 1
Kinder, Küche, Konferenzen – Warum berufliche Karriere und Muttersein so schwer zu vereinbaren sind

1 Mitleger & Rathgeber (1988); Reich-Hilweg (1979)
2 § 1354 BGB alt
3 § 1363 BGB alt
4 § 1627 BGB alt
5 § 1634 BGB alt
6 § 1356 BGB alt
7 § 1355 BGB alt
8 § 1356 BGB Abs. 1
9 § 1355 BGB
10 § 1356 BGB
11 § 1360 BGB
12 Eine Zusammenstellung diesbezüglicher Befunde mit Literaturbelegen findet man bei Reichle (1996).
13 Quaiser-Pohl (2001)
14 Statistisches Bundesamt (2005)
15 Lehrstühle oder Ordinariate sind die ranghöchsten und am höchsten dotierten Professuren.
16 Bund-Länder-Kommission für Bildungsplanung und Forschungsförderung (2005)
17 Holighaus (1995)
18 Bundesministerium des Innern (2005); Dorbritz, Lengerer & Ruckdeschel (2005)
19 Wirth & Dümmler (2004)
20 Hey (2005)
21 Bundeszentrale für gesundheitliche Aufklärung (2005)
22 Lohaus (2005)
23 Bundeszentrale für gesundheitliche Aufklärung (2005)
24 Strehmel (1999); Macha & Paetzold (1992)
25 Biller-Andorno et al. (2005)
26 Schmid (1996), S. 144
27 Macha (2005)
28 Hey (2005)

29 Ulrich (2005)
30 Vogel & Hinz (2004)
31 Paetzold (1996)
32 Kluge (1989)
33 Bibliographisches Institut & F.A. Brockhaus (2002)
34 Merriam Webster Online Dictionary
35 Walter & Künzler (2002)
36 Stahmer, Mecke & Herrchen (2003)
37 Scarr (1988)
38 Beck & Beck-Gernsheim (1990)
39 Bründel & Hurrelmann (1996)
40 Geisler & Kreyenfeld (2005)
41 Eichhorst & Thode (2002)
42 Damit soll nicht der Eindruck erweckt werden, dass Kinder- und Erziehungs-/Elterngeld Geschenke wären: Das Kindergeld reicht bei weitem nicht für die zusätzlichen Ausgaben, die durch ein Kind entstehen und für 2002 mit rund 670 Euro pro Monat beziffert wurden. Rechnet man noch den Zeitaufwand dazu, den eine kostengünstige Betreuungskraft zum Tarif einer Haushaltshilfe kosten würde, kommt man auf 1980 Euro im Monat; vgl. Stahmer, Mecke & Herrchen (2003).
43 Eichhorst & Thode (2002)
44 Bundeszentrale für gesundheitliche Aufklärung (2005)
45 Cramm, Blossfeld & Drobnic (1998)
46 Bundeszentrale für gesundheitliche Aufklärung (2005)
47 Hank, Kreyenfeld & Spiess (2004)
48 Lind (2004)
49 Wild & Kracke (1996)
50 Schneider (2002)
51 Z. B. Sieverding (1990); Strehmel (1992); im Überblick Lind (2004)

Kapitel 2
«Under Pressure»: Eine elektronische Eltern-Elegie

1 Knecht (2004)
2 Hörl & Kytir (1998)
3 Gaschke (2005)

Kapitel 3
Auf das Timing kommt es an – Gibt es den optimalen Zeitpunkt für ein Kind?

1 Vinken (2001)

2 Myrdal & Klein (1956)
3 Knüpling (2005)
4 Alexander (2006)
5 Gaschke (2005)
6 Schultz (1991)
7 Mercer (1986); Gloger-Tippelt (1988); im Überblick Reichle (1994)

Kapitel 4
Wege aus dem Chaos – Möglichkeiten der Kinderbetreuung

1 Reis (1992)
2 Eichhorst & Thode (2002)
3 Ahnert, Rickert & Lamb (2000)
4 Z. B. Hayes, Hudson & Matthews (2004)
5 Mounts (2002)
6 Synder, Reid & Patterson (2003)
7 Stattin & Kerr (2000)
8 Paulson, Marchant & Rothlisberg (1998)
9 Aviezer et al. (1994)
10 Spangler (1999)
11 Clarke-Stewart (1998)
12 Z. B. Etaugh (1980)
13 Violato & Russell (2000)
14 Clarke-Stewart (1998)
15 Wessels, Lamb & Hwang (1996)
16 Crockenberg & Leerkes (2005)
17 Borge et al. (2004)
18 Clarke-Stewart (1998)
19 Harnish, Dodge & Valente (1995)

Kapitel 5
Times are changing ...

1 Z. B. Preuss-Lausitz et al. (1989)
2 Z. B. Huston & Aronson (2005)
3 Stuckey, McGhee & Bell (1982), Harrison & Ungerer (2002)
4 Piotrkowski & Katz (1982)
Es gibt auch Literatur dazu, dass die Berufstätigkeit der Mütter in den ersten neun Lebensmonaten ihrer Kinder mit geringeren intellektuellen Leistungen bei dreijährigen Kindern einhergeht (Brooks-Gunn, Han & Waldfogel, 2002).
5 Harvey (1999)

Kapitel 6
Publish or perish – Und wo bleibt die Partnerschaft?

1 von Rosenstiel (1989)
2 Scarr (1988)
3 Beck (1986)
4 Schneider, Limmer & Ruckdeschel (2002)
5 Vgl. zum Überblick Asendorpf & Banse (2000), Kap. 2.1.1
6 Gottman (1994)
7 Bouchard et al. (1998)
8 Vgl. zum Überblick Hill & Kopp (2004)
9 Lazarus & Folkman (1984)
10 Averill (1982)
11 Reichle (1999)
12 Fahrenberg, Hampel & Selg (1989)
13 Asendorpf & Banse (2000), Kap. 2.1.1
14 Hill & Kopp (2004), Kap. 3.4
15 Davies & Cummings (1994)
16 Dadds et al. (1999)

Kapitel 7
Living-Apart-Together
oder Wie sich berufliche Mobilität mit Familie realisieren lässt

1 Petzold (1999)
2 Auch damals gab es natürlich schon Ausnahmen wie die der Urgroßmutter meiner Co-Autorin B. R., die partout in ihrer schwäbischen Heimat bleiben und keinesfalls nach Wien umziehen wollte, weshalb der Urgroßvater trotz seiner tiermedizinischen Entdeckungen nicht Professor geworden ist.
3 Schneider (2002)

Kapitel 8
Zwei Karrieren in einer Familie – Über *dual-career couples* und Familienstress

1 Solga & Wimbauer (2005)
2 Kaufmann (2004)
3 Deutsches Historisches Museum & Artinger (2000)
4 Sprachlich korrekter ist der Begriff «Doppelverdiener» im Fall von Personen, die tatsächlich zwei Einkommen haben, z. B. Abgeordnete, die neben ihrer Abgeordnetentätigkeit noch einer anderen Berufstätig-

keit nachgehen und etwa neben ihren Diäten noch Geschäftsführerhonorare erzielen.

5 Eichhorst & Thode (2002)

6 Sonnert (2005)

7 Beck, P. (Stifterverband für die Deutsche Wissenschaft; persönliche Mitteilung, Sept. 2006)

8 Sonnert (2005)

9 In den USA sind die Lehrverpflichtungen im Allgemeinen deutlich niedriger als in Deutschland: häufig im Wintersemester zwei Lehrveranstaltungen à 3 Std. pro Woche (in Deutschland fünf à 2 Std. pro Woche), im Sommersemester nur eine (in Deutschland vier), aber mehr Sprechstunden, in denen individuell mit den Studierenden gearbeitet wird. Das akademische Jahr dauert nur neun Monate, drei Monate ist man ohne Bezahlung. Verwaltungsaufgaben sind ständige Verantwortlichkeiten (Ausschuss- und Gremienarbeit wie z. B. Prüfungsausschuss oder Zulassungskommission, Leitungsaufgaben wie z. B. Abteilungsleitung oder Dekan, Verantwortlichkeiten für Einrichtungen des Instituts wie z. B. Testsammlung oder Labor, Studienberatung, etc.).

10 Tenure bedeutet Festanstellung nach Entfristung. Der tenure track beginnt üblicherweise nach der Promotion und dauert sieben Jahre. Am Ende der Frist findet eine Evaluation durch eine Kommission aus Kollegen, Vorgesetzten und externen Gutachtern statt, die Lehre, Administration, Publikationstätigkeit und Drittmitteleinwerbungen begutachtet. Im Fall einer positiven Begutachtung wird man entfristet und vom Assistant zum Associate Professor befördert.

11 Sonnert (2005)

12 Sonnert (2005)

13 Reichle & Zahn (2006)

Kapitel 9
Welche Rolle die gesellschaftlichen Rahmenbedingungen spielen – Ein Blick über unsere Grenzen oder gar nicht mal so weit

1 European Commission, DG RTD, Women and Science Unit (2002)

2 Quaiser-Pohl (2001)

3 Geburten-Trends in Europa, Hamburger Abendblatt vom 19. Februar 2005

4 Deutsche Stiftung Weltbevölkerung (2003)

5 Trautewig (2003)

6 Geisler & Kreyenfeld (2005)

7 Nickel & Quaiser-Pohl, Ettrich, Rollett & Werneck (2001)

Kapitel 10
Wie Mütter Karriere machen: Erfolgswissen als «Tacit Knowledge»

1 Biller-Andorno et al. (2005); Lind (2004)
2 Rollett (2005)
3 Sternberg (1995, 2003); Sternberg et al. (2000); Wagner & Sternberg (1985, 1986); Wagner (1987)
4 Polanyi (1966, 1976)
5 Sternberg (1995)
6 Peer-review bedeutet die Begutachtung durch fachkundige Kolleginnen oder Kollegen: ein Manuskript wird von den Herausgebern der Zeitschrift an zwei oder drei Experten für dieses Thema gesandt, die den Beitrag begutachten, Rückmeldung dazu geben und entweder die Annahme, die Ablehnung oder Annahme nach Überarbeitung durch die Autorinnen oder Autoren empfehlen. Veröffentlichungen in solcherart begutachtenden Zeitschriften gelten als höherwertig als solche, die keinem Peer-review-Verfahren unterzogen worden sind.
7 Rollett, Gstöttl & Werneck (1998)
8 Ainsworth et al. (1978)
9 Heckhausen (1989); Rheinberg (2005)

Ahnert, L., Rickert, H. & Lamb, M. E. (2000). Shared caregiving: Comparisons between home and child-care settings. *Developmental Psychology, 36*, 339–351.

Ainsworth, M. D. S., Blehar, M. C., Waters, E. & Wall, S. (1978). *Patterns of attachment. A psychological study of the strange situation*. Hillsdale: Erlbaum.

Alexander, U. (3. Januar 2006). Studieren mit Kind. *Frankfurter Rundschau*, S. 27.

Artinger, K. (Hrsg.) (2000). *Die Grundrechte im Spiegel des Plakats von 1919 bis 1999* (Ausstellungskatalog Deutsches Historisches Museum 30.3.–13.6. 2000, Abb. 3, S. 171: *Entlaßt die Doppelverdiener! Stellt dafür Arbeitslose ein! 1929–1933*. Verantwortlich: Deutschnationaler Handlungsgehilfen-Verband, Ortsgruppe Dresden. Druck: Buchdruckerei der Dr. Güntzschen Stiftung, Dresden. Buchdruck; 92 x 58,8 cm; Inv.-Nr.: P 56/134). Berlin: Deutsches Historisches Museum.

Asendorpf, J. & Banse, R. (2000). *Psychologie der Beziehung* (bes. Kap. 2.1.1). Bern: Hans Huber.

Averill, J. R. (1982). *Anger and aggression. An essay on emotion*. New York: Springer.

Aviezer, O., Van IJzendoorn, M. H., Sagi, A. & Schuengel, C. (1994). «Children of the Dream» revisited: 70 years of collective early child care in Israeli Kibbutzim. *Psychological Bulletin, 116*, 99–116.

Beck, U. & Beck-Gernsheim, E. (1990). *Das ganz normale Chaos der Liebe*. Frankfurt/M.: Suhrkamp.

Beck, U. (1986). *Risikogesellschaft. Auf dem Weg in eine andere Moderne*. Frankfurt /M.: Suhrkamp.

Bibliographisches Institut & F.A. Brockhaus (Hrsg.) (2002). Der Brockhaus in einem Band (9., vollst. überarb. u. aktualis. Aufl.). Mannheim: Bibliographisches Institut & F.A. Brockhaus.

Biller-Andorno, N., Jakovljevic, A.-K., Landfester, K. & Lee-Kirsch, M. A. (Hrsg.) (2005). *Karriere und Kind. Erfahrungsberichte von Wissenschaftlerinnen*. Frankfurt/M.: Campus.

Borge, A. I. H., Rutter, M., Côté, S. & Tremblay, R. E. (2004). Early childcare and physical aggression: Differentiating social selection and social causation. *Journal of Child Psychology and Psychiatry, 45*, 367–376.

Bouchard, G., Sabourin, S., Lussier, Y., Wright, J. & Richer, C. (1998). Predictive validity of coping strategies on marital satisfaction: Cross-

sectional and longitudinal evidence. *Journal of Family Psychology, 12*, 112–131.
Brooks-Gunn, J., Han, W.J. & Waldfogel, J. (2002). Maternal employment and child cognitive outcomes in the first three years of life: The NICHD study of early child care. *Child Development, 73*, 1052–1072.
Bründel, H. & Hurrelmann, K. (1996). *Einführung in die Kindheitsforschung.* Weinheim: Juventa.
Bundesministerium des Innern (Hrsg.) (2005). *Schily: BiB-Studie zeigt – Junge Menschen wollen immer weniger Kinder. Pressemitteilung des Bundesministerium des Innern vom 2. 5. 2005* (http://www.bmi.bund.de/cln_012/nn_122 688/Internet/Content/Nachrichten/Pressemitteilungen/2005/05/BiB_Studie.html).
Bundeszentrale für gesundheitliche Aufklärung (Hrsg.) (2005). *Kinderwunsch und Familiengründung bei Frauen und Männern mit Hochschulabschluss. Ergebnisse einer Repräsentativbefragung.* Redaktion A. Heßling. Köln: BZgA. (Repräsentativumfrage TNS Emnid aus 2004).
Bund-Länder-Kommission für Bildungsplanung und Forschungsförderung (Hrsg.) (2005). *Frauen in Führungspositionen an Hochschulen und außerhochschulischen Forschungseinrichtungen. Neunte Fortschreibung des Datenmaterials* (Materialien zur Bildungsplanung und Forschungsförderung, Band 129). Bonn: Bund-Länder-Kommission für Bildungsplanung und Forschungsförderung.
Clarke-Stewart, K. A. (1998). Qualität der Kinderbetreuung in den Vereinigten Staaten von Amerika. In: W. Fthenakis & M.R. Textor (Hrsg.). *Qualität von Kinderbetreuung: Konzepte, Forschungsergebnisse, internationaler Vergleich* (S. 148–160). Weinheim: Beltz.
Cramm, C., Blossfeld, H.-P. & Drobnic, S. (1998). Die Auswirkungen der Doppelbelastung durch Familie und Beruf auf das Krankheitsrisiko von Frauen. *Zeitschrift für Soziologie, 27*, 341–357.
Crockenberg, S. C. & Leerkes, E. M. (2005). Infant temperament moderates associations between childcare type and quantity and externalizing and internalizing behaviors at 2 1/2 years. *Infant Behavior & Development, 28*, 20–35.
Dadds, M. R., Atkinson, E., Turner, C., Blums, G. J. & Lendich, B. (1999). Family conflict and child adjustment: Evidence for a cognitive-contextual model of intergenerational transmission. *Journal of Family Psychology, 13*, 194–208.
Davies, P. T. & Cummings, M. (1994). Marital conflict and child adjustment: An emotional security hypothesis. *Psychological Bulletin, 116*, 387–411.

Deutsche Stiftung Weltbevölkerung (2003). *DSW-Datenreport 2003. Soziale und demografische Daten zur Weltbevölkerung.*

Dorbritz, J., Lengerer, A. & Ruckdeschel, K. (2005). *Einstellungen zu demographischen Trends und zu bevölkerungsrelevanten Politiken.* Wiesbaden: Bundesinstitut für Bevölkerungsforschung beim Statistischen Bundesamt.

Eichhorst, W. & Thode, E. (2002). *Vereinbarkeit von Familien und Beruf. Benchmarking Deutschland Aktuell.* Gütersloh: Verlag Bertelsmann Stiftung.

Etaugh, C. (1980). Effects of nonmaternal care on children: Research evidence and popular views. *American Psychologist, 35*, 309–319.

European Commission, DGRTD, Women and Science Unit (Ed.) (2002). National policies on women and science in Europe. A report about women and science in 30 countries by Teresa Rees. Luxemburg: Office for Official Publications of the European Communities.

Fahrenberg, J., Hampel, R. & Selg, H. (1989). *Das Freiburger Persönlichkeitsinventar. FPI. Revidierte Fassung FPI-R und teilweise geänderte Fassung FPI-A1* (5., erg. Aufl.). Göttingen: Hogrefe.

Gaschke, S. (2005). «Fragt die Frauen!»: Ein aktuelles Gutachten empfiehlt der Regierung, alles dafür zu tun, dass es in Deutschland mehr Kinder gibt. *Die Zeit*, 4. 5. 2005 (Nr. 19), S. 10 (Bericht zum Gutachten *Nachhaltige Familienpolitik* der Berliner FamiliensoziologInnen Hans Bertram, Wiebke Rösler & Nancy Ehlert, erstellt im Auftrag des Deutschen Bundesministeriums für Familie als Baustein zum Familienbericht der Deutschen Bundesregierung).

Geisler, E. & Kreyenfeld, M. (2005). *Müttererwerbstätigkeit in Ost- und Westdeutschland. Eine Analyse mit den Mikrozensen 1991, 1996 und 2002.* Rostock: Max-Planck-Institut für demografische Forschung.

Gloger-Tippelt, G. (1988). *Schwangerschaft und erste Geburt. Psychologische Veränderungen der Eltern.* Stuttgart: Kohlhammer.

Gottman, J. M. (1994). *What predicts divorce?* Hillsdale: Erlbaum.

Hank, K., Kreyenfeld, M. & Spiess, C. K. (2004). Kinderbetreuung und Fertilität in Deutschland. *Zeitschrift für Soziologie, 33, 228–244.*

Harnish, J. D., Dodge, K. A. & Valente, E. (1995). Mother-child interaction quality as a partial mediator of the roles of maternal depressive symptomatology and socioeconomic status in the development of child behavior problems. *Child Development, 66*, 739–753.

Harrison, L. J. & Ungerer, J. A. (2002). Maternal employment and infant-mother attachment security at 12 months postpartum. *Developmental Psychology, 38*, 758–773.

Harvey, E. (1999). Short-term and long-term effects of early parental employment on children of the National Longitudinal Survey of Youth. *Developmental Psychology, 35*, 445–459.

Hayes, L., Hudson, A. & Matthews, J. (2004). Parental monitoring behaviors: A model of rules, supervision, and conflict. *Behavior Therapy, 35*, 587–604.

Heckhausen, H. (1989). *Motivation und Handeln*. Berlin: Springer.

Hey, J. (2005). Sind Familie und Wissenschaft als Beruf vereinbar? Chancen und Schwierigkeiten junger Wissenschaftlerinnen – Reformmöglichkeiten. *Forschung und Lehre, 7/2005*, 352–355.

Hill, P. B. & Kopp, J. (2004). *Familiensoziologie. Grundlagen und theoretische Perspektiven* (3. überarb. Aufl., bes. Kapitel 3.4). Wiesbaden: Verlag für Sozialwissenschaften.

Holighaus, K. (10./11. Juni 1995). Großer Nachholbedarf in Sachen Emanzipation. Wissenschaftlerinnen nach der Familienphase – Der schwierige Wiedereinstieg an Universitäten. *Bonner General-Anzeiger*.

Hörl, J. & Kytir, J (1998). Die «Sandwich Generation»: Soziale Realität oder gerontologischer Mythos? Basisdaten zur Generationenstruktur der Frauen mittleren Alters in Österreich. *Kölner Zeitschrift für Soziologie und Sozialpsychologie, 50*, 730–741.

Huston, A. C. & Aronson, S. R. (2005). Mothers' time with infant and time in employment as predictors of mother-child relationships and children's early development. *Child Development, 76*, 467–482.

Kaufmann, M. G. (2004). Lieder an ein Mädchen – Margarete Schweikert in Karlsruhe. In: R. Nägele & M. Rebmann (Hrsg.). *Klangwelten: Lebenswelten – Komponistinnen in Südwestdeutschland* (Ausstellungskatalog Badische Landesbibliothek 6. 10. 2004–3. 1. 2005 und Württembergische Landesbibliothek 2. 2.–24. 3. 2005, S. 178–189). Stuttgart: Württembergische Landesbibliothek.

Kluge, F. (1989). *Etymologisches Wörterbuch der deutschen Sprache* (22. Aufl. unter Mithilfe von Max Bürgisser und Bern Gregor völlig neu bearbeitet von Elmar Seebold). Berlin: Walter de Gruyter.

Knecht, D. (2004). *Hurra. (Wien – Zürich – Wien: Anleitung zum Doppelleben in 111 Schritten.)* Wien: Czernin.

Knüpling, F. (27. Oktober 2005). Kinder stören hier nur. *Die Zeit*, S. 76.

Lazarus, R. S. & Folkman, S. (1984). *Stress, appraisal and coping.* New York: Springer.

Lind, I. (2004). *Aufstieg oder Ausstieg? Karrierewege von Wissenschaftlerinnen. Ein Forschungsüberblick*. Bielefeld: Kleine.

Lohaus, I. (2005). Kinder als Karrierebremse oder Karriere als Kinderbremse? Ergebnisse einer Allensbach-Umfrage. *Forschung und Lehre 7/2005*, 362.

Macha, H. (2005). Mütter als Wissenschaftlerinnen: Forschungsstand und politische Maßnahmen der Frauenförderung – eine Einführung. In: N. Biller-Andorno, A.-K. Jakovljevic, K. Landfester & M. A. Lee-Kirsch (Hrsg.). *Karriere und Kind. Erfahrungsberichte von Wissenschaftlerinnen* (S. 22–34). Frankfurt/M.: Campus.

Macha, H. & Paetzold, B. (1992). Elemente beruflicher Identität von Wissenschaftlerinnen: Vereinbarkeit von Kind und Beruf? In: L. Brüderl & B. Paetzold (Hrsg.). *Frauenleben zwischen Beruf und Familie: psychosoziale Konsequenzen für Persönlichkeit und Gesundheit* (S. 123–138). Weinheim: Juventa.

Mercer, R. T. (1986). *First-time motherhood. Experiences from teens to forties*. New York: Springer.

Merriam Webster Online Dictionary (http://www.m-w.com/).

Mitleger, R. & Rathgeber, R. (1988). Der mühsame Weg zur Gleichberechtigung – Das Eherecht. In: Deutsches Jugendinstitut (Hrsg.). *Wie geht's der Familie? Ein Handbuch zur Situation der Familien heute.* Kösel: München.

Mounts, N. (2002). Parental management of adolescent peer relationships in context: The role of parenting style. *Journal of Family Psychology, 16*, 58–69.

Myrdal, A. & Klein, V. (1956). *Women's two roles – home and work*. London: Routledge & Kegan.

Nickel, H., Quaiser-Pohl, C., Ettrich, K. U., Rollett, B. & Werneck, H. (Hrsg.). *Junge Eltern im kulturellen Wandel. Untersuchungen zur Familiengründung im internationalen Vergleich*. Weinheim: Juventa.

Paetzold, B. (1996). *«Eines ist zu wenig, beides macht zufrieden». Die Vereinbarkeit von Mutterschaft und Berufstätigkeit*. Bielefeld: Kleine.

Paulson, S. E., Marchant, G. J. & Rothlisberg, B. A. (1998). Early adolescents' perceptions of patterns of parenting, teaching, and school atmosphere: Implications for achievement. *Journal of Early Adolescence, 18*, 5–26.

Petzold, M. (1999). *Entwicklung und Erziehung in der Familie. Familienentwicklungspsychologie im Überblick*. Baltmannsweiler: Schneider Hohengehren.

Piotrkowski, C. S. & Katz, M. H. (1982). Indirect socialization of children: The effects of mothers' jobs on academic behaviors. *Child Development, 53*, 1520–1529.

Polanyi, M. (1966). *The tacit dimensions.* Garden City: Doubleday.
Polanyi, M. (1976). Tacit knowing. In: M. H. Marx & F.E. Goodson (Eds.). *Theories in contemporary psychology* (pp. 330–344). New York: Macmillan.
Preuss-Lausitz, U. (Hrsg.). (1989). *Kriegskinder, Konsumkinder, Krisenkinder.* Weinheim: Beltz.
Quaiser-Pohl, C. (2001). Deutsche Eltern im interkulturellen Vergleich. In: H. Nickel, C. Quaiser-Pohl, K. U. Ettrich, B. Rollett & H. Werneck (Hrsg.). *Junge Eltern im kulturellen Wandel. Untersuchungen zur Familiengründung im internationalen Vergleich* (S. 301–310). Weinheim: Juventa.
Reich-Hilweg, I. (1979). *Männer und Frauen sind gleichberechtigt.* Frankfurt/M.: Europäische Verlagsanstalt.
Reichle, B. (1994). *Die Geburt des ersten Kindes. Eine Herausforderung für die Partnerschaft: Verarbeitung und Folgen einer einschneidenden Lebensveränderung.* Bielefeld: Kleine.
Reichle, B. (1996). Der Traditionalisierungseffekt beim Übergang zur Elternschaft. *Zeitschrift für Frauenforschung, 14,* 70–89.
Reichle, B. (1999). *Wir werden Familie. Ein Kurs zur Vorbereitung auf die erste Elternschaft.* Weinheim: Juventa.
Reichle, B. & Zahn F. (2006). «Und sie bewegt sich doch!» – Aufgabenverteilungen in Partnerschaften verändern sich im Lauf des Familienzyklus. In: M. Endepohls-Ulpe & A. Jesse (Hrsg.). *Familie und Beruf – weibliche Lebensperspektiven im Wandel* (S. 85–102). Frankfurt/M.: Peter Lang.
Reis, K. (1992). Sozialmedizinische Aspekte der familienbegleitenden Betreuung von Kindern. *Zeitschrift für Familienforschung, 4,* 238–247.
Rheinberg, F. (2005). *Motivation.* Stuttgart: Kohlhammer.
Rollett, B. (2005). Koedukation – Weg zur Gleichberechtigung oder geheime Diskriminierung. In: I. Wender (Hrsg.). *Psychologinnen als Grenzgängerinnen im Fokus Geschlecht* (S. 57–84). Bielefeld: Kleine.
Rollett, B., Gstöttl, I. & Werneck, H. (1998). Traditionalisierung der elterlichen Rollenaufteilung nach der Geburt eines Kindes. In: J. Glück, O. Vitouch & M. Jirasko, *Perspektiven psychologischer Forschung in Österreich* (Band 2, S. 55–65). Wien: Wiener Universitätsverlag.
Rosenstiel, L. von (1989). Selektions- und Sozialisationseffekte beim Übergang vom Bildungs- ins Beschäftigungssystem. *Zeitschrift für Arbeits- und Organisationspsychologie, 33,* 21–32.
Scarr, S. (1988). *Wenn Mütter arbeiten. Wie Kinder und Beruf sich verbinden lassen* (2., unveränd. Aufl., S. 14 f.). München: C. H. Beck.

Schmid, K. (1996). *Heirat und Familiengründung von Karrierefrauen analysiert am Beispiel bundesdeutscher Hochschullehrerinnen*. Pfaffenweiler: Centaurus.

Schneider, N. (2002). *Berufsmobilität und Lebensform: sind berufliche Mobilitätserfordernisse in Zeiten der Globalisierung noch mit der Familie vereinbar?* (Schriftenreihe des Bundesministeriums für Familie und Senioren, Frauen und Jugend, Bd. 208). Stuttgart: Kohlhammer.

Schneider, N., Limmer, R. & Ruckdeschel, K. (2002). *Mobil, flexibel, gebunden. Beruf und Familie in der modernen Gesellschaft*. Frankfurt/M.: Campus.

Schultz, D. (1991). *Das Geschlecht läuft immer mit … Die Arbeitswelt von Professorinnen und Professoren*. Pfaffenweiler: Centaurus-Verlagsgesellschaft.

Sieverding, M. (1990). *Psychologische Barrieren in der beruflichen Entwicklung von Frauen. Das Beispiel der Medizinerinnen*. Stuttgart: Enke.

Snyder, J., Reid, J. & Patterson, G. (2003). A social learning model of child and adolescent antisocial behavior. In: B. B. Lahey, T. E. Moffitt & A. Caspi (Eds.). *Causes of conduct disorder and juvenile delinquency* (pp. 27–48). New York: Guilford Press.

Solga, H. & Wimbauer, C. «Wenn zwei das Gleiche tun …». Ideal und Realität sozialer (Un-)Gleichheit in Dual Career Couples. In: H. Solga & C. Wimbauer (Hrsg.) (2005). *«Wenn zwei das Gleiche tun …». Ideal und Realität sozialer (Un-)Gleichheit in Dual Career Couples* (S. 9–25). Opladen: Barbara Budrich.

Sonnert, G. (2005). Geteiltes soziales Kapital oder innerpartnerschaftliche Konkurrenz in Dual Career Couples? In: H. Solga & C. Wimbauer (Hrsg.). *«Wenn zwei das Gleiche tun …» Ideal und Realität sozialer (Un-)Gleichheit in Dual Career Couples* (S. 102–122). Opladen: Barbara Budrich.

Spangler, G. (1999). Frühkindliche Bindungserfahrungen und Emotionsregulation. In: W. Friedlmeier & M. Holodynski (Hrsg.). *Emotionale Entwicklung. Funktion, Regulation und soziokultureller Kontext von Emotionen* (S. 176–196). Heidelberg: Spektrum Akademischer Verlag.

Stahmer, C., Mecke, I. & Herrchen , I. (2003). *Zeit für Kinder – Betreuung und Ausbildung von Kindern und Jugendlichen* (Statistisches Bundesamt, Reihe Sozio-ökonomisches Berichtssystem für eine nachhaltige Gesellschaft, Bd. 3). Stuttgart: Metzler-Poeschel.

Statistisches Bundesamt (Hrsg.) (2005). *Wenige Frauen in Führungspositionen (Pressemitteilung vom 22. 3. 2005 zur Studie «Leben und Arbeiten in Deutschland – Ergebnisse des Mikrozensus 2004»)*. Wiesbaden: Statistisches Bundesamt.

Stattin, H. & Kerr, M. (2000). Parental monitoring: A reinterpretation. *Child Development, 7*, 1072–1085.

Sternberg, R. J. (1995). Theory and measurement of tacit knowledge as a part of practical intelligence. *Zeitschrift für Psychologie, 203*, 319–334.

Sternberg, R. J. (2003). A broad view of intelligence. The theory of successful intelligence. *Consulting Psychology Journal: Practice and Research, 55*, 139–154.

Sternberg, R. J., Forsythe, G. B., Hedlund, J., Horvath, J., Snook, S., Williams, W. M., Wagner, R. K. & Grigorenko, E. L. (2000). *Practical intelligence in everyday life*. New York: Cambridge University Press.

Strehmel, P. (1999). *Karriereplanung mit Familie. Eine Studie über Wissenschaftlerinnen mit Kindern*. Bielefeld: Kleine.

Stuckey, M., McGhee, P. E. & Bell, N. J. (1982). Parent-child interaction: The influence of maternal employment. *Developmental Psychology, 18*, 635–644.

Trautewig, N. (2003). Parental role attitudes, attitudes towards children and partnership satisfaction during the transition to parenthood in New Zealand. *Unpublished Master Thesis, Otto-von-Guericke-University Magdeburg.*

Ulrich, B. (17. Februar 2005). Warum habt ihr Angst vor mir? Akademiker bekommen immer weniger Kinder. Sie sind keine Egoisten. Ihnen fehlt auch nicht das Geld. Sie haben bloß keinen Mut. *Die Zeit*, 57.

Vinken, B. (2001). *Die deutsche Mutter. Der lange Schatten eines Mythos*. München: Piper.

Violato, C. & Russell, C. (2000). Effects of nonmaternal care on child development: A meta-analysis of published research. In: C. Violato, E. Oddone-Paolucci & M. Genuis (Eds.). *The changing family and child development* (pp. 268–301). Aldershot: Ashgate.

Vogel, U. & Hinz, C. (2004). *Wissenschaftskarriere, Geschlecht und Fachkultur. Bewältigungsstrategien in Mathematik und Sozialwissenschaften*. Bielefeld: Kleine.

Wagner, R. K. & Sternberg, R. J. (1985). Practical intelligence in real world pursuits: The role of tacit knowledge. *Journal of Personality and Social Psychology, 49*, 436–458.

Wagner, R. K. & Sternberg, R. J. (1986). Tacit knowledge and intelligence in the everyday world. In: R. J. Sternberg & R.K. Wagner (Eds.). *Practical intelligence: Nature and origins of competence in the everyday world* (pp. 51–83). New York: Cambridge University Press.

Wagner, R. K. (1987). Tacit knowledge in everyday intelligent behavior. *Journal of Personality and Social Psychology, 52*, 1236–1247.

Walter, W. & Künzler, J. (2002). Parentales Engagement. Mütter und Väter im Vergleich. In: N. F. Schneider & H. Matthias-Bleck (Hrsg.). *Elternschaft heute. Gesellschaftliche Rahmenbedingungen und individuelle Gestaltungsaufgaben* (S. 96–119). Opladen: Leske + Budrich.

Wessels, H., Lamb, M. E. & Hwang, C.-P. (1996). Cause and causality in daycare research: An investigation of group differences in Swedish child care. *European Journal of Psychology of Education, 11*, 231–245.

Wild, E. & Kracke, B. (1996). Zwischen Selektion und Sozialisation: Überlegungen und Befunde zur beruflichen Situation und Förderung des wissenschaftlichen Nachwuchses. In: B. Kracke & E. Wild (Hrsg.). *Arbeitsplatz Hochschule* (S. 1–18). Heidelberg: Mattes.

Wirth, H. & Dümmler, K. (2004). Zunehmende Tendenz zu späteren Geburten und Kinderlosigkeit bei Akademikerinnen. *Informationsdienst soziale Indikatoren, 32*, 1–6 (Grundlage Mikrozensus 1997).

Aus dem
Verlagsprogramm

Frau und Gesellschaft in der Beck'schen Reihe

Elisabeth Beck-Gernsheim
Die Kinderfrage heute
Über Frauenleben, Kinderwunsch und Geburtenrückgang
2006. 175 Seiten. Paperback
(Beck'sche Reihe Band 1751)

Ulla Fölsing
Nobel-Frauen
Naturwissenschaftlerinnen im Porträt
4., erweiterte Auflage. 2001. 230 Seiten mit 14 Abbildungen. Paperback
(Beck'sche Reihe Band 426)

Ute Frevert
«Mann und Weib, und Weib und Mann»
Geschlechter-Differenzen in der Moderne
1995. 255 Seiten. Paperback
(Beck'sche Reihe Band 1100)

Ute Gerhard/Trudi Knijn, Anja Weckwert (Hrsg.)
Erwerbstätige Mütter
Ein europäischer Vergleich
2003. 253 Seiten. Paperback
(Beck'sche Reihe Band 1514)

Robert Hettlage
Familienreport
Eine Lebensform im Umbruch
Unter Mitarbeit von Susanne Wagner
2. Auflage. 1998. 304 Seiten mit 12 Abbildungen
und 17 Tabellen. Paperback
(Beck'sche Reihe Band 483)

Julia Onken/Maya Onken
Hilfe, ich bin eine emanzipierte Mutter
Ein Streitgespräch zwischen Mutter und Tochter
2006. 236 Seiten. Paperback
(Beck'sche Reihe Band 1710)

Verlag C. H. Beck